变革与创新：
智慧供应链的发展与构建

王耀燕　著

中国原子能出版社
China Atomic Energy Press

图书在版编目（CIP）数据

变革与创新：智慧供应链的发展与构建 / 王耀燕著
. -- 北京：中国原子能出版社，2018.12
ISBN 978-7-5022-9623-0

Ⅰ．①变… Ⅱ．①王… Ⅲ．①智能技术－应用－供应
链管理－研究 Ⅳ．①F252.1-39

中国版本图书馆CIP数据核字（2018）第292786号

内容简介

本书是属于物流与供应链方面的著作，主要由供应链的相关理论、现代供应链管理方法、当前供应链管理的现状及问题、智慧供应链的相关理论、智慧供应链的相关技术（如识别与感知技术、导航定位技术、网络通信技术等）、智慧供应链的相关案例分析以及智慧供应链的构建途径与策略等模块构成。其中，准确把握智慧供应链的发展方向，从多方面解决当前供应链管理问题，并提出构建智慧供应链相关建议为本书亮点，可以在一定程度上为智慧供应链的建设提供参考借鉴。

变革与创新：智慧供应链的发展与构建

出版发行　中国原子能出版社（北京市海淀区阜成路43号　100048）
责任编辑　王　丹　高树超
装帧设计　河北优盛文化传播有限公司
责任校对　冯莲凤
责任印制　潘玉玲
印　　刷　定州启航印刷有限公司
开　　本　710 mm×1000 mm　1/16
印　　张　17.5
字　　数　320千字
版　　次　2019年6月第1版　　2019年6月第1次印刷
书　　号　ISBN 978-7-5022-9623-0
定　　价　69.00元

发行电话：010-68452845　

前　言

近些年来，我国互联网技术与供应链得到了迅猛发展，两者开始相互渗透，物流业也经历着“产业供应链→平台供应链→供应链生态圈”的演变过程，使供应链管理模式不断进行变革与创新，大力推动了商贸流通和经济发展。然而，从全球化竞争的角度而言，我国的物流供应链发展仍然缺乏竞争力，处于全球供应链、价值链的中低端。

随着“一带一路”倡议的实施以及“走出去”步伐的加快，我国作为制造业大国，必然面临全球化原料采购、生产力布局和产品营销等各种要求，所以实施供应链一体化管理并构建全球化供应链体系势在必行。在这种形势下，我们必须充分利用互联网技术和思维，为物流企业提供新的方向，使物流过程“智慧”起来，使供应链“智慧”起来。所以，构建智慧供应链是社会经济发展的需要，也是企业增强核心竞争力的重要途径。智慧供应链具有技术渗透性、可视性、信息整合性等优点，能够有效提高未来供应链的绩效并解决目前供应链管理中存在的诸多难题。

本书立足于供应链管理的相关理论，阐述了现代供应链管理方法和我国供应链管理的现状及发展趋势，分析了供应链向智慧供应链的发展延伸，探讨了与智慧供应链相关的一系列技术，包括基础技术、新兴技术以及其他相关技术，给出了智慧供应链管理相关系统的构建案例，提出了智慧供应链的绩效评价、构建案例以及构建途径与策略，可以在一定程度上为智慧供应链的建设提供参考借鉴。

本书的亮点和意义有以下几点。

（1）首次对智慧供应链的相关理论知识和技术系统进行了全面系统的讲解；

（2）通过构建完整可量化的智慧供应链绩效评价模型，并选取某智能制造企业进行智慧供应链绩效水平评估，探讨了绩效审计在智慧供应链中的应用，完善了我国供应链绩效评价的研究体系；

（3）通过分析案例公司供应链现状，将智慧供应链思想引入解决方案，探究了智慧供应链的构建和实施的优势；

（4）提出了智慧供应链的构建途径和策略，不仅详细分析了智慧供应链构建的目标、原则、落地措施、切入点以及具体方法，而且从宏观和微观两个层面给出了智慧供应链构建的策略建议。

在本书的撰写过程中，笔者参考借鉴了一些学者的研究成果，在此对这些学者表示衷心的感谢。另外，由于时间及笔者水平所限，本书难免存在疏漏与不妥之处，在本书出版之际，真诚地欢迎各位读者对本书提出宝贵的意见和建议。

目录

第一章　供应链管理的相关理论

第一节　企业管理思想的发展演变

一、企业管理思想的演变

现代管理学之父彼得·德鲁克（Peter F. Drucker）曾说："在人类历史上很少有什么事比管理的出现和发展更为迅猛，对人类具有更大和更为激烈的影响。"通过梳理近代人类社会的发展，我们很容易发现各种各样的管理思想为促使人类文明发展做出了巨大贡献。我们常说的管理思想不仅是文化环境的过程，还是文化环境的产物。文化模式、道德水准和社会制度的变迁决定了管理思想需要不断向前发展。管理能够促进个体和群体实现目标，各种组织如家庭、部落、国家、教会，在历史上都作为满足人们需求的管理手段而出现。

在工业化之前，管理还未作为一种正式的科学登上历史舞台。早期文明反映了一些试图将个人与组织联系起来的尝试，但一般都不重视经济活动，并且对管理职能抱持一种狭隘的观点。管理并没有受到足够的重视，这也是和当时的生产力发展水平相适应的，但是工业革命改变了一切，并将管理带到了科学管理时代。

科学管理时代的代表人物弗雷德里克·温斯洛·泰勒（Frederick Winslow Taylor）出身富有，长辈希望他成为一名律师，但是他知道自己并不擅长法律，毅然离开法学院，在一家水压工厂当磨具工和机工学徒。在那里他度过了4年时光，深刻体会到了作为普通工人的感受，他对工厂糟糕的管理、产出的限制和工人与管理者两者之间的紧张关系有着很深的感触。后来，他来到米德维尔钢铁公司，经过三年时间，从一名普通工人晋升为总工程师，这使他积累了足够的经验，也为发展他的工厂管理理念奠定了基础。当时，已经有了计件工资制，但是他发现这种制度的工作效率低下，他把原因分成两种，即“系统磨洋工”和“本性磨洋工”。系统磨洋工的形成来源于工人们“更加复杂的二次思考以及对人际关系的权衡”；本性磨洋工的形成则是“人的自然本能和人们惰性的趋势”。说得通俗一点，后者主要是人的懒惰，可以通过管理者的激励或强制使工人达到工作要求；而前者其实是管理体系存在缺陷，迫使工人放慢工作速度来保护自己的利益。泰勒发现，按天或小时计算的工资系统，肯定会滋长磨洋工，因为工人干得太快可能导致其他工人或者自己失业，反正报酬取决于出勤和职位，而不是努力程度。那么计件工资制能解决这个难题吗？也不能，因为通常它设定的标准不合理，当工人获得的报酬多时，雇主就会降低单件价格。

因此，泰勒开始进行工时研究，这也是泰勒制的基础。有记录表明，查尔斯·巴贝奇（Charles Babbage）之前就用手表测定了工人在生产大头针时所进行的操作动作和所需要的时间，但是他仅满足于把实际完成一项工作花费的时间汇总起来，而泰勒将一项工作拆分成不同的组成部分，对各部分进行测试，并按照合理的方式重新安排工作。泰勒曾说过：“管理的首要目的应该是保证雇主最大限度的富裕以及每名工人最大限度的富裕。”

对于科学管理，泰勒给出了定义：它是科学、是和谐、是合作，而不是单凭经验的方法，不是嘈杂，不是各行其是，它的有限产出被最大产出代替；它使最高效率和最大富裕渗透到每个人的发展之中。从根源理解，科学管理对于在具体公司或者行业工作的工人来说是一场彻底的心理革命，是他们对同事的责任、对雇主的责任、对工作的责任。同理，对于主管、董事会以及企业所有人这样的管理层来说，他们对工人的责任、日常发生的问题的责任、管理层同事的责任，同样是一场彻底的心理革命。科学管理假如没有双方彻底的心理革命便无从说起。

科学管理时代的后期诞生了“社会人”的思想，虽然泰勒等很多管理先哲的理念里已经有了“社会人”的模糊认识，但是直到20世纪30年代“社会人”思想才引起更多的关注。

亨利·法约尔（Henri Fayol）所处的时代其实和泰勒相距不远，但是法约尔的著作得到认可的时间很晚。直到第二次世界大战后，康斯坦斯·斯托尔斯（Constance Stols）对法约尔的著作进行了翻译，才再度激发了人们对于一般管理理论的兴趣。法约尔是提出一般管理理论的第一人，他把该理论界定为一般的经验依靠检验与尝试之后所获得的规则、规律、方法以及程序的全部总和。法约尔的理论包括两个部分：一个是基本要素，它描述了管理者做什么，即计划、组织、命令、协调和控制；另一个是管理原理。

在工业化时代中，分工与效率是极其重要的，每个企业的高度单纯化和效率化是重中之重。众所周知，只要本企业可以做到效率最大化，那么必然会提高整体的利益。但对工作分化及局部最佳化的极度重视，就大大降低了整体观念。比如，工厂为寻求生产效率强调单能工的单一动作以及引进很多高度自动化的生产机械，使其工作量达到最大化，迅速并且大量地产出标准化产品。如果遇到销路不畅，势必会造成仓库堆积库存，然后大部分人就会努力尝试把库存变成现金，采取买一送一、降低销售价格等销售手段。以物流驱动为主导的供应链由此产生，结果就是缺乏整体的观点。另一种，零售店考虑不到制造商的问题，同样制造商通常不会关心生产出来的产品对零售店或物流配销的影响，因此就形成销售和生产的“大脱节”。

在 21 世纪的知识经济时代，越来越激烈的动态化和国际化市场竞争使用户需求的不确定性持续增加。大型生产系统复杂的结构可以通过复杂的产品物流展示。零部件、原料被各异的供应商用不一样的方式送到生产现场，通过烦琐的生产过程产出各种零部件与最终产品，最后送至客户。这里把“客户”分割成外部使用最终产品者与内部用它作为原料的生产者两层含义。原料通过多次运输、生产等环节后成为产品，最后送至客户，在这个烦琐的生产过程中伴随着一定的不确定性 。因为人们不能精确地洞察到供应链中的其他过程。绝大多数企业都是依赖经验和直觉应对供应链中的不确定性。

现代企业普遍面临的巨大压力是如何缩小库存量和改进服务。每一个企业和组织都有各自的目的，当地理位置相隔遥远的不同企业互相独立并且共同为某一目标运行时，这种现象会特别严重。企业必须通过减少库存来降低成本，而减少库存对用户的最终服务会产生很大影响。企业只有通过对他们的供货方施加更大的压力以此完善产品的性能指标来恢复服务水平。虽然这样能够缩小自身的库存，但是下游过程的库存无法减少。那么，为了保证其他各节点维持最小库存，供应链中就会在某些节点上存在着断续的库存。这样从整体来看，其总体库存数量更多。想要使库存减少并对客户的服务有所改进，就要对库存进行重新分配，那么那些只停留在口头承诺的组织就不利于系统的共同协作。

以上情况都是现代企业所要面临的问题。这种情况下，一套崭新的管理理念及方法就尤为重要，供应链管理因此诞生。

二、纵向一体化管理模式及其缺陷

管理模式是一种系统化的控制和指导方法。企业通过管理模式把财、物、人与信息等资源转换为市场所需要的产品和服务，使其更加高质量、低成本、快速及时。从古至今，企业活动的核心内容一直是成本、质量与生产周期这三个方面，企业的管理模式也根据这三方面核心持续完善。企业的发展之源为时间，立足之本为质量，而生存之道为成本，所以这三方面决定了一个企业的生存与发展。企业如果没有较低的成本就没有资本参与市场内的价格竞争，如果没有过硬的质量就不会得到消费者的认可，这样企业所提供的产品或服务在市场上就站不住脚，没有足够的资金进行生产，从而不能生存。如果企业想要顺应现代的消费模式，就必须在产品和服务上下工夫，在最短的周期内提供所需的服务与产品，因此涵盖着产品研制与生产时间的生产周期就是企业发展的决定因素。所有企业都在总结最有效的管理方法使这三个决定因素达到最优。

在管理模式上，因为企业对生产过程中直接控制的需要以及对制造资源的占有要求，所以之前常采用的策略是参股至供应商企业或扩大自身规模，使企业和给它提供零部件或原材料的其他企业维持着一种所有关系。这就是"纵向一体化"的管理模式。过去，我国的国有企业一直采用的"大而全"与"小而全"的经营模式，就是"纵向一体化"的表现形式。举个例子，部分企业拥有从铸造、零件加工、装配、运输等一整套设备设施及组织机构，但这些企业组成比例又是不科学的。这是由于计划经济作用，它有巨大的加工体系，但产品开发和市场营销能力特别差。企业的三个基本环节为产品开发、加工、市场营销，"纵向一体化"管理模式下的企业却呈现出"腰鼓"形结构。所谓"腰鼓"形结构就是中间大、两头小的结构模式。即使"腰鼓"形结构的企业适合于计划经济的体制，但是在市场经济环境下并不能快速响应客户的需要。现在有很多企业经营不景气，它们生产不出或不能供应市场上需要的产品，并不是没有生产能力，从而错过了很多市场机遇。

从控制机制和生产计划看，企业生产管理系统是随时代发展和变化的。20 世纪 60 年代之前，通过确定经济生产批量、订货点、安全库存来确保生产稳定性是最盛行的方法，但因为没注意到相关需求与独立需求的差异，采取这些方法并没有得到所期望的效果。20 世纪 60 年代中期，出现了物料需求计划（Material Requirements Planning，MRP）使相关需求管理问题得到了较好的解决。在此之后，通过人们的不断探求，诞生了许多新的生产模式，如制造资源计划（MRP Ⅱ）、准时生产制（Just In Time，JIT）和精益生产（Lean Production，LP）等。在提高企业整体效益和市场竞争力方面，这些新的生产方式做出了很大的贡献。但是，消费者的需求特征在 20 世纪 90 年代发生了前所未过的变化，全球经济一体化特征出现在整个世界的经济活动中。企业参与竞争的能力因为陈旧的管理思想完全无法满足当下的竞争形势。拿 MRP Ⅱ与 JIT 为例来说，它们只考虑如何利用企业内部资源，所有优化工作的根本是本企业资源的最优应用。这种指导思想在 21 世纪的市场环境中是有些不适应的，因为企业要求在现在的市场大环境里提供的一切都能快速地响应用户需求，但想要用一个企业内部拥有的资源是不能达到这个目的的。所以，要想实现快速响应市场需求的目的就要借助其他企业的资源，这就是企业管理发展的必然趋势。

20 世纪 40 年代到 60 年代，市场大环境比较平稳，当时流行“纵向一体化”的模式。但是，到 20 世纪 90 年代，由于日益激烈的竞争、顾客不断变化的需求和迅速发展的科技，“纵向一体化”模式出现了很多弊端。

（一）增加企业投资负担

无论是建立新厂、控股其他公司的投资都需要企业自己来筹集，对很多企业来说这一工作是困难的。第一，想要在金融市场上筹集到企业所需要的资金，就必须增加人力以及物力上的花销。第二，为了能使基本建设任务尽快完成，在资金充足后，企业还是要消耗大量的资源进入项目建设周期（假设新建一个工厂），其中绝大部分的企业资源精力被耗用在从事项目实施的监管工作上。不仅项目不能在建设周期（每个项目都有建设周期）中安排生产，还要按期偿还借款利息。那么，企业背负的利息就会随着项目的基本建设时间加重。

（二）企业承担丧失市场时机的风险

一些新建的项目由于项目存在周期问题，导致项目建成之时就成了这个项目的下马之时，在项目的过程中渐渐地失去了市场机会。如果从投资方向看，决策者当年的抉择也许是正确的，但因为在生产系统的基本建设上花费过多的时间，而市场情形在系统建成并投产时发生了变化，从而错过了进入市场的最好时机，使企业遭受损失。由此可见，企业所要承担的风险会随着建设周期的变长而增高。

（三）企业被迫从事不太擅长的业务活动

“纵向一体化”的管理模式把产品计划、生产、财务、设计、人事、管理信息、设备维修等业务工作看作企业必要的存在，这种模式实质是“大而全”和“小而全”的另一种表现。一些辅助工作被设定在管理人员的工作范围内，花费管理人员更多的时间、精力和资源。最终，不但没有做好辅助性的管理工作，关键性业务也失效，发挥不出核心作用，使企业的特色和竞争力缺失，还增加了原有的成本。例如，通用汽车公司在 20 世纪 90 年代中期还固执地使用纵向管理思想，70% 的零部件是自己公司生产的，而福特公司只有 50% 是自己生产，克莱斯勒只有 30% 是自己生产。这种做法使通用汽车公司劳务费远高于福特和克莱美两个公司的，在市场竞争中一直处于劣势。

（四）所有业务领域都面临无数竞争对手

“纵向一体化”管理模式的问题还包括它必须与各领域对手在各个业务领域竞争。比如，一些生产商不仅进行生产，还拥有本企业的运输公司。那么，这个企业就同时与制造业的对手和运输业的对手进行竞争，后果就显而易见了。如果一个企业在精力、经验、知识、资源都不太好的时候，就会出现四面夹击的现象。实际上，就算是 IBM 这样规模的公司，囊括所有全部业务活动所必要的才能也是不现实的。所以，一向纵向发展的 IBM 从 20 世纪 90 年代初起就及时止损，和其他企业一同建立共赢的伙伴关系。比如，IBM 与苹果公司、西门子公司、MCT 联营公司分别合作开发软件、设计动态随机存储器、计算机基本技术研究工作等。

（五）加剧企业行业风险

在行业市场不理想的情况下，一个企业如果采用“纵向一体化”模式，结果将是在最终市场和各个纵向发展的市场中均遭受损失。比如，某个味精厂建造了一个自己的辅料厂去保证原材料供应，但是由于后来味精市场达到了饱和，该厂生产的味精滞销，味精厂受到严重损失，与此同时与其配套的辅料厂也会受牵连。

三、企业管理模式的发展

实际上，人们很久以前就对管理模式在外部环境中的影响有所研究，并针对组织与技术两个方面实施了很多措施，同时对于适应竞争环境变化的问题提出了很多有效的方法。比如，柔性制造系统（Flexible manufacture System，FMS）、MRP Ⅱ /ERP、JIT、精细生产（Lean Production）、计算机集成制造系统（Computer Integrated Manufacturing System，CIMS）、计算机辅助设计 / 制造（Computer Aided Design/Manage，CAD/CAM）等。这些都是提高企业本身对用户需求影响较为有效的措施，并且被广泛应用。总的来说，可以大致把管理模式的变化分为两个阶段。

（一）基于单个企业的管理模式

在单个企业管理模式中，有以下几种相对典型的管理模式。

1. 成组技术

在 20 世纪 50 年代，成组技术（Group Technology，GT）概念首次被苏联的米特洛凡诺夫（S. P. Meteofanor）提出。当时被叫作成组工艺，目的是解决零件中品种多、批量小的情况。它把工艺结构流程差不多的组成一个零件组，并在每一个零件组中选一个代表零件，目的是在代表零件中挑选出相应的配套设备与相应的工艺装备，降低单件小批生产的成本。通过德国、美国、意大利、中国等国家学者的研究和推广应用，之后又和计算机技术、资源配置、生产管理以及产品设计等技术紧密结合起来，承租概念最后扩展至在生产作业计划和整个系统的生产管理中，发展为成组技术。

2. 柔性制造系统

随着企业中计算机技术的持续发展以及计算机技术应用的持续深化，英国在最初阶段创造了柔性制造单元（Flexible Manufacture Cell，FMC）技术。FMC 即在成组技术基础上再加入计算机控制以及管理技术，使加工的柔性以及自动化得到了显著的提升，更深度地开发了成组技术的应用和概念。在深一层的开发中，FMC 又在原有的基础上增加了能够通过计算机达成数百分钟持续运转的计算机调度与控制功能，使其在运行中可以自由转换零件品种与批量。同时，能够在不同加工中心之间实现传送带或自动导向小车运输零件。这就是柔性制造系统（FMS）。FMS 能够使多品种、小批量生产达到类似大量流水生产的效果，实现了柔性生产流水作业。目前，FMS 已在世界上许多国家被广泛使用。

3. 减少零件变化

减少零件变化（Variety Reduction Program，VRP）是 20 世纪 80 年代后期出现的一种系统方法。它是在模块化设计的基础上对方式以及技术进行改善，使其更具系统性。它通过统计方法来区分产品中的变动部分与不变部分，尽可能减少变动部分它通过研究基本部分与附加部分以及各种基本模块的组合方式等各种组合技术，最终达到简化设计的目的。

4. 计算机集成制造系统

计算机集成制造（Computer Integrated Manufacturing，CIM）是 20 世纪 70 年代由约瑟夫·哈林顿（Joseph Harrington）博士第一次提出来的，它由“整个生产过程实际上是数据的采集、传输和加工处理的过程，最终产品可以看作数据的物质表达”以及“企业生产的每个环节，从市场分析、产品设计、加工制造、经营管理直到售后服务的所有生产活动是一个不能被分开的整体，要连在一起考虑”两个基本理念组成。

生产、信息技术的联合应用就是 CIM，它使企业能够更好、更省、更快地制造出市场想要的产品，以此来提升企业的市场响应力。CIM 在生产技术上囊括了一个企业的全部生产经营情况，比传统的自动化加工的范围大得多，是生产的高度柔性自动化。从信息技术方面来看，它是信息系统在整个企业范围内的聚合，主要体现为以信息集成为特征的一些集成，如组织集成、技术集成甚至人的集成。

它是哲学的思想方法，当整个企业的生产经营活动中都运用CIM哲学时，就构成了一个新的系统——计算机集成制造系统（CIMS）。

进入20世纪80年代以后，CIMS在学术界和企业界受到了广泛关注，当时被看作制造业新一代的生产形式。CIMS使企业竞争力的建设达到了更高的层次。当企业想要快速响应客户需求的时候，通过实施CIMS可以使响应需求速度达到之前无法想象的级别。

以上几种方法有一个共同点，即思考的问题都是一个企业如何安排所制造的资源，都是把一个企业的资源当成核心。然而，正如我们所讨论的，如果仅靠一个企业的资源在当前市场竞争的大环境下很难让市场上的用户得到满意的服务，用户觉得不满意那么企业也不可能获得理想的效益。而且，如果没有认识到企业间的合作，把它提高到战略高度，只站在单个企业的角度思考问题，甚至有时把企业间的协作当成不得已的办法，就不可能使企业获得好的发展。

（二）基于扩展企业的管理模式

美国20世纪80年代末就认识到如果一个国家在制造业的领域处于优势就可以在国际上有稳定位置。因此，人们努力在美国企业中实施在日本学习的精细生产方式，不过最后得到的效果则由于文化背景、社会的条件不同而没有那么理想。1991年，美国国会提出要为国防部拟定一个能同时体现国防部和工业界的共同利益的较长期的制造技术规划，随后委托里海大学的艾科卡研究所制定了“21世纪制造企业战略”报告，提出了“敏捷制造”的概念，描绘了一幅在2006年之前实现敏捷制造的蓝图。

该报告指出：全世界都可以通过竞争来加速市场，而且通过这种方式的市场变化速度要比通过自身所有的资源来调整的速度快很多。报告提出了以动态联盟或虚拟企业（Virtual Enterprise，VE）为基础的敏捷制造模式来解决这个影响企业生存和发展的世界性问题。敏捷制造是一次战略高度的革命，它强调基于互联网的信息开放、共享和集成，把企业之间的纯竞争关系转变成既有竞争又有合作的“共赢”关系来面对全球日益激烈的竞争。

由此来说，供应链管理、敏捷制造的理论将企业内部所有的部分从个别的企业延伸至全社会，使企业和其他企业为了共同的市场利益而结盟。这个联盟主要解决的是一些客户提出的特别要求，这些需求要求供应商和客户一起研究怎样满足客户的需求，这个过程中可能会将原来的计划否定，然后进行新的思考和设计，客户当然愿意去选择这样以客户为中心服务的供应商，这样两者之间就形成了互相依存的模式。当原来的产品耗尽或需要更新时，顾客还会找之前的供应商。凭借敏捷制造战略的实施，供应链管理被越来越多人所重视，成为现如今世界上最有影响力的企业运作模式。这种运作管理模式的变化如表 1-1 所示。

表1-1　企业运作管理模式的变化

20 世纪 80 年代	20 世纪 90 年代初期	20 世纪 90 年代后期	21 世纪
制造资源计划（MRP Ⅱ）	准时化生产（JIT）	精细生产和供应	供应链
推动式系统	拉动式生产	消除浪费	快速反应
物料订货以可分配需求为基础；消除安全库存和周转库存；依赖于相关订货计划和可靠的预测；通过变动对供应商需求实现柔性	来自最终用户的固定需求量；生产能力与需求匹配；固定的生产协作单位；柔性的制造系统；相似的产品范围很小；经济生产，批量很小	库存和在制品占用最小；成本在供应链上透明；多技能员工；减少工件排队；调整转换时间很短；多品种小批量生产每个阶段连续改进	供应具有柔性；顾客化的定制生产；与最终需求同步生产；受控的供应链过程；合作伙伴间的能力是集成的；全面应用电子商务

四、供应链管理思想的背景

从 20 世纪 80 年代后期开始，世界上越来越多的企业放弃了“纵向一体化”的经营模式，随之而来的是利用企业的外部资源迅速响应市场需求，企业只需关注自身的核心竞争力、产品方向即可，市场的“横向一体化”思想逐渐兴起。

“横向一体化”思想是指企业生产只需抓住核心零部件的制造，甚至可以全部委托给其他企业加工。例如，福特公司的 Festiva 汽车由美国人设计，由日本马自达生产发动机，由韩国制造厂生产其他零配件以及装配，最后再交还美国市场销售。福特公司把零部件的生产和整车装配都交给了其他企业，利用企业的资源促使产品迅速完成，解决了自己投资的基建周期长等问题，使产品在早上市、低成本、高质量等方面取得巨大竞争优势。“横向一体化”形成了一条从供应商到制造商再到分销商的“链”，把所有相邻的企业互相连接起来，通过相邻节点企业表现出一种需求与供应的关系，这就是供应链（Supply Chain，SC）。这条链上的各个节点企业一定要达到协调、同步运行，才有可能让供应链上的全部企业共同受益。因此，出现了供应链管理（Supply Chain Management，SCM）这一新的管理理论和管理思想。

（一）新的竞争环境

供应链以及供应链管理的概念是在20世纪80年代提出来的，这是由于当时经济全球化、知识经济、信息经济趋势明显加强，导致现代企业管理模式发生了新的变革。新的竞争环境包括以下内容。

1. 经济全球化

经济全球化是世界经济一体化发展的高级阶段，表现为商品、服务、资本、人力资源和技术等各种经济载体依据市场经济的需要而在全球范围内自由地配置优化。其对企业的影响主要体现在以下四个方面：

（1）原材料采购、产品制造、资金和人力资源的获得、服务和产品的实现，都可以在全球范围内进行流动优化；

（2）加深了同一价值链中企业间的相互联系和依赖程度；

（3）竞争范围的加大，企业不仅要面对国内竞争对手，还要面对国外的跨国公司、大企业、大集团；

（4）对企业的管理提出了挑战，企业必须对全球范围内整个供应—生产—销售—服务体系实行有效管理，应对全球市场差异化、个性化的需求；

2. 知识经济和信息经济

世界经济的发展趋势是知识经济和信息经济，它改变了传统经济的稀缺性。在此条件下，企业以获取、利用和生产信息为竞争的必要前提。对于供应链管理而言，就是要充分利用相关技术，从内外部获取、创造、分享知识和信息，提高协同运作水平和反应速度，以满足顾客的需求。

3. 市场需求的巨大变化

当今世界市场变得越来越苛刻，要求越来越高，表现为产品的多样化和个性化，客户需要更多功能、更具个性化的产品和附加产品，同时客户对产品的需求变化快，缩短了交货期，需要小批量、多品种、定制化的生产与之对应。

4. 环保要求

随着社会环保意识的提高，人们对可持续发展的认识越来越深入。政府通过行政立法等加强企业在生产运作中的环保行为，企业为应对这一要求，会对其成员提出更高的环保要求。

5. 生产方式变革

用户需求的多样化和个性化对生产系统提出了更高要求。随着柔性制造系统（FMS）、准时生产制（JIT）、计算机辅助设计 / 制造（CAD/CAM）等管理模式的出现，生产运作对供应链管理提出了新的要求，如JIT采购与配送等。

6. 信息管理技术的发展

各种信息技术和网络技术的发展促进了管理模式的变革。供应链管理系统要求各种信息技术综合运用，如自动识别与数据采集技术（Auto Identification and Data Collection，AIDC）、条码技术（Bar Coole，BC）、射频识别技术（Radio Frequency Identification，RFID）、销售点终端（Point Of Sale，POS）系统以及车辆自动识别技术（Automatic Vehicle Indentification，AVI）、电子数据交换技术（Electronic Data Interchange，EDI）等。

总之，对现代企业而言，经济全球化和知识经济、信息经济、消费需求的变革，既有机遇也带来了挑战，而生产方式的变革和信息技术为新的企业管理模式提供了条件。

（二）新的竞争环境对管理模式提出新的要求

1. 柔性策略

企业要更好地满足顾客的个性化、多样化需求，就必须要求管理模式能响应和适应这种市场需求，准确地获取顾客的需求信息，实行一对一的产品设计与服务。

2. 及时性

产品生命周期缩短，要求企业对顾客信息的把握不仅要准确，还要及时，能在最短时间内满足顾客的时效性需求，获得竞争优势。

3. 增值性

获取顾客忠诚与信赖的关键在于让渡更多的顾客价值，为顾客提供可信赖的、有价值的产品和服务，要求企业的生产运作必须具有增值性，能为顾客带来更高的价值。

4. 低成本

企业一贯追求的目标是降低成本，大多数把目光集中在生产成本和人力资源成本上。自 20 世纪 60 年代以来，企业开始将成本的重点转向物流领域。但是，单个企业成本的降低并不能降低整个供应链的运作成本，所以在新的模式、新的竞争环境下，新的管理模式就是进一步降低供应链的运作成本。

5. 有效性

在新的管理模式下，企业要更加有效地响应顾客需求，以最少的资源消耗和成本，实现满足顾客需求的目标，保证能够在恰当的时间和地点，以实惠的质量和价格，向有需求的顾客提供适合的数量和服务。

6. 核心竞争力的培养与合作

为了提高企业的运作效率和竞争能力，企业在新的管理模式下，要更加注意核心竞争力的培养，并将其非核心业务进行外包。

第二节　供应链的初步认知

一、供应链的概念和特征

（一）供应链的概念

供应链就是围绕着重点企业，通过对信息流、物流、资金流的控制，从采买原始材料开始，制成中间产品和最终产品，然后通过销售网络把产品送到消费者手中，把供应商、制造商、分销商、零售商与用户连接成一个整体的功能网链结构。

扩大生产衍生出了供应链，供应链使企业内部生产活动前后延伸。比如，日本丰田汽车公司的精益协作方式就将供应商的活动视为生产活动的有机组成部分而加以控制和协调。所以，供应链诠释的就是运用一些活动所产生的衔接，如分销、获得、服务、存储、计划等，使企业的所有客户得到满足的过程。

供应链包含产品到达顾客手中之前的所有参与分配、供应、生产和销售的企业，因此销售渠道的概念被包含在供应链定义中。供应链对上游供应活动的供应者、中间制造活动的生产者、储存运输活动的运输商和下游分销活动的消费者同样重视。

供应链是在互相关联的业务伙伴或部门中发生的信息流、服务流、资金流、物流以及知识流，包含着从产品（或服务）的设计、原材料采购、加工、制造、包装到交至最终客户手中的整个过程的功能网链。例如，一个典型的钢材行业的供应链如图 1–1 所示。

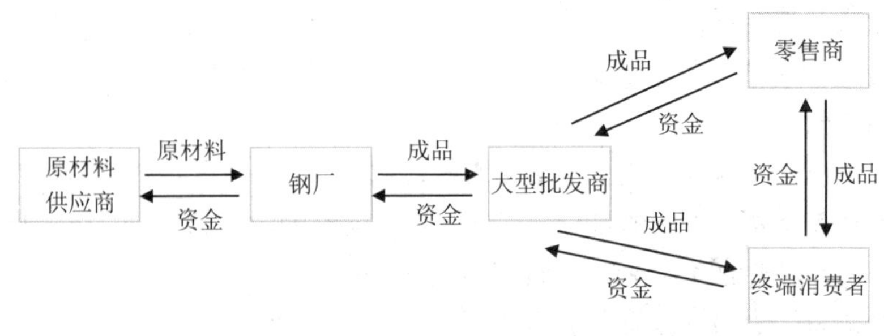

图 1–1　钢材行业的供应链

（二）供应链的特征

1. 协调性和整合性

供应链中有多个合作企业，他们像链条一样环环相扣，每个节点的企业在共同目标驱动下，整合企业资源，紧密配合，协调运作。故供应链本身就是一个紧密配合、协调运作的系统。

2. 选择性和动态性

供应链中的核心企业在无数竞选企业中筛选出各节点的企业作为合作伙伴，有选择性地进入供应链网络。不过，供应链也需随市场、目标、服务方式、客户需求等因素的变化而改变，时刻处在一个动态调整的过程中，具有动态性。

3. 复杂性和虚拟性

许多供应链是跨地区、跨国家、跨行业的组合。各国的习俗、法律、地理环境、国情、文化体制等有着极大的不同，物流基础设施、物流管理水平、经济发达程度和技术能力等也有极大差异。而供应链的操作又需确保其目标的准确性、服务的高质量性和行动的快速反应性，所以供应链具有复杂性。供应链的虚拟性主要体现在它并不是一个垄断企业或集团企业，而是一个协作组织。企业通过协作的方式组合在一起，依靠相互信任关系和信息网络的支持，为了共同的目标，优势互补、强强联合、协调运转。供应链就像一个在不断地优化组合的、虚拟的强势企业群体。因为供应链必须是优势企业之间的连接，且需一直保持高度竞争力，所以组织内必然需要吐故纳新、优胜劣汰的制度。

4. 交叉性和需求方向性

供应链具有交叉性与需求方向性两方面的性质。一方面，供应链中的节点企业可以同时是两个甚至多个供应链的成员，以节点企业为媒介数个供应链可以组成交叉结构；另一方面，供应链的形成、存在、重构，是在一定的市场需求的基础上发生的，故在供应链的运转过程中，用户的市场需求是供应链中商品流、资金流、信息流以及服务流运作的驱动源。

二、供应链的构成要素

（一）供应链的基本构成

一般来说，供应链的组成包含以下几个方面的基本要素。

1. 供应商

供应商是指提供零部件或原材料给生产厂家的企业。

2. 厂家

厂家是指产品的制造商，负责产品的生产、开发和售后服务等。

3. 分销企业

分销企业是指把经营地理范围内的产品送达而产生的产品流通代理企业。

4. 零售企业

零售企业即把产品直接卖给用户的企业。

5. 物流企业

物流企业是指上述四个企业之外的专门提供物流服务的企业。物流企业中的批发、零售、物流亦可统称为流通业。

（二）供应链的四个流程

供应链一般包括物资流通、信息流通、商业流通以及资金流通四个流程。四个流程有各异的功能和流通方向。

1. 物资流通

这个流程主要是物资即商品的流通过程，是发送货物的过程。这个流程的方向是供货商经由厂家、批发与物流以及零售商等指向消费者。因为多年以来企业管理都是围绕产品实物开展的，所以目前物资流通流程受重视。许多物流理论都提到在物资流通过程中，如何在短时间内以较低的成本把货物运出去。

2. 信息流通

这个流程是交易信息与商品的流程，是在消费者与供货商之间双向流动的流程。以前信息流通一直被忽视，因为人们总是把重点放在肉眼可见的实物上。而今天，企业及全社会均十分重视供应链信息以及信息的流程，通过信息化建设就是要优化其信息的流程。

3. 商业流通

这个流程是接受订货、签订合同等的商业流程，是买卖的流通过程。该流程也是在消费者与供货商之间双向流动。现如今商业流通形式趋于多元化，不仅有传统的店铺销售、邮购、上门销售的方式，还有电子商务的形式，如通过互联网等新兴媒体进行购物。

4. 资金流通

这个流程即货币的流通，必须确保资金能够及时收回，这样才能保障企业的正常运转，否则就无法建立完善的企业经营体系。它是由消费者经由零售商、批发与物流、厂家等指向供货商的流程。

（三）供应链的结构

供应链是社会经济大系统中的子系统。从系统的角度看，供应链的行为和效率由供应链的结构决定，而供应链的结构是由供应链实体之间的相互依赖和相互作用的关系决定的，如图 1–2 所示。

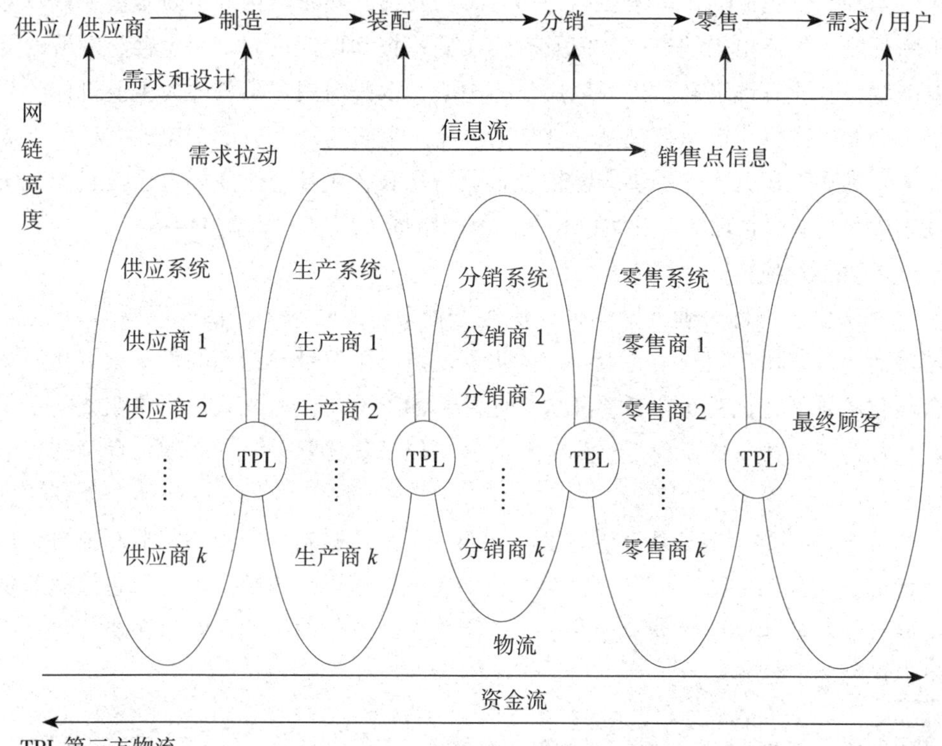

图 1–2　供应链的基本结构

整体来说，采购子系统、生产子系统和分销子系统共同构成供应链系统，它们之间相互交融、相互衔接、相互关联。同时，第三方物流和电子信息技术为实现供应链整个流程的优化起到了至关重要的作用。

三、供应链的基本分类

（一）根据供应链运转范围划分

供应链可以根据它的运转范围划分为企业内部供应链和企业外部供应链。

1. 内部供应链

企业内部供应链即在产品生产和流通过程中企业内部所涵盖的采购、生产、仓储以及销售等部门构成的供需网络。传统企业重视的是如何更好更快地完成产品并把它推向市场，这是把管理的出发点从原材料转至产成品的一种“推式”供应链管理，管理活动多以企业内部的意志为转移。随着市场的不断发展和竞争的不断加剧，生产出来的产品如何及时地实现销售和增值成为企业生存与发展的首要问题，企业管理也随之进入以用户为中心、以提高用户满意度为主要目标的阶段，企业内部供应链运营规则也转变为以用户需求为原动力的“拉式”运营，放弃了“推式”运营。这种供应链把各企业信息和企业各个业务环节连接起来，实现集成和共享，管理活动开始以企业外部的市场（用户）意志为转移。

2. 外部供应链

外部供应链即企业产品生产、流通过程中由原材料供应商、产成品储运商、零售商和最终用户组成的企业外部的供需网络。随着日益激烈的市场竞争和经济全球化的发展，优势企业必须联合企业外部的上下游企业，共创一条业务关系紧密、经济利益相联的供应链来完成资源共享以及优势互补，不断增强自身的竞争优势。

企业内部供应链和外部供应链共同组成了从原材料供应商到制造厂商再到消费者的全功能供应链。可以说，全功能供应链的缩影是内部供应链，它们的差别主要在于全功能供应链涉及企业多、范围大，企业间的协调面临很多非行政手段可以解决的困难。

（二）根据供应链涉及的领域和功能划分

根据供应链涉及的领域和功能，供应链可分成采购供应链（Procurement Supply Chain，PSC）、生产供应链（Operation Supply Chain，OSC）和销售供应链（Sales Supply Chain，SSC），这三条供应链包括了企业经营管理中最重要、最基础的供、产、销三大核心功能。

1. 采购供应链

随着供应链管理的发展，很多企业开始实施外包的战略转型，对供应商管理越来越重视，采购管理的重心也从订单处理向前延伸为对外部供应源的管理。通过提供资源的开发、供应商资格预审、供应商筛选、供应商之前关系的管理、确保以合适的成本按时、保质、保量地获取优质资源。

与此同时，企业开始将采购管理的重心转移到对需求规律的研究和管理，并将管理范围拓展到企业项目投资决策、新产品设计开发以及生产运行保障等需求形成阶段。需求的形成过程直接影响企业的盈利水平和竞争能力，因此越来越受企业决策层的关注，并上升为企业关键管理领域。

随着采购管理的范畴向上延伸到对供应商的管理，向下延伸到对企业内部的物料需要的管理，采购一方（企业内部统一的采购部门）、需求一方（企业内部生产、计划、工程、机动设备设计、技术研发等部门及各需用单位）和企业外部供应商三方之间客观上形成了供应链关系，本书称之为采购供应链，并将做重点研究。

采购供应链管理（Procurement Supply Chain Management，PSCM）以采购功能为轴心，通过强化对企业内部需求的集成和对外部供应商资源的管理，不仅为企业安全、稳定、长期运行保驾护航，还为企业运营总成本最低和效益最大化增加价值。

2. 生产供应链

任何一个企业都是生产产品或提供服务的主体，并通过提供产品或服务，从用户那里获得货币报酬得以生存发展，因此生产领域一直是企业核心的领域之一。在生产产品或正式提供服务的过程中，以生产部门或正式提供服务的部门为核心，企业的内部计划、开发、设计、采购、质检、储运、销售等很多职能部门之间形成供应链关系，构成生产供应链。

生产供应链管理（Operation Supply Chain Management，OSCM）以生产功能为重点，侧重于研究企业产品生产、服务提供过程的管理，力求以最快捷、最有效和最低成本的方式完成产品、服务的生产提供过程。

3. 销售供应链

企业生产出来的产品或提供的服务（使用价值），通过销售渠道将使用价值的所有权或使用权转移到客户手中，使企业获得销售收入。这样周而复始运转，达到盈利和发展的目的。销售领域是企业另一个基础核心领域，在销售产品或提供服务过程中，以销售方为核心，与生产方（企业内部的生产部门）、需求方（企业外部的客户）之间形成供应链关系，构成销售供应链。

销售供应链管理（Sales Supply Chain Management，SSCM）以销售功能和销售效果最优化为重点，侧重于研究客户管理，力求以最经济、最迅捷的方式满足客户的需求，实现企业销售收入和利润最大化。

（三）根据供应链稳定性划分

供应链根据稳定性可分为稳定供应链、动态供应链两种。在相对稳定和单一市场需求的基础上形成的供应链，其稳定性较强；在频繁变化和复杂需求的基础上所形成的供应链，其动态性较高。其中，动态供应链要根据不断变化的需要随时变动供应链。

一般来说，B2B、B2C 行业中的企业会在采购前与厂方协商并签订合同。例如，中域主要出售手机，它与供货商通过 ERP 互联系统下订单与结算，该供应链中产品种类单一、量大，而且供货的价格没有太大的波动，形成了稳定的供应链。一些小型的超市由于进货产品种类多、量小，供货的价格也不稳定，因此它们会在比较大的批发市场根据供应方的产品价格与质量进行选择性采购，形成动态的供应链。

（四）根据供应链容量和用户需求之间的关系划分

根据供应链容量和用户需求之间的关系，可将供应链划分为平衡供应链、倾斜供应链两种，如图 1–3 所示。

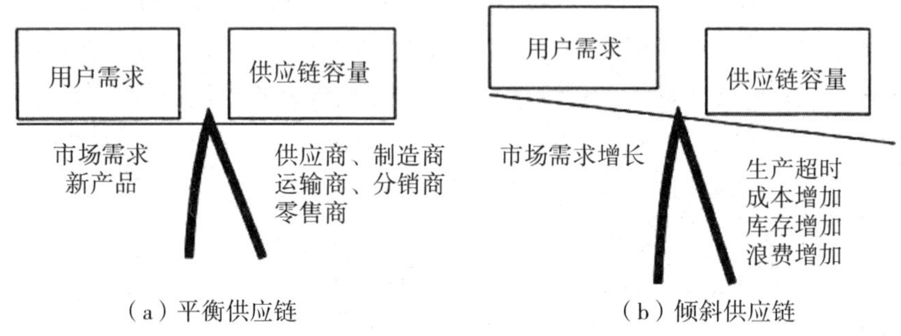

图 1–3　平衡供应链和倾斜供应链

相对来说，有固定生产力的供应链包含了全部供应商、制造商、运输商、分销商、零售商等，因为不断变化的客户需求，要想供应链达到一个平稳的状态，其容量一定要保证满足客户的需求，平衡的供应链能够保证市场运转中各环节的均衡。但是由于市场环境的改变使生产超时、成本和库存增加时，供应链的容量不足以应对用户需求，供应链就处于倾斜状态。

（五）根据供应链的功能模式划分

根据功能模式（物理功能和市场中介功能）可将供应链分为效率型供应链和敏捷型供应链。效率型供应链可使原材料生产零部件、半成品和成品时耗费最低的成本，包括运输成本最低等。敏捷型的供应链是供应链市场中介功能的主要体现，就是通过产品分配使用户的市场需求得到满足，对没有出现过的需求可以做出快速反应等。

（六）根据供应链模式划分

传统推动式的供应链模式指根据商品库存情况，有计划地向客户推销商品。当前更多的是拉动式供应链，在该模式下，客户是供应链一切业务的源动力。两种供应链模式的流程如图 1–4 所示。

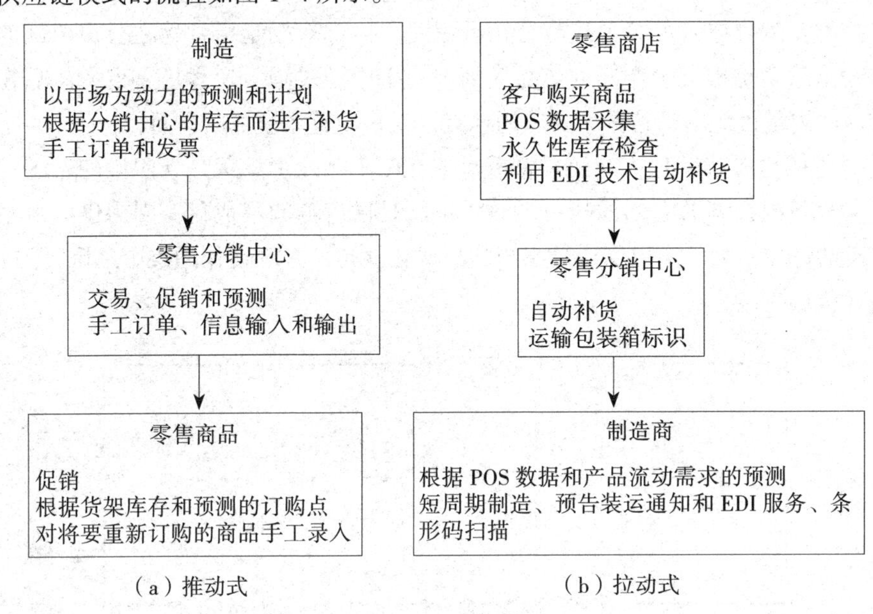

图 1–4　推动式供应链和拉动式供应链

在拉动式供应链中，零售商通过 POS 系统收集客户购买商品时的信息，数据通过总合解析之后传递给制造商。这样，制造商就能提前为分销仓库的下一次补货做好充足的准备，同时改进采购计划、交货计划、生产计划。

第三节　供应链管理的内涵解读

一、供应链管理的含义

供应链管理，就是对供应链涉及的全部活动进行计划、组织、协调与控制。它作为管理策略的一种，提倡不同企业聚集在一起使供应链的效率得到提高。它把供应链上的企业当成一个整体中不可分割的重要组成部分，使供应链上的每个企业都能稳步发展。如果一个供应链是成功的，就要求对那些贯穿企业内部以及构成供应链的所有企业之间的各种商业流程实行跨职能整合。

供应链管理包含自最开始的原始材料直到最后产品送到顾客处的全部过程，其管理的对象为这个程序中全部和信息流动、物资流动以及资金流动有联系的内容和它们之间的联系。以一个企业的内部为例，后勤管理就是运入后勤，其责任就是把物资从供应者的位置送到公司的程序；内部后勤是指货物在公司内部的运转；运出后勤是指把生产好的产品送到客户手中的过程。把客户需求的产品在准确的时间内最优成本送达顾客要求的地点，是供应链系统的功能目标。

早年的供应链管理方式经常将重点放在某个企业上，但是现阶段的管理重点是不同公司的计划和它们的执行活动，也就是供应链的集成化。因为供应链系统中所有的区域很大，所以供应链系统的集成化就是其合理运作的重中之重，图1–5为集成化供应链。

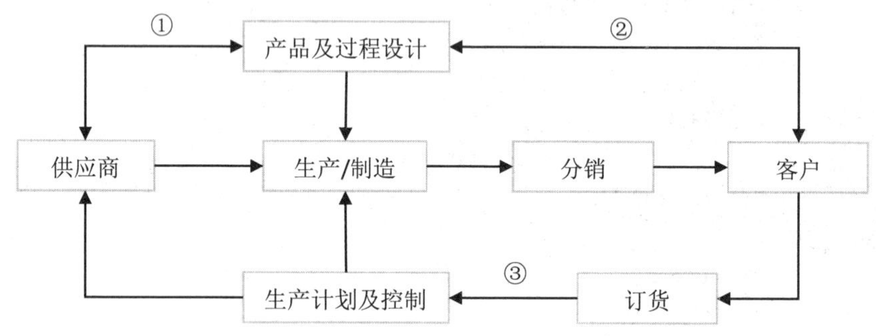

图 1–5　集成化供应链

图 1–5 中，过程①说的合作设计就是供应商参与设计的过程，这样做就能避免因为设计不符所造成的供应商无法生产的情况。过程②说的是用户驱动设计，就是根据用户需求在产品上做出的设计或更改，使产品可最大限度地达到客户的需要，增强竞争力。过程③说的是订单驱动生产，即工厂根据用户需要的产品数量生产，而不是没有目的的生产，这样可以避免出现库存积压和供应不上的后果。

二、供应链管理的内容

（一）和供应链管理有关的一些主要领域

供应链管理研究所涉及的主要内容有四个主要的领域，分别为需求、物流、生产计划和供应，如图 1–6 所示。供应链管理是通过集成化和同步化生产计划来完成的，具体来说是在 Internet/Intranet 的基础上，围绕供应、物流（主要指制造过程）和生产计划的协作使顾客达到满意。供应链管理主要用合作、计划的方式来掌握自供应商一直到用户的信息乃至物料（零部件、成品等）状况。

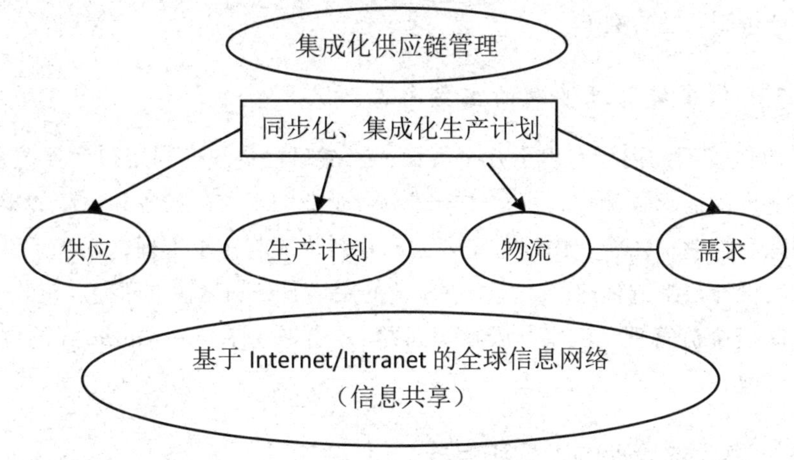

图 1-6 供应链管理涉及的领域

供应链管理有两方面目标：一方面是要进一步提升用户服务水平；另一方面是要把整体的交易成本降低。这两方面相辅相成，所以要整合这两个方面的目标，解决经常会出现的矛盾以使之平衡。

供应链管理可以详细地划分为两个领域，即职能领域和辅助领域，这是构建于之前所述的四个基本领域的基础之上。其中，产品工程、产品技术保证、采购、生产控制、库存控制、仓储管理、分销管理是职能领域的内核；与之相对的辅助领域则重点关注客户服务、制造、设计工程、会计核算、人力资源、市场营销等方面。

（二）供应链管理涉及的主要问题

供应链管理的内核关注的不仅是物料实体在供应链中的流动，还注重以下方面。

（1）随机性问题。包括供应商可靠性、运输渠道可靠性、需求不确定性、价格波动影响、汇率变动影响、随机固定成本、提前期的确定、顾客满意度的确定等是随机性问题重点关注的方面。

（2）供应链结构性问题。规模经济性、选址决策、生产技术选择、产品决策、联盟网络是此方面重点研究的问题。

（3）供应链全球化问题。贸易壁垒、税收、政治环境、产品各国差异性是此方面研究的核心内容。

（4）协调机制问题。供应—生产协调、生产—销售协调、库存—销售协调等都是协调机制问题的例子。

（三）供应链管理涉及的主要内容

供应链管理的内涵有以下几个方面：①战略性供应商和用户伙伴关系管理；②供应链产品需求预测和计划；③全球节点企业的定位，设备和生产的集成化计划、跟踪和控制；④企业内部与企业之间物料供应与需求管理；⑤基于供应链管理的产品设计与制造管理；⑥基于供应链的用户服务和运输、库存、包装等管理；⑦企业间资金流管理（汇率、成本等问题）；⑧基于 Internet/Intranet 的供应链交互信息管理。

三、供应链管理的理念和目标

（一）供应链管理的理念

在供应链管理的过程中，各相关方应坚持：①面向顾客理念；②双赢与多赢理念；③管理手段、技术现代化的理念。

（二）供应链管理的目标

供应链管理的目标有很多，其中主要内容有以下几个方面：①根据市场需求的扩大趋势，提供完整的产品组合；②根据市场需求的多样化态势，缩短从生产到消费的周期；③根据市场需求的不确定性，缩短供给市场及需求市场的距离；④降低整体供应链的物流成本和费用，提高整体供应链的运作效率，增强整体供应链的竞争力。

四、供应链管理的运作机制

供应链成长过程实际上是指企业在市场竞争中不断成熟以及发展的过程。供应链管理的本质是在“竞争—合作—协调”机制的前提下，以分布企业集成和分布作业协调为保证的新的企业运作模式。在供应链管理的调控下，其合作机制、决策机制、激励机制和自律机制等都是为完成客户要求，使客户满意度提升并且留住客源而设立的，其最终的目标就是使供应链管理中的社会目标（满足社会就业需求）、经济目标（创造最佳利益）和环境目标（保持生态与环境平衡）有机统一，这是供应链管理哲学的经典概括，如图 1–7 所示。

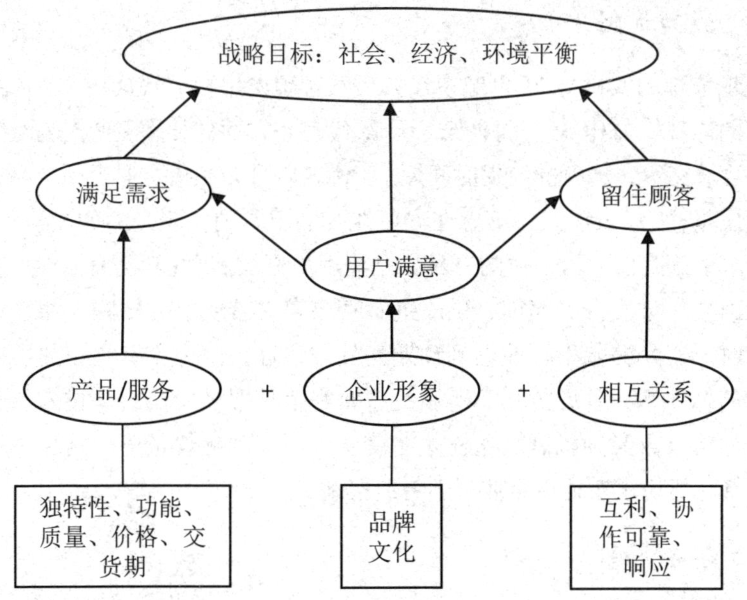

图 1-7　供应链管理目标实现过程

（一）合作机制

供应链中合作机制最明显的特质在于战略合作伙伴关系和企业内外资源的集成与优化利用。在这样的企业环境中，产品制造、研发、投入市场的运行时间在很大程度上会缩短，顾客导向化会更加明显，其中模块化、简单化产品、标准化组件使企业在柔性和灵敏性上有进一步的提升。此外，业务外包策略的效益是由于虚拟制造和动态联盟的应用而有所提升的。企业集成的范围从过去中低层次的内部业务逐渐转变为企业之间的相互协助，可见其范围大大地外延了。在这样的合作机制下，市场竞争的策略在现有的企业关系中有了显著的变化，主要表现在基于时间的竞争和价值链的价值让渡系统管理、基于价值的供应链管理等。

（二）决策机制

供应链企业决策所用的信息是从企业内部、开放的网络大环境中持续地交流和共享得来的，在 Internet/Intranet 快速发展的今天，Internet/Intranet 已经成为企业决策支持系统新的依托，因此决策模式的变化是翻天覆地的，供应链里所有的企业的决策模式终归是依赖于 Internet/Intranet 的，并且是具备开放性信息储备的群体性决策模式。

（三）激励机制

供应链管理的实质与21世纪中经典运营管理思想相一致这在“TQCSF”体系中有充分的体现。“TQCSF”每一个字母都代表一方面的要求，T代表时间，指在短时间内能够交货，准备的前提时间短；Q代表质量，尤指企业当中产品、工作以及服务的质量；C代表成本，寓意在尽可能少的成本内实现最大的收益；S代表服务，服务水平是此项极为关注的，目的是让用户更加满意；F代表柔性，就是企业的应变能力要尽量提升。当前，供应链管理还存在着明显的缺陷，而且供应链管理在实施时，实际的效率不能达到预期的效果，这是因为没有统一的供应链管理绩效评断的标准和评价的方法。所以，想要完全把握供应链管理技术，必须更加注重绩效评价以及激励机制。这样才能使供应链管理顺着正确的路径进行，使供应链管理模式切切实实地被企业管理者所接纳。

（四）自律机制

自律机制的核心是把行业的龙头企业或者是竞争力最强的对手作为榜样，将供应链企业自身的产品、服务以及供应链绩效逐一评定，再逐步地完善，这样企业就能时刻保证自己的企业具有竞争力，能够蓬勃发展。自律机制内含有几大方面的内核，分别为企业内部的自律、对比竞争对手的自律、对比同行企业的自律和对比领头企业的自律。自律机制可以使企业成本降低，提高利润和销售量，在知己知彼的基础上，可以使客户更加满意，提升自身信誉，大大缩小企业本身各个部门之间的业绩差距，提高企业整体的竞争力。

五、供应链运营管理的驱动要素

各个生产厂商为了满足自己的竞争战略需要，必须在供应链的反应能力与盈利水平之间取得平衡。为此，库存、运输、设施和信息这四大方面是供应链管理者需要重视的方面，其对于供应链的运营驱动有着至关重要的作用。反应能力和盈利水平之间的平衡都靠这四个方面维持，这四个方面的共同作用决定了整条供应链的反应能力和盈利水平。

（一）库存

原材料、半成品和产成品这些供应链流程中必不可少的因素谓之库存。供应链整体的反应能力及其盈利水平受库存的影响非常大。一般来说，提高库存水平是厂商用来改善反应能力的一大途径。但是，库存量与厂商的成本息息相关，如果增大库存量，那么厂商的成本会随之升高，盈利水平会随之下降。相反，厂商的盈利水平会因为库存量的减小而有所上升，但是反应能力会因此下降。

（二）运输

运输是指将原材料、半成品或产成品从供应链中的一处转移到另一处。运输有很多方式和实施的途径，这些方式和途径的自由排列组合，衍生出各有特点的运营方式。这就给厂家提供了多种可以选择的运输方式，供应链的反应能力也会有所改善，但也带来了运输成本的上升以及盈利能力下降的问题。如果采用的运输方式比较慢，这样运输方面的成本就会下降，相应的取得盈利付出的成本就会有所提升，但带来的问题是反应能力不再敏锐。

（三）设施

在供应链中，用于物料的储存工作以及装配加工乃至制造的地点被称为设施。其中生产场所、储存场所是设施的两大主要组成部分。对供应链的绩效设施的选址问题、功能性问题以及应对决策灵活性问题起着非同寻常的作用。以汽车零配件分销商为例，厂家为了使自己的反应能力有所提升，就会在与消费者距离较近的地方设立储存场所，但这样操作就会导致盈利水平降低。如果是把盈利水平提高，那么仓库的数量就会被削减，从而导致反应能力的下降。

（四）信息

在供应链管理运营的流程当中，信息的作用是驱动整体的发展，其中很大一部分原因是其与链条中的其他要素都有关系。顾客需求拉动模式就是一个很明显的例子。顾客的需求信息以及零配件的供应信息被第一时间反馈到汽车生产厂商处，厂商根据订单的要求，在规定的时间之内最有效地安排零配件的供应以及装配的生产和配送等一系列的销售活动，这样整个产供流程就会更加流畅，供应链的灵敏度也能大大提高。

第四节　供应链管理的战略选择

供应链管理的发展历史悠久，目前有一些发达国家的企业的实际应用效果非常喜人。另外，人们对供应链管理的了解逐渐加深，这使供应链管理有所发展。这是因为人们慢慢地发觉供应链管理的潜能若想被更深地挖掘，就必须站在企业战略性问题的高度考虑全局，抛开只是将它当成一种操作方法的简单想法。

德勤公司发表的一项研究报告指出，供应链管理战略实际上并没有被许多企业应用。其中的原因如下：①缺乏应用和集成技术的能力；②缺乏协调企业资源所需要的更高权重；③改革关键流程的阻力；④跨职能的障碍；⑤缺乏有效测量供应链绩效的评价指标。

从上面所说的各种情况不难发现一个关键问题，就是在使用供应链管理时，主要是为了提高企业的竞争力，但是当实践操作起来时，得到的绩效成果却不能达到预期的效果。之所以产生这样的结果，原因不是供应链管理理论自身的问题，而是因为企业在运用供应链理论时简单地将其认为是企业战略的一环。德勤公司的例子可以分析出几部分与供应链管理绩效有关联的问题。如果想要解决这些问题，就必须从全局的高度出发，整体地、战略性地进行思考，因为单独的部门凭借自己的实力是无法解决所有供应链管理绩效因素问题的。综上所述，可以看出战略性的角度对供应链管理来说，是极为重要的，若非如此，有一些有关联的问题就不能及时完成。

从企业发展总体战略的角度出发，供应链管理战略就是要站在这个高度上看待全局，其中如何制定实施战略、怎样选择运作方式以及怎样才能建立信息支持系统，都是供应链管理战略关注的重点。

一、制定供应链管理的实施战略

从供应链管理整体的实施战略的角度来看，其主要目的是为企业提供在实际操作供应链管理模式时能够依托的方法和策略，以减少失误的出现，防止企业误入歧途。

（一）在企业内外同时采取有力措施

从企业内部的角度来看，发扬团队的合作精神是核心内容。重点培养员工之间的协作能力，共同合作完成工作，处理问题，让员工不再把合作当成义务，这样就不会相互推脱责任。这与医院急救室的工作模式有相通之处，企业会按照新订单的任务完成，同时得到新的市场机遇。智力资源权利条例和企业内部的道德准则都必须进一步设立一个明确的标准，这样不仅可以对人的行为进行规范，还对员工发明创造的权力能起到一定的保护作用。权力分散逐渐被人们所关注，这在管理方面给了中下层管理人员一个参考依据，让这些员工能够在确保完成企业的总任务的同时，提升自主权。领导作风的优良使上司与下属之间的关系由之前完全的命令控制转变成为相互的鼓励以及信任，由此，每个级别的员工也会激起进取心、责任感和荣誉感。这样，上至组织机构，下至员工个人，每一个环节都能在市场变化的洪流中快速地有所反应以及反馈。

从企业外部的角度看，竞争对手之间已经出现了合作的理念。早在20世纪70年代，美国就有竞争对手合作的先例，通用、福特、克莱斯勒这三家美国汽车业的领头羊纷纷将投资重点放在了处理汽车尾气装置方面，且都是花了几亿美元的大价钱。按当时的情况看，这三家汽车公司本是不太可能相互合作的，但实际情况是，如果它们分别工作，即便达到相同结论也会耗费更多人力、物力与财力。目前，这几家公司都在一个多功能的集团“USCAR”当中，一起完成各种技术、材料以及部件方面的研究开发工作。

（二）充分发挥信息作用

由于市场的变化是极其迅速的，有两点需要着重关注：一是要时刻了解用户需求的变化情况；二是要了解竞争中的对手，做到知己知彼。另外，企业对自身的信息要有清晰的掌握，这样才能让员工有全局的目光，从整体的角度做到集成。当竞争对手有了新措施、新技术的时候，企业如果没有充分的了解，就不能对竞争对手采取适当的应对手段。这就要求企业必须快速灵活，提高对信息价值的辨识能力。

（三）供应链节点企业的组成和工作

目前，企业之间的关系模式由过去的相互竞争演变成了相互合作，信息由过去的相互保密演变成了相互共享，从经济效益的角度来看，这非常有利于企业的发展。以计算机行业为例，一旦市场上预测到某一个新型的计算机在半年之后即将上市，且一定会有很好的销量，很快就会出现原本是竞争对手的几家大计算机公司建立合作。比如，A公司专注主机开发，B公司聚焦软件开发，C公司开发外围设备和声誉维护，在各家优势共同合作下，这些公司都能够达到快速在市场立足的目的。

（四）计算机技术和人工智能技术的广泛应用

在未来制造业中，人的作用和技术的作用是两大重点部分，前者更被人们所强调。在供应链中，计算机辅助设计、辅助制造、计算机仿真与建模分析技术都应该被重视。“团件”也是要被特殊强调的，它指的是现在很多人都在研究的一种计算机支持协同工作的软件，这个软件系统关注的对象集中在分布式群体决策，可以使两个以上的用户同时在这个软件系统下一起完成一项任务。文章大纲编辑器就是一个鲜明的例子，此编辑器支持想法相同、工作时间相同的人一起完成工作。另一个关于先进技术的例子是人工智能技术，其应用极其广泛，上至具备辅助决策能力的知识库，下至底层数据检测和手机的传感器，再到有过程控制作用的机理，都需要依靠人工智能技术的支持。

（五）方法论的指导

这里所说的“方法论”实际就是指承担一个大工程项目时，在完成既定目标的基础上，必须依照一定方法的集合体。然而，供应链的整体集成难度极大。在每一个时期里的所有的具体任务都需要有确切的规定以及指南，这样的一系列方法整合在一起被称为“集成方法论”。如果有了这样的方法论集合，就能最大限度地为人们提供便利，减少不必要的损失。从经济效益的角度看，有利于增加新设备、新软件带来的有形经济效益，同时使供应链整体费用降低。

（六）标准及法规的作用

当下产品及其制造过程中的所有标准尚未做到完全一致而将来行业内产品的变异也极其令人瞩目，倘若不具备一定的标准，不管在国家层面、公司层面还是公司间的协作层面，皆会给用户造成一定影响。所以，只有令标准化组织及演进得到增强，才能使相应的工作得以逐渐适应市场及环境的变化。与此同时，当下的法规需要随着国际竞争形势及市场情况进行升级。这些法规不仅囊括国际贸易协定、技术政策、进出口法，还囊括税率、税法、政府贷款以及反垄断法规等。

二、供应链管理的运作方式

供应链的管理主要包括拉动式、推动式两种运作方法。

选取与自身真实状况相适应的运作方式也是供应链管理战略内容的一部分。尽管在总体绩效方面，拉动式供应链方式更为优异，但公司在供应链方面提出了更高的要求，对运作供应链的相关技术基础亦提出了更严格的要求，从这一层面看，推动式供应链更加利于企业执行。公司选择何种形式运作供应链，在很大程度上取决于其系统的基础管理技能。此外，还需要注意不能完全照搬那些成功企业的模式。这是因为不同的企业在管理文化方面存在着差异，若一味模仿，必将适得其反。

三、供应链管理下的绩效测量与评价

以往企业在进行评价时往往只注重那些能够计量的经济效益，至于对生产活动与经营活动的评价，还需要对照详细的技术指标。从这一层面看，上述方法是一种短期行为，只关注操作层的做法。而怎样对工作小组及雇员的技能加以度量，怎样对公司柔性进行计量，技能标准将对企业柔性产生何种作用，公司适应产品变异的水平将产生多少经济效益，减少提前期又能够给竞争能力带来哪些益处，这些战略问题全是在新的环境和新的形势下必须予以解答的。比如，以往会计核算基本上与静态产品以及产出大批量过程相适应，通过核算结果对成本加以控制并节省非间接劳动力及原材料的消耗属于一类能够消极防御的核算方式，并不适用于供应链公司。因此，必须选取一类支持上述变动的核算方式，如基于活动的核算成本方式的 ABC 法作为将来公司中一类极具希望的核算方式，能够将成本计算关联于形式不同的经营活动中。合作伙伴资格预评则是另外一类评价问题。由于供应链企业的成功除了需要合作伙伴分别具有自己独特的长处外，还需要具备优秀的协作信用，所以在供应链管理环境下，务必从战略高度出发对绩效进行测量和评价，并制定相应的测量指标及评价指标、相应的方法及程序。

四、供应链管理战略的系统构成

与供应链管理的战略系统相关联的部分包含极大的范围，主要包括以下 6 个方面的内容。

（一）组织战略

供应链管理是一类与寻常管理不同的模式，尽管供应链管理此处选取了“管理”一词，但它所具有的含义却和以往那些仅发生于一个公司内部的管理行为存在诸多差异。协作公司间的协调问题受到了供应链管理的关注，供应链企业除了需要对这一点有所认知外，还需要重新对组织结构加以设计，令其可以与运行供应链管理的要求相适应。倘若供应链管理在一个大集团企业内部发生，其总部必须起到计划与协调的作用。

（二）改革企业的经营思想

变动传统采购模式、创立供应链不仅是一类职能，也属于一类战略思想。改革公司本来的经营管理模式及思想的关键条件需要对这一点有所认知。相关实践已经说明，供应链管理并非一类简单的操作性方法，而是属于一类让人们重新认知企业职能的战略。以往公司的管理模式与供应链管理模式间存在的差异具体包括以下三个方面：

（1）以往的企业以制造为了销售为目的，而供应链企业则以按订单安排生产为目的。

（2）以往的企业以缩减与优化库存为管理目的，而供应链管理则以创新为目的。

（3）以往的企业提升生产效率以增添批量为主，而供应链企业则以增加企业的柔性为主。

综上所述，想要执行供应链管理，需要在经营思想方面提升相关认识，如此才能制定出与供应链管理运行规律、公司发展目的相符合的战略。

（三）共享信息战略

使公司可以实现信息共享正是供应链的长处。借助竞争信息的共享，供应链上的公司能够尽快制定或者调整自身的生产策略，从而在市场上取得优势。供应商、制造商及分销商希望相互开放，还想要在供应链中得到尽快介入的机会。所以，供应链管理必然要考虑的战略之一便是信息共享。

（四）利用先进技术的战略

企业为了在供应链上取得优势，公司要从企业资源计划系统和物流过程自动化等若干基本技术做起，选取优秀技术为基础，以便于供应链的协调运作，同时需要紧跟技术的发展推进更先进的技术。

（五）绩效度量问题

绩效度量作为实施所有战略不可或缺的一部分管理内容，只有了解战略实施的执行效果，才能令管理层人士最终做出有效的决策。此外，由于系统运行绩效完全归功于执行人员的不懈努力，绩效度量也被称作维持执行层与战略层推进同一目标的黏合剂。

（六）供应商战略

借助供应链创造优势的公司更加重视在资源组合中每一位供应商所起到的作用，所以保持公司和供应商之间的关系往往被视为一项高度战略化的工作。为了确保企业能够拥有更多的选择空间，推进其与供应商关系的建立已然属于一类战略性问题。

第二章　现代供应链管理方法

第一节　供应链管理中的协同管理

一、供应链协同的概念

供应链的概念来源于与某品牌相关的上下游企业的协同网络。在供应链管理框架中，协同是体现整条供应链效率的关键，也是一项复杂的活动。

供应链协同（supply chain collaboration，SCC）起源于1980年。20世纪80年代，位于俄亥俄州辛辛那提市的美国日用品制造商Proctor & Gamble（又称宝洁，P&G），收到了位于密苏里州圣路易市某家超级市场的信息，询问是否可以无须经过订货手续，由保洁公司自动在架子上补充Pamper牌尿布，他们按月支付货款的支票，以达到架子上的货品卖光后便有新货的效果。经过宝洁公司经理Duane Weeks的筹划，两家公司的电脑得以相连，一个纸尿布自动补充的系统得以成形。从此，基于信息技术的供应链协同管理拉开了帷幕。供应链管理将公司的边界打破，并把全部供应链上的信息孤岛连接起来，完整的业务链由此形成。这种供应链协同可以增强公司间的协作关系，构建公司间的双赢业务联盟，有利于公司利润最大化。

所谓供应链协同，指的是两个或两个以上的公司为达成某一战略性目标凭借组织联合及签订协议等方法而组成的网络式联合体。不难看出，供应链协同的外在动因是便于应对环境动态性增强与竞争逐渐激烈的形势。而其内在动因则是为了构建竞争优势群、寻求中间组织效应、维持核心文化竞争力以及寻找价值链长处。作为供应链管理中的一个关键术语，供应链协同以供应链资源的有效管理、利用为目的。

供应链协同以客户需求与世界市场为导向，以获取最大利润以及提高全球市场占有率为目的，以双赢机制、互相信任与协同商务为商业运作模式，以核心企业作为其盟主，借助研发技术、过程控制技术、制造技术、信息技术以及管理技术，有效地规划并控制供应链上全部的物流、业务流、资金流、价值流以及信息流，将研发中心、制造商、供应商、销售商、服务商以及客户等合作伙伴相连接，令其从完备的网链结构中不断扩张，最终发展成具有超强竞争力的全球供应链战略联盟。

（一）供应链协同的意义

第一，供应链协同能够发现顾客的价值。顾客是供应链协同的中心，成员公司和顾客间的协作对更深入地了解顾客的价值诉求十分有益，基于此供应链接下来的运作方向是满足顾客诉求，如此一来，便可保证供应链协作目标的准确性。

第二，能够供应链协同创造顾客的价值。单一的公司不具备无限的能力与资源，唯有供应链协同方可达成互补优势，借助所有节点企业的信息流、资金流及物流的计划、控制与协调，缩减顾客感知利失，提升顾客感知利得，进而创造出最大的顾客价值。

第三，供应链协同能够交付顾客的价值。在交付价值的过程中，供应链内部成员与顾客进行良好地沟通，进而协助其感知由供应链协同创造出来的顾客价值。这是单一的公司难以实现的，因此其实现过程需要供应链协同的参与。

第四，供应链协同能够延续顾客的价值。顾客在购买服务及产品后所感知的价值通常存在一个蜜月期，在此期间顾客的服务评价及产品评价较高，但伴随包括产品故障等在内的部分损耗的发生，顾客的感知价值会锐减，甚至还会令供应链的顾客价值优势遭到损坏。及时发现问题、解决问题，最大程度延续顾客价值和供应链内部成员间的紧密配合息息相关。

（二）供应链协同的四大成因

1. 谋求中间组织效应

（1）公司间的合作关系需要加以强化、稳固：市场竞争环境的激烈变动令公司间协同的关键意义和必要意义越发凸显，但追求最大化自身利益的目标通常将令此类协同关系遭到损坏甚至被摧毁，因此需要通过联合组织或签订协议等方法形成战略协同组织，稳固并加强两者间的协作关系。

（2）发挥协同效应：协同效益指的是协同内部的公司所具备的盈利能力。协同创造的价值包括共享企业形象、共享业务行为或资源、运用企业的相似性以及研究开发与市场营销的扩散效益等。

借助以上方法，供应链协同能够获取协同效益。除此之外，日益发达的技术以及日益加剧的世界竞争，令公司在构建核心技能时难以完全依赖自身所具有的能力。供应链协同还能够协助企业掌握并获取全新技能，提升现存技术。

（3）预防由于企业组织规模扩大产生的问题：供应链协同的参与可以确保成员公司的基本独立特征，进而防止由于扩大的组织规模造成的不利影响。此外，协同效益的获取还能够借助成员公司间互助协作得以实现。

2. 追求价值链优势

无论是价值链的整合，还是价值链的分解皆属于公司在组织、生产方面的创新，都能够提高公司竞争力，这亦属于第二个供应链协同的动因。

整合价值链，先要对那些竞争对手所忽略的环节加以整合，探索价值链结合的新方法，这两者皆存在令企业获取全新竞争长处的可能性。在整合中，可以选取一体化的方法，亦可以借助协同方式实现。整合效果存在不确定性，而供应链协同的实施拥有较低的退出成本且具备适当的灵活性，因此供应链协同或许是更好的选择。

3. 构造竞争优势群

不同诱因、作用空间与可持续性的竞争优势共同形成的不断演进的竞争优势系统便是竞争优势群，它的构成是随着时间的变化而变化的，突出表现在部分竞争优势陆续消失，同时产生新的竞争优势。鲜明的竞争优势群共有支撑优势与主导优势两种。竞争优势的创造、增强、权衡、维持及创新等众多环节构成了竞争优势群的动态发展。

企业对主导竞争优势进行强化的过程中，要对需要的支撑优势加以研究与辨明，再到市场上找寻具备此类优势的潜在合作伙伴，与其构建战略联盟，形成竞争优势群。在构建出竞争优势群系统后，还需要一个动态的发展过程。合作成员需要互相监督，保持并加强自身的竞争优势，也需要一起将全新竞争优势创造出来，如有需要可对不利于维持竞争优势群的成员进行清除，或对存在新优势的新成员加以吸纳。

4. 保持核心文化的竞争力

21 世纪企业的竞争归根结底是企业文化的竞争。企业核心文化能够匹配企业的关键竞争优势，进而对企业竞争力加以维持和提升。通常情况下，形成企业文化需要一个漫长的过程，在形成后也不容易发生变化。在规模扩张或多元化经营企业中，其核心文化可能被灌输到全部的业务领域内。倘若公司非关键业务难以适应其核心文化，将会令公司的效益遭受影响。想解决此类矛盾，公司务必令上述非主导业务形成和它相符合的文化，但这样会令核心文化遭到干扰，甚至令企业的核心竞争力受到影响。在此类情形下，企业需要分离出上述业务，将其当作企业外围的业务。如此，不但能够令企业维持企业核心业务和核心文化的战略匹配，而且可以借助协同合作的方式制定非关键业务。

二、供应链协同管理的层次与趋势

（一）供应链协同管理的层次

近几年，全球学者针对供应链协同的相关问题进行了大范围的研讨，也获得了不少科研成果。以决策时间、范围为标准，供应链协同管理的研究包括战略层、技术层以及策略层三个层次。

1. 战略层协同

战略协同在供应链协同中的层次最高，它对技术协同、战术协同的程度及范围做出了相应的规定。战略协同所研究的问题以设计供应链网络为主，具体囊括设计产品、选择厂址和仓库分布以及选择客户与长期供应商等。其中，选择客户、供应商的问题被学者及专家广泛关注，采取的方法主要有神经网络算法、招标法、层次分析法、ABC 成本法、采购成本比较法、协商选择法、模糊综合评价法、直观判断法等。而选择仓库、厂址的问题，大体上可以算是一种路径的选择问题，通常能够运用运筹学有关理论加以解决。当然，供应链战略协同的一个关键方面还包括供应链协同企业的风险与利益分配，而供应链内的所有企业是否可以协同也完全取决于此。唯有构建出的合理的风险、利润分配机制，供应链中所有企业的协同状态才能够长久维持。

2. 技术层协同

技术层协同能够提供一种联系合作伙伴的新方法，还可以提升由端至端的透明度，令决策的速率与效率得以提升。作为供应链协同的核心与基础，它能够为策略、战略协同提供强大的扶助，其研究内容以怎样达成供应链信息协同与同步运作为主。

3. 策略层协同

协同策略在供应链协同中居中间地位。作为供应链协同研究的中心问题，它同样是研究的关键部分。策略层协同的研究内容以具有生产协同策略、采购协同策略、产品设计协同策略、直接供给与需求关系的上游及下游企业间的需求协同策略、物流协同策略、库存协同策略等为主。

三、供应链协调机制的建立

作为一种供应链协同管理的方式，构建供应链协调机制是供应链实现全体协同的基础。供应链协调机制建立的终极目标是供应链协同。两者拥有相似的信念，都是为了使供应链内所有节点企业基于持续发展、互利互惠、互相信赖的原则，将消费者的最终需求转变为全体参与人员的团队行动，在提供服务或生产产品的过程中，让每一位成员参与到活动中来，在互相间协作行动的同时做到共享信息，既要令每一位参与人员在活动中有所收获，又要让最大化的整体利益在互相配合和扶持的过程中得以实现。

（一）供应链协调机制的概念

供应链的协调机制就是为满足供应链中的资金流、物料流以及信息流在供应链中无缝传递的目标，降低由于不对称信息导致的产出环节、销售环节与供应环节等部分的不明确性，清理那些由于目的不同而在利益上与供应链内其他成员导致的冲突的企业，以及为增加供应链总体绩效而选择的全部措施。协调机制要求供应链的每一阶段皆要考虑本阶段给其余阶段带来的影响，倘若供应链的所有阶段皆选择对提高总体供应链效益有益的行为，那么协调供应链便可有所改善。

（二）供应链失调的原因及其影响

所有引起供应链中各个阶段只关切信息扭曲、变动性提升或是最大化自身利益的因素，皆属于供应链协调的阻碍因素，皆存在导致供应链失调的可能性。总的来看，有两类情况会引起供应链失调：一是供应链中各个阶段的目的出现冲突；二是由于信息不对称导致各个阶段传递信息时的扭曲。

1. 由于目标冲突导致供应链失调

倘若供应链的各个阶段不归属于同一个所有者且每一阶段的所有者皆尽力寻求自身利益最优化，不同阶段的目的则存在产生冲突的可能性，如此一来，便会引起供应链失调，甚至令供应链的总体绩效有所下降。此时，生产、分销、运输、库存及采购间的协调已经成为要解决的问题。管理人员想要借助超前采购或是大批量采购的方式获取制造商的数量折扣，必定会造成库存的上升。至于分销及运输环节，供应商一直想要借助与运输有关的规模经济去削减运输支出，这不可以避免地会造成顾客服务水平的降低与库存成本的增加。如果不同阶段在进行自身利益最大化的计划时，不和其余阶段进行的必要协商，那么供应链便将因此失调。

想要消解目的冲突、实现供应链协调，需要解决如下五种困境。

（1）批量折扣订购与配送：为获取批量折扣，零售商会将小批量的订单累积起来，如此便可增强订单的变动性。而制造商对配送批量进行小批量积累的行为，虽然能够得到运输的规模经济，但会降低顾客服务水平，提升库存费用。

（2）分配订货量的博弈：因为制造商只具有一定的生产能力，所以只有借助博弈的方式，才能令零售商获取更多订货量。

（3）价格波动：制造商所组织的短期折扣活动及其他商业促销将会吸引分销商超前采购，还会令超前采购期的订货量急剧提升，但此后的订货量又会降低，使制造商的送货量最终表现出高度的变动性，且零售商销售量的变动幅度明显低于制造商的变动幅度。

（4）行为障碍：每一阶段了解失调危害的程度。也就是说，每一阶段管理者仅关切优化自己的工作，却难以协调其他阶段的工作。

（5）激励障碍：提供给供应链参与者或是各个阶段的激励极易引起一连串整体利润锐减、变动性提升的状况。比如，运输部门经理的薪酬与货物的运送平均费用相关联，想要减少运输成本，一定要尽量借助规模经济进行，但如此会造成库存成本上升，进而引起总体利润减少。

2. 信息不对称引起的供应链失调

因为在不同阶段难以共享完整的信息，所以在各个阶段传递信息时，扭曲便会发生。产品的多样化将扩大此类扭曲。在对尿不湿的市场需求加以研究时，宝洁公司提供给供应商的原材料订单具有极大的波动幅度，但波动幅度不大。据此，需求量在供应链的最终阶段——尿布消费时并不存在什么波动。虽然消费最终产品很稳定，但由于原材料的订单规模大幅变化引起成本上升，供需平衡在供应链内并不容易实现。此类订购量在全部供应链内，从零售商至批发商和制造商，再到供应商，波动幅度逐渐上升的现象，就是牛鞭效应。

所以，唯有充分实现不同阶段的信息共享，克服信息传递过程中由于上游生产商及供应商仅依照订单而非顾客需求加以预测的障碍，才能减轻牛鞭效应造成的不利影响。

3. 供应链失调给经营业绩带来的影响

供应链失调会直接引起服务水平的降低、整体利润的锐减、市场应对能力的降低以及单位产品成本的增加。

（1）生产成本增加：制造商被迫采取行动去消除或者降低牛鞭效应产生的不利影响，其中为应对需求的高度变动性而对安全库存量或者生产能力加以提升的方法是最为有效的方法。但这样会引起单位产品成本的上升。

（2）库存成本增加：公司被迫提升库存以应对需求波动，但随着库存增加，仓库管理员的工资、保险等各种变动成本和相应的仓储空间也将增加，从而导致库存成本变多。

（3）运输成本增加：牛鞭效应也会造成运输成本增加。为满足最大的需求量所需的的运输水平，制造商被迫维持一定程度的运输水平。但在需求量较小时，便会成为一种浪费。

（4）供应提前期延长：因为需求变动幅度极大，制造商不方便以最优化方式安排生产计划，通常会导致当下的库存与生产能力难以符合此时的需要，所以供应的提前期应相应的有所延长。

（5）服务水平下降：成本的提高会对价格水平造成一定的影响，同时制造商的供应提前期会延长，这将令全部供应链的服务水平急剧降低。

（6）供应链内各种关系紧张化：利益冲突可能出现在各个阶段，每一阶段皆追求自身最大化的利益。倘若每一阶段的所有者仅努力完成自身阶段的任务并把责任归结到其余阶段，那么必然会导致双方、多方发生博弈。

所以，牛鞭效应与利益冲突会造成供应链内不同阶段难以相互信赖的局面，使协调愈发不易。

（三）实现供应链协调的途径

1. 供应链的协调控制模式

混合式协调、非中心化协调与中心化协调共同构成了供应链的协调控制模式。结合分散、集中的混合模式在控制模式中表现更好，不同代理可一边维持自身单独的运作，一边参加全体供应链的同步化运作体系，维持协调性和独立性的统一。至于分散协调的控制模式则太过注重代理模块所具有的独立性，共享资源程度较轻，难以进行通信与沟通，也不易实现同步化供应链。至于中心化协调控制模式则将供应链视为一个系统的整体，决策主要通过集中方式进行，难以留意到代理自主性，极易造成组合约束爆炸的情况，应对不确定性反应时也会因此迟钝，难以应对不断变动的市场需求。

2. 供应链运营计划的协调机制

供应链的结构在运营阶段已然确定，通过最佳方式实施运作政策便是供应链运营的目的。本书把运营计划的协调机制分为分销与生产协调、分销与库存协调、卖方与买方协调三类。前两种协调模型把目标主要聚焦于决策选择、生产数量、运输模式以及批量大小上。

对卖方与买方的协调模型加以回顾后，Goyal 等人把它分为依照市场的卖方与买方间的协调、同时决定买方和卖方的订货数量、不同时决定订货数量的集成问题以及联合经济批量四种。一般而言，供应链源于原材料的采购或是子装配，其中部分费用与总费用的比例达到了 1 ： 2。很多传统库存模型仅聚焦于采购批量，在最优化决策上并没有留心协调供应链的两类方式：一是通过为卖方与买方寻找一个联合的最优订货批量以降低成本；二是利用 EDI 信息技术买方不必变动订货策略便可能降低成本。事实上，如何在选择协调措施时对节省出来的成本进行合理的分配才是问题的核心。务必确保全部供应链在选择协调措施后取得利益，且未采取时的利益并不多于卖方与买方的利益。这也是受益方选用价格或是数量折扣提供利益受损方补偿的依据。

分销和生产的协调在供应链中的协调形式有若干种。产品能够运向进一步加工的工厂、零售商或是分销中心 DC 中。虽然与生产、分销计划有关的研究较多，但是基于一同优化两种计划的研究却是凤毛麟角。这不仅是因为这一领域内机器调度与优化运输路线等不少内部问题不易解决，还在于上述问题是在实际供应链管理中由库存分离而产生的，且这两类计划皆是源于不同的公司或部门。

顾客服务要求逐渐增多，使有效管理分销及库存系统的协调系统日益重要。而明确最优运输策略、安全库存以及怎样协调运输、客户和仓库间的目标也是分销和库存间的协调。

除以上三个环节的协调外，生产与采购间的协调、生产与供应间的协调、客户与分销间的协调、库存与运输间的协调等，也是需要重视的。

3. 供应链战略计划的协调机制

对于供应链而言，其战略决策可能需要数年的时间跨度。这一阶段包括产品生产类型决策、产品生产品种决策、生产布局决策、分销中心或工厂的设立及关闭决策、目标客户的定位、选址、评估供应链中某一特定产品流动时的变动、新产品地址的选择、内部资源与外部资源的分配等。

4. 供应链与环境的协调机制

随着人们对环境保护的日益重视，在制造与分销的同时考虑对环境的影响变得越来越重要。供应链与环境的协调主要集中在生产和过程设计，包括为环境而设计（design for environment，DFE）和全生命周期分析（life cycle analysis，LCA）两部分。

四、供应链协同管理的发展趋势

（一）全球化供应链协同

供应链协同的全球化发展是通过全球化的观念把供应链的系统延伸到全球范

围内，在快速并全面地认识世界各地消费者需求偏好的过程中，同时实施协同设计、协同生产、协同采购、协同运输、协同计划、协同库存等，进而令世界范围内的供应链上不同节点公司为同一目标而密切协作。作为与全球化背景下公司跨国经营相适应的综合性管理模式，供应链协同的全球化管理在很大程度上满足了急切的竞争需求。

（二）供应链协同的多维网络化发展

为迎合消费者的特定需求，众多企业通过利用网络技术构建合作关系而构成的网络结构便是协同网络。参加供应链协同的全体节点企业基于共享信息分别发挥自身长处，在生产与开发上进行合作，极速将产品推往市场。对于供应链而言，网络化协同是增强供应链总体竞争力、实现总体协同的必然要求。

（三）智能化协同

供应链协同的智能化发展定然要基于共享信息，利用信息系统对供应链上的数据流进行追踪，构建有力的供应链协作，再把关系、数据转换为商务智能，用最好的方式生产客户所需的最佳产品，最大限度地令客户满意，进而使潜在价值得以实现。智能化协同能够明确失控状况的出现时间和并找出解决失控状况的方法，同时建立反应计划，协商供应链内各个成员的计划并令其同步等。随着供应链的协同技术愈发完善，协同定然会渐渐实现智能化。

（四）敏捷化协同

供应链协同的敏捷化发展需以网络技术为依托，以增强公司对变化多端的客户需求的应对水平为导向，以动态联盟的再次迅速构建为着眼处，从而实现短期供应链内公司间的优势互补与协作。它除了要注重以全部供应链为角度进行综合考量、绩效评估与决策之外，还需要关注品质、速率与柔性，不断提高对客户需求的迅速应对能力，令共享利益的双赢局面得以实现。

面对客户对产品品质与服务质量愈发严格的要求、企业以新产品为中心的竞争日益激烈，产品生命周期大大缩减，供应链管理注定会走向敏捷性协同。

（五）特征动态性

公司各个部门的参与者进行交易的作用过程就是供应链协同的动态性发展。信息网络技术的不断进步，使供应链具备了重新立即构建的技能。为了应对电子商务条件下的 3C 环境（各不相同的客户需求、竞争激烈的持久市场环境和瞬息万变的环境形势），供应链的结构具备了逐渐增强动态性的特征。动态性供应链不仅能够提升绩效，还有利于供应链的有效协同，但独立制定决策会导致时间延迟，引发预测的错漏。

（六）虚拟性特征发展

在互联网供应链的基础上，供应关系偶尔会具备短暂性的特征，它能够组合成虚拟的企业供应链，以实施某一临时工作。在工作执行的过程中，每一位成员皆贡献出了自身的核心竞争力。而供应链将在完成任务后解散，再次找寻接下来的市场机会。

第二节　供应链管理中的关系管理

一、供应链合作伙伴关系

为获取共同利益与实现共同目的，两个独立实体在供应渠道中所构建的关系就是供应链合作伙伴关系（supply chain partnership）。该合作关系以对外部服务与资源的充分利用为中心思想，以达到供应链内成员双赢为目标。该关系的构建对减少供应链总体支出极为有利。

一般情况下，买方关心的不仅是价格、供应商能够提供的服务水平等，对是否能够与供应商在产品的设计和技术的改革等方面进行友好合作也十分关心。

实现供应链协调关系的关键就是要在供应链中建立信任机制和战略伙伴关系，管理者可以借助这种机制缓解所谓的牛鞭效应，进而协调供应链合作伙伴的关系。这种合作关系在原则上是一种协调的机制。基于各阶段之间的相互信任，一些确切的消息可以共享，从而降低了成本，达到了供应链中的供需平衡状态，有效降低了生产成本。例如：如果两企业之间能够建立信任机制，那么在对供应商送货及其产品质量毫不怀疑时，零售商就可以省去一些监督、计量所耗费的人力与物力；若供应商对零售商的预测信息和订单量十分信任，那么他们也将会省去大量无用的操作。总而言之，良好的合作关系和供应链之间的彼此信任将会在很大限度上减少人力、物力的浪费，保证准确的信息共享，实现成本的减少，弱化牛鞭效应。

在当今这种复杂多变的市场环境下，为使各企业之间能够友好合作，众多学者、研究者及工厂实验者都开始了创新探索工作，较为典型的有合作计划、预测与补给、联合管理库存、供应商管理库存、集成预测与补给等。

具体描述供应商管理库存即 VMI，这种模式一般适应于制造商与其代理商或者分销商之间的协调合作的关系中。这种模式的具体操作就是制造商管理分销商的库存，从而借助库存信息间接了解市场需求，以获取较准确的需求信息，同时规定产品的销售价格以及分销商订货点和订货量，再根据这些信息安排适当生产。例如，在连锁店的经营模式中，对各分店之间的管理大多采用的是这种管理模式，制造商的动态库存信息的来源一般为各销售点数据（POS 数据等）、销售环节的库存信息，如配送中心、营销中心仓储数据等。这种模式的基础和前提是供需双方合作紧密、彼此信任，从而建立共享库存信息，如此便可使分销商和制造商之间的关系更加协调，大大弱化牛鞭效应。这两者在获取利益的同时，也承担着一定的风险，需要双方积极应对。

联合管理库存是上述模式的进化和升级。其前提也是共享库存信息，并根据信息制订计划，加强企业之间的信任和合作，改善供应链的运作状态，使产品生产、销售计划能够彼此一致，并由下属各制造和销售单元按计划执行，同时不可忽视过程中相互之间的信息协调与交换。

集成预测与补给模式主要针对的是准确的预测，这需要供需双方友好合作，以能够共享销售历史信息为基础，借助预测使供求之间的偏差得以减少，使市场的供需得以协调。为了更好地进行预测，供应商亲自管理分销商的销售信息，预测未来的需求，并在此预测基础上安排生产。

合作计划、预测与补给，前提就是供应链的各企业之间彼此信任、友好合作，借助一些技术如集成技术、信息工程与计算机技术、系统工程等，实现供应链中企业环节的计划、预测的准确性，同时使消费者的满意程度、供应链效率得到提高，在一定程度上降低企业的成本，这是一种供应链管理思想。这种思想的核心就是消费者，各零售商、分销商、制造商等必须相互信任，彼此合作，共同开发、规划、预测和实施计划，使各企业分工合作，完成原料的供应、制造和销售等过程，最终实现利益的共享。除此之外，供应链是一种新兴的协调企业关系的模式，因为其大大提高了各企业的计划及预测的准确度，使成本大幅降低使消费者更加满意，从而提高企业联盟的整体竞争力和供应链的效率。但是，对一般的企业来说，供应链管理的实施难度更大，因为其对集成的要求较高，对企业的合作层次要求更深，且需要各合作企业拥有共同的价值观，然后进行信息、过程的集成。

二、供应商关系管理

（一）供应商关系管理的内涵

供应商关系管理 Supplier relationship management（SRM）的主要目的是改善企业和供应商之间的关系，它是一种新型的管理机制。这种管理思想主要实施对象是企业的采购等相关领域，实施目的是在双方友好合作的基础上，借助彼此资源和竞争的优势整合、开拓市场，降低产品的前期成本，实现市场的需求并使份额扩大化，最终使企业双方共赢。换个角度思考，供应商关系管理又是信息技术所支持的一种管理软件，其技术基础是数据挖掘技术、先进的电子商务技术等，通过这些技术的集成将企业的产品设计、资源、合同、内容等进行统一的优化管理。而此时的实施重点则主要放在供应链上的资源获取等相关领域，同样借助彼此间的合作和信任实现双方共赢。这种管理机制使企业对产品的数量、价格、交货等一些关键信息能够进行较好的控制，而在物料、部件、外包资源等方面可以进行较好的决策，从而实现供应链上各企业成本的降低。

（二）供应商关系管理实施

有效的供应商管理可从以下四个方面进行考虑：供应商分类选择、发展战略关系、与供应商谈判、对供应商进行绩效测评等。

1. 供应商分类选择

对于企业生产建设而言，物资不同，对企业生产建设的影响亦不同，其重要程度更是有所差别。在整个物资采购网络中，不同的供应商关系模式一般对应着不同的物资重要程度。

（1）供应商类型与相关的物资重要程度的划分。在企业的采购管理和建设管理两个层面，以物资重要程度为基础进行划分可分为三类：①战略性，A 类物资；②重要性，B 类物资；③一般性，C 类物资。

（2）选择不同的供应商类型。其考虑因素一般包括是否愿意合作、供应商的柔性强弱、供应商的存货管理政策、价格高低、质量好坏等；选择的原则则主要有价格性能比最优原则、总成本最低原则、借助竞争择优原则等。

2. 确定供应商关系的战略

企业和供应商之间的关系一般分为以下三类：一是一般性物资的供应商关系；二是重要性物资的供应商关系；三是战略性物资的供应商关系。

（1）一般物资的供应商关系策略。这种供应商关系策略一般需要一个相对稳定的供应商关系网，并在此范围内进行合理有序的竞争，争取采购的优势地位和较低的采购供应成本。这种策略适用于和供应商之间进行零和博弈关系的大格局之中，借助供应商之间的激烈竞争气氛，使采购的价格最优且稳定不变，使采购的程序较为简单，管理的成本相对较小。

（2）重要物资的供应商关系策略。这种管理策略的关键是保持采购的总成本最低，彼此既是合作又是竞争，两者和谐共存，并且一直处于稳定状态，使供应的风险降低、成本大大减少。这种关系的建立和保持需要关注以下几点：其一，建立供需双方共同减少成本的理念；其二，重点关注供应商的绩效测评；其三，坚持市场供需及变动状况统计，思考替换方案，降低供应风险；其四，使供应商勇于承担所提供物资的质量责任。

（3）战略性物资的供应商关系策略。基于战略性物资具有价值昂贵、库存占用资金大等特点，其供应的风险较大，故其所需的战略伙伴关系一般应该是质量可靠、实力雄厚、资信优良的供应商，并保证彼此之间合作关系长久稳定。经过仔细的需求预测和市场调查，企业应保证一定的安全库存量，进而保证严格的物流监控和库存控制，而不是对伙伴供应商的完全依赖，以避免供应商垄断等一些供应风险的出现。在一定程度上，企业高层应该重视并支持战略伙伴关系的建立，对于供应商管理在整个企业中所扮演的重要角色进行充分的认识和了解，并支持采购等相关部门发展战略性伙伴关系，关注伙伴供应商的供应能力，将此融入企业的长期战略性计划中。这种关系的建立过程一般如下：一是对战略物资进行划分，区分出具体的关于企业经营发展的战略性物资和范围等；二是对供应商进行识别；三是设计伙伴关系；四是建立具体合作的关系过程；五是对这些伙伴关系进行维护。

三、客户关系管理

随着市场竞争的加剧，各企业间关于产品和服务的差异逐渐减小，企业的竞争力逐渐取决于同客户之间的沟通。因此，对客户需求的掌握和客户关系的维护，保障客户服务的优质化、个性化已经成为市场竞争中的关键因素。因此，客户关系管理逐渐被企业重视起来。其基本概念的重点是以客户为核心，若能够在供应链上实现将有助于企业整体竞争力的提升。

Customer Relationship Management（CRM）是一种使客户价值实现最大化的系统。该系统对企业和客户之间的关系进行管理，以客户的需求为出发点，以建立、发展、维持和目标客户的长期合作为手段，最终目标是满足交易双方的需求。

客户关系管理关注长期价值，因为其主要借助长期互动关系的效应最大化使客户和企业实现双赢，重点强调企业和客户之间持续的价值互动。其核心的思想是借助企业各相关部门和职员进行全面、个性的客户资料收集，以客户为中心分析、强化这些信息，来实现企业的快捷、周到、优质服务。这种深入的客户分析、完善的客户服务、及时的响应客户需求等都充分满足了客户在个性化方面的需求，也保证了客户的忠诚度和客户价值的实现，进一步扩大了市场，极大减少了销售的周期和成本，最终实现企业盈利能力和竞争力的提升，保证了客户创造价值的理念贯穿整个周期。

（一）客户

客户的概念有广义、狭义两个层面。广义来说，企业的供应商、分销商和需要企业产品服务等相关的个体、群体消费者等都属于客户；从狭义的角度看，客户则仅仅是市场中需要产品服务的一些群体和个体。客户概念的界定是以需求来区分的，因为企业员工不仅仅要满足企业外部下游分销商、最终客户的需求，还要满足上游供应商的需求。

以客户与企业之间的关系对客户类型进行划分，主要有以下几种：①支持者：对企业进行积极支持并极力推荐给他人的企业忠诚客户。②合作者：在企业客户关系中相处最密切且互惠互利保持持久关系的人。③长期客户：包含因惰性被动购买或者忠于企业的经常往来、反复交易的客户。④一次性客户：交易的次数稀疏有限的客户。⑤潜在客户：是指有可能接受产品的服务或者被产品或服务所吸引的一些客户。

客户层次如图 2-1 所示。

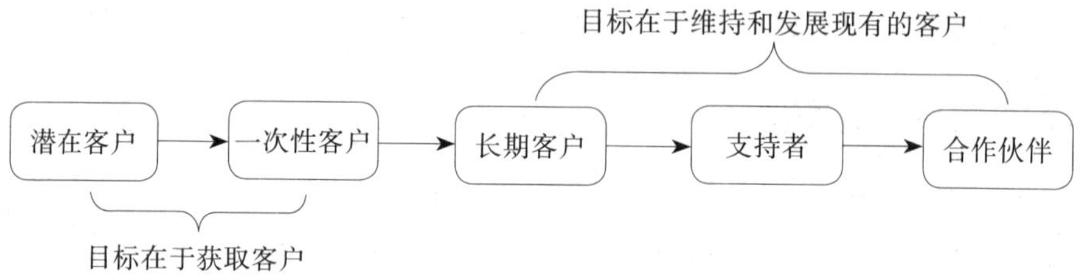

图 2-1　客户层次图

（二）客户关系

客户之间的关系是多种多样的。菲利普·科特勒将这些关系进行划分，共总结出以下五种类型：①伙伴型。公司不仅仅只是帮助客户解决问题、支持客户的成功，而是要与客户共同努力和共同发展。②负责型。销售产品之后，企业主动联系客户，询问其是否满意以及有何意见、建议等，以帮助公司实现产品的进一步改良。③能动型。销售人员不间断地联系客户，提供一些新的产品信息或者改进产品用途的方法。④被动型。不仅仅只是销售产品，还要对客户加以鼓励，使其适时联系公司并提出意见和建议。⑤基本型。仅仅只是销售产品而不回头联系客户。

供应链上的生产制造企业，其“客户”关系一般存在以下几种：其一是生产商—分销商，生产商需要分销商的销售渠道，分销商需要生产商的产品供应，这种相互需求成全了两者的客户关系。而分销商主要目的是购买商品，并作为生产商的代表在当地出售，扩展生产商的销售渠道；其二是供应商—生产商，供应商是生产商获取原料、零部件的单位，而生产商则是负责加工生产并出售给下游的分销商或者最终的客户的单位。通过购买产品并将其出售以获取利润或服务内容，这种交易成就了生产商和供应商之间的客户关系；其三是生产商—分销商—最终客户，个人或者家庭购买产品或者服务，属于最终的消费者，也称为生产商或者分销商的客户。

以上三种客户关系中，前两类属于B2B型客户关系，是一种伙伴型客户关系，他们可以在供应链中共同努力，保证企业双方利益，实现共赢，促使整体利益最大化。而最后一类属于 B2C 型客户关系，这种关系中销售人员与客户不仅仅只是销售与购买的关系，还需要了解后期的产品使用情况、客户的需求服务和建议，掌握客户的信息，考虑客户的满意程度和客户的忠诚度，这就是其能动性和负责任的体现。

客户关系需要花费一定的时间进行维护，因为客户关系的建立具有独特的生命周期——即经过建立、发展、维持、破裂等阶段，因此要时刻注意客户的感觉情绪因素等。维护好已经建立的客户关系才能充分保证其核心竞争力的提高。

（三）客户价值

站在客户角度，客户价值可以总结为子供应商借助一定方式参与客户的经营活动，为客户所带来的利益，比较子供应商作为供应商和竞争对手两种身份能够为客户提供的价值，当前者超越后者时，企业将具有更大的优势。若是站在企业角度，客户价值则更应该被称为客户为企业发展所创造的利益。

将以上两种观点加以综合，客户价值指从客户出发的让渡价值和从企业出发的价值的综合体。客户让渡价值，是指客户购买产品或服务所实现的总价值与客户对产品服务进行购买时所付的总成本的差额，即客户用于消费和购买过程全部的所得利益。购买商品及服务时，客户一般考虑的是价值与成本，且基于低成本、高价值的原则或者说是客户对让渡价值最大化进行选择。客户为企业所带来的总价值一般是客户关系价值，这是对维持与客户间的长期关系以谋取最大化的客户生命周期的强调，而不仅仅只是关注与客户单次交易所带来的利润。

一般情况下，并不是所有的客户价值都相同，详情可借助 80/20 的帕雷托法加以解释，即一般高端客户占据全部客户的 20%，而企业的 80% 的利润收入来自这 20% 的客户。

客户价值主要由以下几个方面构成：①人员价值。其主要体现人员的专业知识、服务技能、服务态度、行为和语言等。服务的终端对于一线员工的要求是让客户满意。②产品价值。其主要包括技术含量、品牌、式样、品质、特性、功能等方面的价值，同时也是客户价值的第一构成要素。③形象价值。在品牌的形象下，客户价值才可以得到体现。④服务价值。这是企业在出售实体产品或提供客户服务时所体现的价值，也是一种可赋予产品又可独立存在的附加价值。

客户成本主要有以下几个方面构成：①时间成本。时间越少则客户购买的总成本越小，客户的价值越大，而客户等候购买产品或者服务的时间越长，则总成本将会变大，也增加了客户对企业的不满，降低了中途购买产品的可能性。②货币成本。由于这个因素可以进行精确计算，所以应该首先考虑，即货币成本优先考虑。③精力成本。一般而言，购买产品或者服务时，客户都需要付出一定的精力、体力等。要想减少客户的精力成本，就需要企业提供更加完善的商品及相关信息。

第三节　供应链管理中的风险管理

一、供应链风险的定义

供应链系统复杂，风险难测，不同的学者从不同的角度给供应链风险做出了定义。外国的一些研究者从供应风险着手研究，Metchell 认为，供应风险主要影响因素一般包括各企业中的人员教育层次、国别等，或者是供应市场特征，如结构稳定性、利率变化等对于供应上的不足所带来的风险。在 Zsidisinetal 看来，供应不足时造成一些货物缺失或者质量的降低就是风险。Philip O'Keeffe 给出了供应链风险的一般分类：可控风险与不可控风险。可控主要是指来源方的产品、服务或者供应商的资格等；而不可控则是自然灾难、严重的劳工停工甚至恐怖主义行为等。

20 世纪末，国内刚开始进行供应链风险研究，曾有研究者将其分为两类：一是绩效风险，二是关系风险。绩效风险是无关于合作的所有致使供应链失败或者增大损失的危险；而关系风险是因为缺乏必要的沟通交流使得供应链中企业之间相互不信任而所产生的风险。马士华将供应链风险分为外生和内生两类：外生风险来源于经济、技术、法律和政治等方面；而内生风险则主要是产生于个体理性、道德风险与信息扭曲等方面。在丁伟东看来，供应链存在着潜在的危险，因为其脆弱性将会破坏供应链系统，导致整个供应链遭受损失、伤害。

综上所述，供应链风险定义如下：①其风险来源主要是不确定性因素。②由于供应链存在的基础是各企业间彼此信任，因而任何环节出现问题都会造成整个系统的正常运作受到影响，更有甚者将造成整个供应链的破裂与失败。

二、供应链风险产生的原因

（一）供应链内生风险

1. 道德风险

由于信息的不对称，造成合约破裂，致使供应链的一方从另外一方获得剩余利益，从而引发供应链危机。纵观整个供应链环境，委托者所处的位置较代理人而言更加不利，所以当代理人想要获取最大收益时，只需要扩大信息的不对称性即可。比如，供应商为使自身利益最大化采取偷工减料、以次充好等不良手段，或者提供一些达不到采购合同要求的物资等，掩盖自身生产的局限，因此带来风险。

2. 信息传递风险

相较于每个企业的独立经营和管理，供应链可以说是一种较为松散的联盟机构。随着这种联盟的规模逐渐壮大，结构逐渐繁复，其间的信息传递更易于出现错误或者延迟，更易导致上下游各企业之间不能实现充分的沟通，造成产品生产、客户需求上的一些分歧，无法充分满足市场的需求，还可能因为牛鞭效应的产生致使库存过量。

3. 生产组织与采购风险

现代企业生产过程中一般缺乏柔性，而存在过强的刚性，主要是由于生产组织对于效率和集成的强调，若是生产或者采购中出现问题，整个生产过程都将会随时停顿。

4. 分销商的选择产生的风险

市场直接面对的是分销商，只有做好分销商选择工作才可以保证供应链的有效实施。若不能够合理选择供应链中的分销商，将会导致供应链力量无法凝聚，致使机构解体，从而导致核心企业的市场竞争失败。

5. 物流运作风险

供应链管理依靠物流活动进行连接。高效的物流系统可以充分保证即时化的生产和柔性化的制造，加快资金流转的速度。供应链中各成员之间彼此联合，共享信息，统一管理存货。这些具体操作在实际情况中一般难以做到，因此在各衔接过程，如原料的供应、缓存、运输和产品的缓存、生产、销售等，较容易出现失误，从而导致供应链的物流不畅，进而导致风险出现。具体示例如下：运输障碍为原材料和产品的供应造成困难，从而使上游企业的交货期延误，不利于下游企业的生产或销售等。

6. 企业文化差异产生的风险

多家企业共同构成供应链，由于彼此核心价值观、员工职业素质、经营理念和文化制度等各不相同，对问题的看法不同，工作方法也不同，从而导致企业间的分歧，致使供应链混乱。

（二）供应链外来风险

1. 市场需求不确定性风险

供应链按照市场需求进行运作，只有准确预测市场需求，才能进行有效的生产、运输、供应以及销售等。消费者对产品或服务不同的需求和爱好的时而转变时而坚持，也使市场预测难以确定，整个供应链在经营的风险中难以稳定。没有正确的市场信息，就难以获得准确的顾客偏好、市场需求，将使供应链无法改变产品种类和供应物，也无法加入市场中，导致市场机会丧失。

2. 经济周期风险

市场经济繁荣和衰退交替出现，周期性明显，这种宏观经济的周期变化加大了供应链经营的风险。随着经济的繁荣，市场需求逐渐刺激着供应链，使其固定的资产投资增加，经过扩大生产，对人力和存货进行补充，使现金的流出量得到相应扩大。而经济的衰退会导致供应链中销售额、现金流入量减少，剩余的未完成固定资产也将需要投入大量的资金。这种情况属于不理想的筹资环境，亟待大量筹资。这样较差的资金流动性使供应链经营风险加大。

3. 政策风险

国家政策改变也会影响各种经营管理活动，如供应链资金的筹措和投资等，使经营风险大大增加。例如，当国家调整产业结构时，一系列相关的政策措施逐渐实施，并鼓励某些产业发展，指明供应链的投资方向；同时限制一部分产业的发展，使其原有投资出现损失，促进其筹措资金调整产业。

4. 法律风险

各个国家的法律都是经过不断完善和修改的，供应链的运转也会因此受到一些影响。可以说企业所处的法律环境的变化会使供应链产生或多或少的经营风险。

5. 意外灾祸风险

意外一般指的是战争、政治的动荡、地震或火灾等。一般状况下，这些意外对供应链的稳定有着或多或少的影响，其破坏性一般也是非常规的，其阻挠或中断了供应链中企业资金的运转，使生产经营过程中出现损失，一些既定的财务目标和经营目标也将随之变为空谈。

三、供应链风险防范对策

（一）加强节点企业的风险管理

在供应链中，从采购到生产再到销售的过程中，各个节点都有多个企业共同参与，彼此串行、并行，构成一个混合的网络结构，一个或多个企业共同完成一项任务。其整体的成本、质量和效率等一般都由一些节点指标决定，各节点风险相互传递，形成子供应链的整体风险。所以，借助识别、判断节点企业的风险就可以实现子供应链的优化和调整，进而对整个供应链的风险加以控制。

（二）建立应急处理机制

供应链系统的多通道、多环节性使一些突发事件更加肆虐，这时就需要一些相应的应急、预警等系统进行控制、调节。供应链的管理应该包含突发事件管理。当破坏性大、偶然性的事件发生时，应变措施应该首先制定出来，确定好关键的工作流程，组建专门针对突发事件的小组。此外，应该适时地建立全套的预警评价指标体系，当某一指标超出临界标准时，即刻给出信号加以预警。接收到预警信号之后，应急系统需要及时进行应急处理，避免供应链企业出现更加严重的损害。

（三）加强信息交流与共享，提高信息沟通效率

通过应用信息技术，企业之间的通信更加便利，这在一定程度上打破了信息流动于各职能部门之间的障碍。建立多种渠道进行信息的传递和交流，从而使各企业加强沟通，使供应链更加透明化，通过共享信息，了解预期的需求、订单信息、生产计划等，从而使风险与不确定性减小。一般情况下，只要保证企业上下游之间的信息得以借助先进的通信及时反馈和规范处理，就可以降低供应链风险。

（四）加强对供应链企业的激励

中国企业供应链之间的道德风险不可避免，主要是因为国内的社会诚信机制不够完善。相关部门应借助某些激励手段和机制，尽可能地消除不对称的信息，

从而预防道德风险，帮助合作伙伴获得更大收益。

（五）优化合作伙伴选择

选取合作伙伴是供应链风险管理的重要环节之一。优化合作伙伴选择，一方面对伙伴的敏捷性与合作成本进行考量；另一方面充分利用竞争合作对各自的互补。在合作伙伴的观念中，供应链不是由销售、分销、生产和采购等一个个彼此分离的版块所构成，而是一个整体。只有对整条供应链的战略决策进行坚持和执行才能使其优势得以真正发挥，并且充分获取市场的份额。

（六）重视柔性化设计，保持供应链的弹性

供应链中的客观规律主要表现为合作的供应和需求不确定。在各企业的合作过程中，为消除外界不确定因素的影响，供应链要求各企业在合作过程中彼此传递供给或者需求等信息。这种柔性的设计主要是针对外界不确定性因素干扰。除此之外，JIT 方法是当今供应链管理中为降低成本而采用的有效手段，其主要目的是减少库存，但若是出现较大需求或者突发事件时其弹性能力不足。因此，需要在提高效率的情况下更加注重供应链的弹性建设。

（七）建立战略合作伙伴关系

对于预期的战略目标，供应链企业在达成预期战略目标的过程中要彼此合作，共同承担利润与风险，最终实现共赢。所以，供应链成功运行和有效预防风险的基础就是要做到各成员企业的紧密合作。如何建立长期战略性的合作关系呢？具体包含以下几个步骤：一是加强供应链各成员之间的相互信任；二是要求各成员之间能够进行信息共享交流；三是正式建立合作机制，并使各成员企业分享利益、承担风险；四是注重规范的建设，如契约建设等，保证各成员之间协调方式的诚实性和灵活性。

除此之外，供应链还可以适当选择流通的商品。在供应链中有较大优势的并且威力较大的还有规模化的流通产品。有一位物流专家以下述简单例子对流通商品进行说明：假设这个流通产品是纯净水，人人都可以饮用，风险十分小。但若是换成治疗癌症的药物，那么就不见得会受到人人欢迎，风险较大，这属于专业型产品，而不是流通产品。

（八）加强供应链文化建设，打造共同的价值观

供应链文化是一个团体的核心凝聚力。加强团体成员的团结与协作，减少不

必要的冲突和内耗，建立一种彼此间共同尊重、信任的供应关系，使大家共同创造、发展、享受团队协作赢得的战果。不仅如此，这种文化将会实现供应链成员和整体的价值标准、利益要求一致化，从而保证整个链条的稳定与发展。

（九）加强采购管理，优化物流配送

企业生产产品的前提是采购。采购不仅是企业间实现供应链的桥梁，也是企业内部供应链的开端，通过对供应链的有效管理可以降低生产成本、提高生产效率、增强企业竞争力。采购风险一般是由于采购管理系统功能的弱化和采购环境的复杂多变等。避免采购风险一般从两方面考虑，一方面是考虑供应的渠道和供应商的选择；另一方面是考虑强化采购制度控制等。对于大型的企业或者集团而言，采购物资因为涉及钢材、设备、塘材、木材、工器具、化工原料、土产材料等多行业、多领域，市场较大，一般通过招标或比价等方法利用供应商之间的竞争进行采购。为获取质优价廉的物资和可靠的服务，一方面企业应该建立一个针对供应商资信的考评信息库，了解供应商的一些基本情况，如产品的价格、质量、交货时间和售后评定，利用优胜劣汰的原则，构建出适合企业自身发展的供应商团队，保证集团或者企业的物资供应可靠性；另一方面是企业对供应商进行粗选，建立准入制度，设置基本的准入条件和资格，筛选出那些资信较低、服务较差、质量不好的供应商。采购制度的强化一般需要从严格采购程序、增加采购队伍、实施有效监管等方面加以推进。

为降低整条供应链的供货风险，避免供应商单一导致的渠道受阻，一般采用多家供应商的柔性供应机制。为保证关键物资材料的供应，需要两个以上的供应商，并保证他们来自不同的地域，时时跟踪评估其供货，以保证安全稳定地提供物资。在供应链的营运中，物流配送也是一个重要的环节，借助第三方物流的强势操作，可以减少企业对物流方面的关注，将更多注意力倾注于核心部分，降低运营成本，优化经营流程，同时降低配送的压力和风险。

第四节　供应链管理中的绩效评价

一、供应链绩效评价的概念

借助供应链成员间的有效合作和彼此协调，进而实现共同价值的创造和增加，这就是供应链的运作过程。从物流角度来看，在供应商提供原料后，制造商将其

加工为商品，并辅以包装，最后由分销商对顾客出售商品，这中间的各个环节都是价值增加的过程。站在信息流角度去考虑，各企业成员在协调和共享信息之后，供应链的运营成本得以减少，而其价值则获得相应的提升，并能够及时把握客户需求和发展动向，从而探索新产品以适应市场需求，为顾客提供满意的服务。

供应链管理的绩效评价就是借助其评价指标体系，通过一些数学方法，如数量统计和运筹学等，定性定量分析信息协调共享过程，对供应链在一定时间内的绩效成果进行综合性、准确性、客观性、公正性的评价。

二、供应链绩效评价的内容

评价系统建立的前提是明确供应链评价系统的基本组成成分。简而言之就是，这个评价系统的具体评价对象是什么，评价目标是什么，如何开始评价，如何表示其评价的结果等。仔细划分可以包括以下七个方面内容：供应链的绩效评价对象、供应链绩效评价模型、供应链绩效评价指标体系、供应链绩效评价标准、供应链绩效评价方法、供应链绩效评价组织、供应链绩效评价报告。

（一）供应链绩效评价对象

供应链绩效评价对象一般涉及供应链中的各部分成员，也是其战略目标执行的效果。这个操作是抽象化的，无法对其进行测量，因此对其加以映射和分解，同时结合其目标与关键业务流程，按情况分解供应链为业务流程，再分解为具体的操作和任务活动等，在此基础上进行绩效的测定、分析、合并，以获得整体的绩效。

（二）供应链绩效评价模型

具体的评价模型主要是如何在绩效战略目标的指导下进行划分，以实现供应链绩效指标可度量体系的建立。一般有如下几种方法：SCOR（Supply Chain Operations Reference），供应链运作参考模型；或者 BSC（Balance Score Card），平衡计分卡模型。

（三）供应链绩效评价指标体系

供应链绩效评价指标体系是实施供应链绩效评价的基础和关键。在评价指标中，一些属于定性指标，如顾客的满意程度；一些属于定量指标，如战略的匹配程度。为保证其结论的客观性，这些指标不仅包括财务类指标，还包括非财务类指标。一般这种指标体系采取的都是层次分析结构，战略层一般适用于关键绩效指标（KPI），而具体的绩效指标则置于战术及操作层。绩效评价系统设计的关键是怎么在关键绩效指标上体现其关键的成功因素，以及如何实现关键绩效指标的分解及其与业务活动的映射等。

（四）供应链绩效评价标准

评价标准是对评价对象绩效优劣状况进行判断的基准和原则，也可以称为标杆。一般根据评价的目的进行绩效评价基准的选择。对决策者而言，只有参考合适的评价度量标准，才能保证其结果的可比性。选取这种基准，一种是与同行业进行竞争，比较其供应链的绩效，这种比较标准一般要求在选用时紧密联系其评价的对象；另一种就是选择与过去的一些绩效进行比较，判断其是否改进或者改进的程度等。如果评价的对象位于战术操作层，一般进行第二种比较，即较之于过去的差距或者是长进等；若是位于战略层，则需要将既定的目标、过去历史或者竞争者的一些情况作为参照并进行对比。

（五）供应链绩效评价方法

具体的评价手段就是供应链的绩效评价方法，它主要是计算分析各指标的评价值而获得最终评价结果，对比与评价的标准，以获得最终结论。只有运用科学的评价方法，再结合相应评价指标和标准，才能够得出正确的评价结果。在对较复杂的系统进行评价时，主要运用的方法是模糊综合分析判断法、层次分析法等。

（六）供应链绩效评价组织

供应链绩效评价组织主要指的是负责构造供应链绩效评价系统的组织，用来选择绩效评价的模型、建立评价指标体系、设立评价的标准等。供应链绩效评价不同于企业绩效评价，企业内部由管理层进行强权化的绩效评价，并结合员工的奖罚制度，因此可以顺利进行。相应地，良好的组织供应链也应该将发起者定位为核心企业，并邀请各成员企业和伙伴积极参与，在战略目标的指导下共同协商建立绩效评价系统。

（七）供应链绩效评价报告

将评价系统的输出信息作为供应链绩效评价的最终报告，可称为结论性文件。对各种指标的评价信息进行综合，并分析计算获得最终的绩效评价结果和详细指标数值状况等，整理后输出为整体的绩效。将其和准备好的评价标准、历史评价报告加以对比分析，获取其发展趋势和绩效优劣状况，形成最终的评价报告供决策者参详。

三、供应链绩效评价体系的主要方法

（一）ROF方法

为了避免传统的绩效评价问题，Beamon提出ROF方法反映供应链绩效的战略目标：其一，资源（Resources）；其二，产出（Output）；其三，柔性（Flexibility）。前两者已经被广泛应用于供应链的评价，而柔性却是很少应用的。而这三项指标的目标各不相同，柔性评价反映在变化环境中的快速响应能力；产出评价属于客户响应，即保持供应链增值性所需的较高水平的要求；资源评价则是成本评价，也是高效生产的关键。三者之间彼此平衡，关系如图2-2所示。

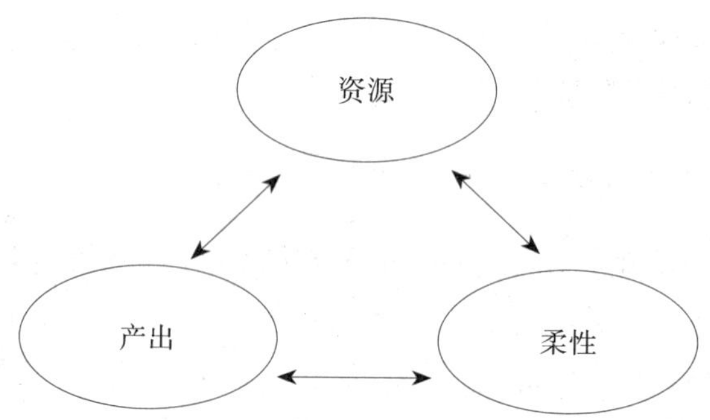

图2-2　Beamon提出的供应链绩效战略目标

在Beamon的观点中，需要从以下三个方面评价供应链系统：一是柔性评价方面的响应柔性和范围柔性；二是包括客户响应、最终产品的产出数量、质量等的产出评价；三是包括人力资源、能源和设备利用、成本、库存水平等的资源评价。

（二）标杆法

标杆法是一种新型的经营管理方法，是实现组织不断改进和维持竞争力等的重要手段，这种方法起源于国外，是20世纪80年代的产物。标杆法最早实施于美国的施乐公司，后来逐渐被广泛使用。这种方法实际上就是学习一些出类拔萃的企业，并将其作为测定基准，以实现追赶或者超越这些企业。

绩效标杆法一般有以下三种：支持活动性标杆、操作性标杆、战略性标杆。其实施阶段则主要包括以下方面：计划——分析——整合——行动——正常运作。具体实施过程如图2-3所示。

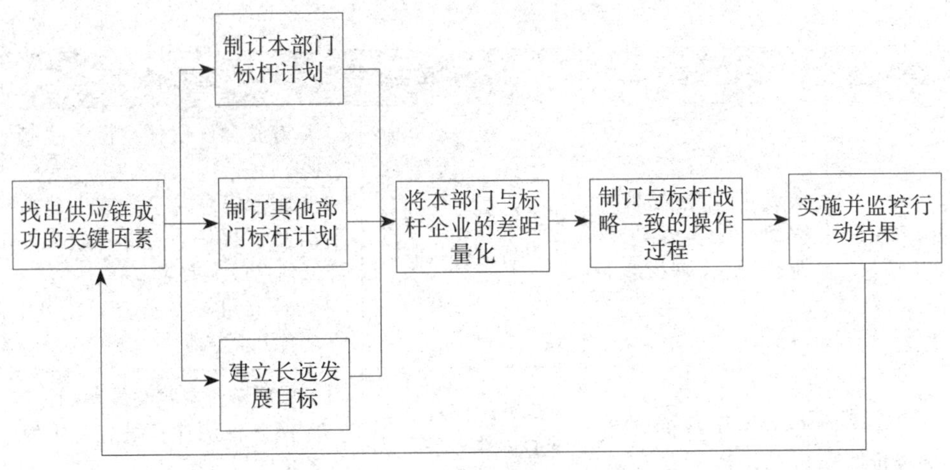

图 2-3 标杆实施过程

（三）平衡计分法

在 Norton 和 Kaplan 的平衡计分法基础之上，马世华提出平衡供应链计分法定义，同时指出四个 BSC-SC 评价角度：未来发展、内部流程、财务价值、客户导向，如表 2-1 所示。

表2-1 平衡供应链计分法

角　度	任　务	关键问题	关键成功因素
客户导向	在正确的时间、正确的地点将正确的产品/服务以合理的价格和方式交付给特定的客户，以满足和超过客户的期望	供应链经营所提供的产品或服务是否增加客户的价值，使得客户满意	（1）建立和保持与客户的密切关系； （2）快速响应并满足客户的特定需求； （3）提高供应链客户群的价值
内部流程	能够在合理的成本下，以高效率的方式进行生产	供应链内部流程的增值活动效率有多高，能否更好地实现核心竞争力	（1）实现较低的流程运作成本； （2）较高的运作柔性—响应性； （3）提高经营中增值活动的比例，缩短生产提前期

（续 表）

角 度	任 务	关键问题	关键成功因素
未来发展	集成供应链内部的资源，注重改进创新，抓住发展机遇	供应链管理系统是否具备这种机制	（1）集成合作伙伴，稳定战略联盟； （2）加强信息共享，减少信息不对称，提高信息及时效果，降低信息放大效应； （3）研究可能的生产、组织、管理各方面技术
财务价值	突出供应链的竞争价值，达到供应链伙伴的盈利最大化	供应链伙伴对供应链的贡献率是不是从供应链整体的角度考虑的	（1）供应链资本收益最大； （2）保证各伙伴在供应链中发挥各自的贡献率； （3）控制成本以及良好的现金流

BSC-SC 法的特点主要是满足上述整体的绩效评价要求，并在平衡机制上为供应链伙伴提供实际的操作依据，反映供应链的协调和集成性质，强调供应链的跨企业、跨功能特征，统一了各企业的远期、近期目标，对其内部业务的改进与重组加以关注，并为下一步发展指明方向。

四、供应商绩效评价

依据供应商的选择目的和采购管理目标划分，对供应商评价考核的关键指标可分为环境类、能力类、发展类和业绩类四类。

（一）一般供应商的评价

一般情况下，对供应商进行评价就是主要评价其产品质量是否合格、交货是否及时、售后服务的优劣三类。以产品质量和价格的核心，对一般供应商关系的考核内容应该是业绩类指标占大部分，而能力类指标占小部分。

（二）重要物资供应商的评价

对重要物资供应商的评价是供应商关系建立的主要目的。在基于一般供应商关系评价内容基础上，对其价格水平、产品成本、持续供应能力等方面加以评价以实现重要物资供应商的多指标考核，保证在成本降低的基础上实现风险的控制。而对此评价考核主要以能力、业绩类指标为主，发展类指标为辅进行，此评价的目标是降低供应风险、稳定供应源、降低成本等。

（三）战略伙伴关系供应商的评价

具有战略伙伴关系的供应商，不仅包括企业生产经营的合作者，也包括企业进一步发展的战略需求协作伙伴。对其进行评价时，一般要进行多方面、多指标的综合评价，其中主要有以下几方面：供应的物资价格、质量、交货期、售后服务、持续的供货能力、制造成本等，资金和经营状况、持续发展能力、技术与产品升级状况、管理结构的变化等方面。而这种战略伙伴关系的目标是控制成本和风险，实现资源管理，考核及评价能力、业绩、发展等方面，同时不可忽视环境方面的评价。

除此之外，供应商的协作和评价问题是供应链合作伙伴关系中的重要部分，对供应商进行有效的评价，并对每个有效的供应商进行合理的订货数量分配，可以促进供应链中各主体之间合作伙伴关系的形成。另外，在当前相对有效的供应商无法完成采购需求时，与供应商进行积极的协商，采用使相对无效的供应商能提高绩效变得相对有效和使当前相对有效的供应商能提高产能两种方式，这两种方式都以整体费用最小化为目标并能达到较好的效果。

第五节　互联网与电子商务时代的供应链管理

从整个行业来看，物流和供应链管理是服务于生产和商务活动的典型的现代服务业，而在互联网时代，电子商务已经成为新的生产和销售活动的商务模式，因此，互联网时代的供应链管理首先是服务于电子商务的供应链管理，也称为电子供应链管理。近年来，中国的互联网和电子商务迅猛发展，已经处于世界前列，成为推动中国国民经济转型的重要动力，而服务于电子商务的物流和供应链管理则成为这一新进程中不可缺少的重要一环。

通过网络借助电子信息技术进行的商务活动就是电子商务。中国近年来迅猛发展的电子商务，已经从根本上使传统商业产生革命性的变革，它不仅使商务、交易等方式发生了改变，同时对人们的消费方式、制造业的生产方式、金融业的服务方式以及政府的管理方式也产生了影响，当然也改变了物流的服务方式。中国近年来发展最快的物流企业几乎都是与电子商务密切相关的。

供应链是由零部件供应商、原材料供应商、分销商、生产商、运输商、零售商等多种企业组成的价值增值链。这一价值链是电子商务的灵魂，因为电子商务追求的就是商业活动的高效率，而只有高效率的供应链才能从整体上体现电子商务的价值。

一个完整的电子商务过程从询价、协商、订立合同、交易到付款都可以通过信息化手段，以虚拟化和平台化的方式高效地完成，但物流却无法虚拟化，供应链的运作也无法完全虚拟化，而没有供应链和物流，电子商务活动则无法完成。传统的落后的运输和仓储模式造成的供应链不畅，形成了供应链的瓶颈，也成为电子商务活动的瓶颈。这就是全球很多有影响力的电子商务企业，如亚马逊、京东阿里等，近年来不惜投入重金，大量自建物流设施、机构和平台的原因。而电子商务企业赖以生存的互联网、物联网和先进的信息技术，又成了优化和改造供应链管理体系的关键方法。信息技术正把全世界连成一个巨大的供应链网络，使信息及时共享变得可能。电子商务面向企业整个供应链管理，整合了上下游企业，使企业降低交易成本、缩短订货周期、改善信息管理和提高决策水平，消除了整个供应链网络上不必要的运作和消耗，构成一个电子商务供应链网络，促进了供应链向动态的、虚拟的、全球网络化的方向发展。

一、互联网与电子商务环境下的供应链管理特征

互联网与电子商务对供应链管理的影响和冲击是一种颠覆性的变革，这不仅是因为它改变了商品交易的形式，同时也改变了资金流、信息流、物流等的流动方式。

如今，所有通过在线购物的顾客都希望在交易订单下达之后，商品能快速直接配送到家，并能时刻跟踪订单的处理过程。同时客户也希望物流承运方能够根据他们的需求改变运输路线、确定交付过程费用、变更后的交付时间，甚至要求能够根据多个交付地址拆散订单。

其实，尽管是在新环境下的供应链，其管理模式原理上仍然离不开本章讨论的供应链管理框架，即“需求导向、资源共享、流程协同、利益共赢、信息化支撑”。然而，由于互联网及电子商务所带来的变革，新环境下的供应链对该基本框架提出了更高、更急切的要求，主要特征表现在如下几个方面。

（一）强化了对供应链管理的效率要求

如前所述，在电子商务的整个业务流程中，从询价、协商、订立合同、交易到付款都可以通过信息化手段，以虚拟化和平台化的方式高效地完成，但物流和供应链服务却无法虚拟化，无法轻易达到前面各环节的高速度、高效率，因而很容易形成整个业务流程的瓶颈。

因此，无法虚拟化的物流和供应链管理就必须适应虚拟化的电子商务的高速度、快节奏，大大提高整个链条的管理效率。

最为明显的是对订单的响应和处理。传统供应链管理对订单的响应可以是一两天甚至几天，而电子供应链对订单的响应必须按小时计，如对仓库内完成订单的全部操作往往限制在 5 个小时之内。因此，供应链管理系统必须和销售平台以至生产系统进行直接对接和协同，这样才可能避免在高峰（促销）时期的爆仓现象，造成对后续环节（运输、中转、“最后一公里”配送等）的重大影响甚至使整条供应链瘫痪。

电子商务的供应链管理需要直接沟通供应链中生产、销售企业与最终客户间的联系，并且在开放的公共网络上可以与最终消费者进行直接对话，为顾客提供每周 7 天、每天 24 小时的实时服务，这样才可能留住现有客户，发展潜在客户。

（二）改变了供应链的运作模式

传统供应链是一种典型的“推”式经营，制造商为了克服商品转移空间和时间上的障碍，利用物流将商品送达市场或顾客手中，商流和物流都是推动式的。在电子商务供应链中，商品生产、分销及仓储、配送等活动都是根据顾客的订单进行的，商流、物流、资金流都是围绕市场展开的，以力图实现销售方面的“零库存”。因此，电子商务供应链是“拉”式的。

实际上，因为直接面对最终消费者，电子供应链更突出地体现了前面供应链管理框架中的需求导向的概念，并把它演变成一种新的“拉”的模式。这种“拉”的模式现在已经不仅仅用于为电商服务的供应链，也开始广泛用于所有的现代企业，特别是用于大型跨国企业的供应链管理实践中。

（三）平台化、网络化的信息共享和运作协同

传统供应链上的数据共享和协同大多是基于供应链上合作伙伴（参与方）之间的数据交换，而且基本上都是一对一的交换，甚至还采用纸面文件交换或互通电子邮件等原始方式。

互联网时代下的商业活动逐步由电子商务所主导，而电子商务则主要是通过互联网上的电子交易平台来完成其核心业务的。越来越多的销售都在技术先进、规模巨大的云计算平台上完成，如天猫、京东等。因此，企业就很容易想到采购和供应链的其他环节也都可以在平台上完成。

平台这种互联网环境，从技术功能上看非常适于多方参与和协同的过程。例如，在一般工业企业中，物资采购的成本占到企业生产总成本的 70% 以上，从事采购工作的员工数量和日常支出也极为可观。企业要根据生产部门的需求组织物资采购和供应工作，与各地的供应商联系订货，供应商送货到需求现场或仓

库……这些工作涉及大量的信息传递和处理。供应链采购平台就很好地解决了这些问题。通过电子目录，可以快速找到更多的供应商；根据供应商的历史采购电子数据，可以选择最佳的货物来源；通过电子招标、电子比价等采购方式，形成更加有效的竞争，降低采购成本；通过电子采购流程，缩短采购周期，提高采购效率，减少采购的人工操作错误；通过网络，可以减少采购的流通环节，实现端对端采购，降低采购费用；通过电子信息数据，可以了解市场行情和库存情况，使企业科学制定采购计划和采购决策。特别是对于大型集团化企业，更可以通过平台聚集全集团各企业公司购买力，实现对供应商的集中采购，以量压价，大大降低采购成本。反之，对于供应商而言，这种集中采购的大型平台也是他们增加销量、掌握客户需求、降低成本的利器。

（四）创新性的供应链金融服务

完整的供应链上本来就有信息流（商流）、资金流和物流。在互联网和电子商务环境下，近年来物流与资金流相融合，创造性地发展出供应链金融服务，形成了互联网时代下供应链管理的一个新亮点。目前供应链金融有很多不同的概念和形式，但实质上都是通过供应链管理企业对所承运及存储的物资，包括订单、提单等虚拟物资，以质押的方式进行担保和监管，协助货主实现银行融资贷款的一种商务模式。尽管该模式在实际运营中尚不成熟，也存在一定的商业诈骗风险，但从长远看，这种金融服务对在供应链上的各方都可能形成共赢的局面。例如，对买方特别是中小企业，为它们解决了贷款难的问题，开拓了新的融资途径；对卖方，可以加速资金流转，增加销售；对银行，由于以实际库存物资为质押，贷款相对安全，容易扩大贷款业务；对物流企业，通过把储运对象变成质押监管对象，把服务扩展到了金融业，形成高附加值的增值服务。而对政府和社会而言，又是减少金融风险、稳定经济、建立社会诚信机制的好事。

（五）对管理信息系统的要求和依赖性非常高

及时、高效是电子商务的典型特征，而其效率是由其信息系统和其中的数据来保证的。由于电商客户对购买商品的运输动态关切程度大大高于普通客户，电商平台及其物流承运商为了能够及时在线上向客户报送商品物流动态，同时为了对其内部的供应链加强管理以提高竞争力，所以对管理信息采集的实时性、频度和准确性的要求也相应提高。

例如，中远物流承担运营的某大型电商的区域配送中心（Regional Distribution Center，RDC），对仓储管理信息系统（Warehouse Management System，WMS）的

操作时效要求是每天从该电商平台通过 EDI 连接接收 3 个波次订单，每个波次产生的订单在 4 个小时内必须完成全部操作，包括打印、拣货、复核、包装、发货。每日该电商平台对配送中心下单量在 3 000 个左右，在“双 11”“聚划算”等活动期间，日订单量更是以几倍、十几倍增长，如 2013 年“双 11”期间，日下单量更是达到了 10 万余单。

在对该平台反馈信息（通过 EDI 发送）方面，对于业务状态（拣货状态、出库状态、发运状态、签收状态、收货状态等）的报文以及费用参数、库内操作报文，要求实时发送，如果在通信过程中发送失败，则必须在 5 分钟内重新发送。库存快照和订单对照报文每日凌晨自动发送。

为满足电商平台对供应链管理系统的极高要求，除了信息系统本身配置的大容量网络和服务器系统及高效的数据库和应用系统外，配送中心的操作层也普遍采用了无线网络、高效能条形码扫描、射频识别（Radio Frequency Identification，RFID）、手持和车载智能终端等先进的物联网技术，并在系统中设置了关键绩效指标（Key Performance Indicator，KPI）管理模块，通过关键因素和 KPI 指标体系将企业的经营目标和发展计划进行分解，并且根据 KPI 指标体系动态地关注企业绩效变化状况。

电子商务供应链对信息系统的这种高要求是传统供应链管理所没有的。这也造成了另一方面的问题，即对信息系统的高度依赖性。可以说，没有高效的信息系统，电子商务供应链就不可能运作，从而对为其服务的信息系统及其网络带来了高可靠性、可扩展性及适应性的要求。目前先进的云计算和虚拟化技术以及网络信息安全技术，为解决此问题提供了有效的途径。

二、新环境下企业供应链管理面临的主要问题

供应链管理作为一种新的物流管理模式在中国还处于起步阶段，互联网和电子商务的大发展又对其形成了很大的冲击，在新形势下中国物流企业面临必须尽快转型的严峻挑战。

（一）观念的转变

互联网环境下的供应链管理对企业最基本的要求是核心业务流程优化和信息化。这绝不是仅建立一个企业电子商务网站，开展一些网上营销和客户服务就能解决的。更重要的是企业从观念上进行根本改变，将物流业务运作模式按照互联网思维和电子商务模式，在互联网环境下进行重构，使服务流程模块化，以适应需求多变和个性化服务的新业态。这涉及对原来的业务模式和流程进行大胆的业

务流程变革（Business Process Reengineering，BPR）。另外，从管理模式上看，多年来中国企业习惯采用“纵向一体化”模式，而互联网和电子商务的迅猛发展要求采用“扁平化、网格化”的管理模式。所有这些都涉及供应链管理企业在观念上的转变。没有观念上的转变，没有互联网思维，就不可能实现供应链管理企业的成功转型。

（二）平台化的管理信息系统建设

信息共享是在供应链管理中企业协调运作的关键和重心，而为了提高其绩效，一些必要的措施，如通过信息技术提高整体供应链的信息及时性、流动速度和精度等需要加以采用。所以，对于企业管理，一个保证供应链运作的信息支持平台的建立就是重中之重，在这个平台上要能够保证以下信息网络技术的实现和统一：数据库、集成条形码、射频识别、电子订货系统、全球定位系统、电子数据交换等，借助这些技术构建出企业的信息集成系统。而且这一信息系统绝不能是孤立、与外界隔绝的，而是必须与供应链上相关企业、供应商和协作商的系统通过互联网能够顺利进行电子数据交换的，即是实现了系统对接和协同的。

（三）贸易伙伴之间的协作问题

中国的企业欠缺的恰恰就是为实现供应链利益最大化而协调伙伴间协作的手段方法，而电子商务提供的良好环境正好可以物尽其用。中国的企业文化决定了其合作伙伴间的信息共享障碍。博弈论打破了传统观念中的任何协议都有胜负之分的说法，其研究表明，非零和博弈较零和博弈更能适合这种企业间的利益扩大。其间的合作障碍不仅仅限制于此，更是有绩效评价系统缺失的影响。绩效不能实现合理分配，就无法保证各企业牺牲自身利益以谋取更大的供应链利益。这就是良好的协调战略存在的关键。

（四）供应链中各环节成员的利益分配问题

电子商务带来了组织间更加频繁的资金流和信息流，也进一步拓宽了组织间的交流渠道，加深了彼此的合作和融合，模糊了其边界，最终实现了价值链的整体整合，造就了一个新的虚拟企业，并因此引出了企业之间的利益分配问题。

三、在新环境下实现供应链管理模式转型

互联网电子商务与供应链是相互依存的，并且两者之间相互促进。企业的发展离不开电子商务和供应链的有效整合，同时需要与供应商和客户之间实现友好合作。经过实践，我们证明了企业实现优势互补和在竞争中屹立不败的关键就是要联合供应链企业实现与自己利益、业务相关的行业供应链的建立。而建立行业供应链成败的关键就是如何实现供应链管理和电子商务系统的整合、集成，如何促进电子商务对供应链管理的支持作用等，这些都与企业发展息息相关。

（一）电子商务与供应链管理整合的体系结构

传统的供应链已经无法达到市场经济对于电子商务发展的要求。这主要体现在以下两方面：一是供应链中各企业环节的联系不够灵活。它们之间的联系目前仅仅是点与点的联系或者横向的联系，而一个环节出现问题，整个供应链都将要停止运作。二是存在信息传递失真的情况。由于一些人为的因素、供应链物理网络等的影响，在其内部产品下单、采购、生产、库存、运输、销售等和外部零售商、制造商、供应商及顾客之间借助信息系统进行传递时，出现信息流、物流滞后而影响企业对于真实信息的获取。这就是传统供应链机制负面影响的存在基础和表现。

仅仅依靠上述电子商务技术、网上信息平台是不足以实现电子商务完整流程的，一个强大的供应链支撑是不可或缺的。采用快速、高效的物流技术，减少一些繁冗的环节，借助供应链管理的优化、整合，引入电子商务就能够解决上述的信息失真和各环节联系不灵活等问题，进而大大改善系统性能，保证各环节的快速响应，改善其整体效益。借助基于互联网的管理模式，我们可以发现电子供应链在客户订单、采购物料、管理生产和物流、销售等内部操作以及批发商、零售商、供应商、制造商、消费者等外部成员的整合中所起的关键作用，如图 2-4 所示。在供应链的各个环节都可以实现订单的跟踪和审阅，并通过互联网电子采购和供应商自发补给机能实现物料资源的及时补充，借此实现低库存和低支出。借助这种内部 ERP 资源和网上订单的整合对企业资源进行合理的规划，以保证企业内外部之间信息流、物流、价值流、商流、资金流的交互式更替和集合。

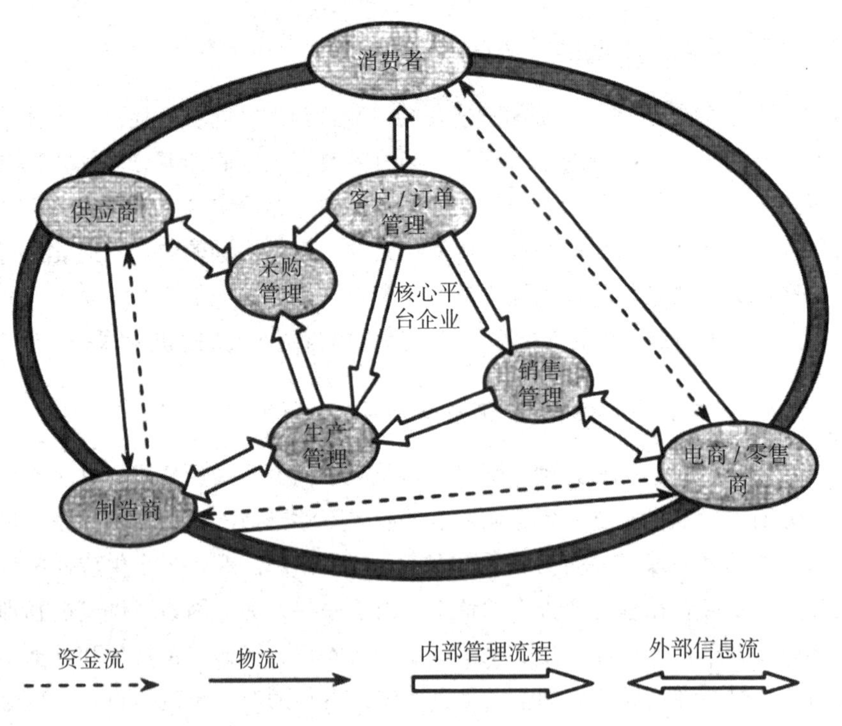

图 2-4　互联网和电子商务的供应链管理模式

（二）电子商务与供应链管理整合的必要性

供应链管理在电子商务的环境下有以下四个特点：一是跨企业协作网络的本质。电子商务环境下的供应链不仅仅是企业内部的构成部分，而是涵盖企业全过程的、包括客户、供应商在内的庞大系统。二是在供应链中，信息流对于物流、资金流以及商流而言起主导作用并居于中心地位。传统模式中起主导作用的是生产，而物流和商流仅仅只主导着商务过程，信息流只是起到辅助作用；而电子商务模式改变了它们相互之间的地位，使商务过程和资源配置方面均被信息流所控制，打破了以往以商品、服务为主的实体经济模式，形成了一种新的社会潮流——虚拟经济，即以信息运动为主的虚拟经济。三是对社会资源的再分配。企业间相互合作关系的建立促进了资源的重新整合，加快了单向企业的外向延伸优势。而电子供应链更进一步实现了资源的高效再分配，使工作周期大大缩短，从而提高了效率。四是信息资源实现共享、可复制及价值的增值等。这使经济增长的主要动力变为非物质性的信息。电子供应链的各环节企业彼此合作，保证信息共享，与此同时，合作、竞争关系共存。

为保证企业较强的竞争力，不只是要对于其内部的供应链进行管理，如计划、采购、制造、销售等操作的协调进行关注，还要注意到外部供应链企业的管理，如对于这些零售商、承包商、供应商和客户的各种上中下游企业进行整合。同时不能忽略的就是整合供应链和电子商务为电子供应链，变革传统的供应模式，改进其响应速度、降低成本、提高质量，保证并提升企业竞争能力。互联网实现了企业之间由传统模式中的订单传递向电子商务模式下的即时信息传递的转变，也大大改变了企业内外部供应链之间的业务沟通模式。电子供应链的出现缩短了企业间信息传递或者其他方方面面的时间与空间距离，从本质上改变了其生存的环境，也使得其运作的方式随之改变。而此处互联网的使用实现了供应商与经销商的整合，进而组成庞大的电子式供应链网络，加快了其网络化、虚拟化、动态化的发展。

（三）电子商务与供应链管理整合机制的实现及途径

商业经济开启了电子商务环境下的供应链改革。两者之间的整合加深了供应链理论的含义和内容，同时使得其环节中的项目减少，以此迫使市场动态的改革和新型媒体的问世。在电子商务中，一般而言，打破传统物流的内容不仅是替换了其原本的资金流、信息流、价值流、物流等的交换和实现方式，同时更是整合了其内容，使之成为一个整合的电子供应链。目前，企业所面临的最主要的问题就是如何有效结合电子商务和供应链，使其各显其威，从而使企业走向全面的信息化。

电子商务与供应链管理两者之间可以从以下四个方面实现整合：①CRM（Customer Relationship Management，客户关系管理），对其进行完善可以作为实现两者整合的有效手段之一。客户关系管理属于供应链管理的核心技术所在，它能够使各环节的企业之间打破地域和组织的界限，实现销售和客户之间的有效整合，使得企业可以针对客户个性化的问题进行迅速回应，加强了其下游企业的管理和监控。而在此技术应用于客户层面时，客户也将进行有效的信息反馈，这些信息将反映整个供应链环节的方方面面，使各环节可以按照客户需求和建议彼此完善，达到共赢的局面。②供应链节点企业走向生产专业化。这种专业化必然会实现电子供应链的形成和建立。在某种商品的顾客达到饱和，企业为适应市场的变化和需求，将会对某些不合理环节加以完善和修改。只有实现各环节的专业化才能使得企业生产成本大大降低，实现专业化的经济效益和规模效益。其中这种专业化在生产时会对原料供应、产品生产、产品销售等划分社会职能，进而实现其与电子商务的有效整合。③对企业资源规划（Enterprise Resource Planning，ERP）进行完善。在互联网的前提下，现代管理的一大变革就是以供应链管理为中心的ERP的出现。这是针对企业内部资、金流物流的一体式的管理，是对原材料从采购到加工生产的资源利用的控制和规划，也相应地管理了企业内部的供应链。或者可以说，电子商务是在ERP前提之下的发展和应用，其中心是外部与其他企业的交互联系，包括采购和销售等部分环节，同时组成企业内部物流和资金流的关键成分。其电子供应链的上游管理问题一般借助对企业资源的完善和优化来控制。④对网络等基础设施加强建设，使企业内部管理的网络化加速形成。对供应链而言，其管理的核心就是内部网络化，通过企业内部信息网络的建立保证各成员积极合作。而网络在成员内部交流或者订单采购、计划、库存、生产监管等方面所发挥的作用是不言而喻的。

第六节　供应链金融的发展与作用

供应链金融（Supply Chain Finance，SCF），简而言之就是为供应链提供的金融服务机制，具体解释就是为满足供应链中的各企业、用户等金融需求，商业银行根据其特点采取一定手段进行的全方位的金融服务。这些服务不仅包括对产品终端的使用者融资、理财、结算、信息服务等，也包括对其核心企业和上下游企业的服务。平安银行（原深圳发展银行）早期的营销模式足以证明其1+N的金融服务模式曾为供应链服务。由此可见，供应链金融是围绕着核心企业进行解决供应链环节企业的各种金融需求，而不仅仅局限于对某一个企业的服务，所以这实际上又可以被定义为综合性的金融解决方案。在一定程度上，供应链金融降低了小企业的信用和市场风险，同时为其融资、金融需求提供了保证。

一、供应链金融的四大主体

供应链金融业务的开展是以供应链为基础的。一般而言，其主体共有以下四个。

一是银行。对于供应链的核心或者上下游企业而言，银行将借助一些金融服务，诸如提供资金、信用参与到供应链中，这样银行不仅可以获得利润，也支持了供应链的运作。

二是核心企业。核心企业资本雄厚，优势明显，一般支配着供应链中的上下游企业，是供应链的灵魂所在，在整个供应链获利时，核心企业要从中分一杯羹。因为核心企业不仅是稳固供应链整体、协调各企业的关键，而且核心企业自身具有良好的资信和较强的竞争力。例如，在以大众汽车公司为核心所支撑和维护的供应链中，上下游各企业的制造、销售都是以大众汽车公司为中心而进行的。

三是配套的上下游中小企业。核心企业地位强势，往往从账款期限、交货条件、价格等各方面控制着这些中小企业，并使其一直置身于巨大的资金压力环境中。同时，这些企业的资本实力较小，规模也不大，资信状况不好，竞争力不足，且产品一般可替换，因此在传统模式下很难通过银行得到信贷支持，一般需要付出极大的代价即超出核心企业几成甚至上倍的利息获取信贷。中国市场经济中，中小企业难融资的老问题是应该引起关注的，因为其在供应链中的角色不可替代，并且可能成为金融的最大受惠者。

四是物流企业。在产品生产、销售过程中都会或多或少出现物流服务，主要体现在仓储、装卸、搬运及运输、配送、保险等，这些环节需要巨大的费用，且一般较独立。而且一般企业为聚焦核心业务都或多或少选择将物流业务外包的操作方式，这就是物流企业的起源与诞生基础。生产的进步和发展加速了第三方物流业的地位提升，也使得其被依赖性逐渐增强，在其本来的仓储和运输作用外，更是增加了结算和预付款等一些金融增值性的服务。在这个合作过程中，物流企业所扮演的角色是使客户的有效资产得到抵押，并且掌握一些商业银行所无法获取的产品销售和生产经营信息，弥补银行的不对称信息，从而使信贷的风险大大降低。与此同时，它可以使一些企业和银行的信贷交易成本降到最低。因为交易成本一般是包括信息成本在内的交易，物流企业借助其便利的实时监控、占有性控制、专业技能实现交易成本的降低，同时可以从供应链业务的参与过程中获取适当稳定的收入。

动态分析供应链金融，实质是一种实现其资金流随信息流、物流的流动而展开的财务管理解决手段，可以创造各方的价值，扩大供应链的整体效益；而静态分析这种金融服务，仅仅是为供应链提供的一套解决资金流控制的办法，也是针对上述四种主体之间资金交易关系的一种整合办法。

在供应链中，物流针对供应商而言就是原材料传递给生产商的手段，对生产商而言就是其在加工成半成品再至成品进入销售环节之前所传递的过程；而对于销售方面而言，就是支持各方销售至最终消费者的过程。

而资金流的运行轨迹恰恰相反，一般是由最终消费者传递给零售商，零售商传到分销商，再由分销商传递给原材料供应商等。这也是供应链各环节企业融资需求的来源。

信息流一般情况下是双向传递的，其一方面随着资金流从供应链下游向上游传递，另一方面跟随物流由上游向下游运动。

二、供应链金融的产品与特点

（一）供应链金融的产品

供应链中主要存在以下三种金融类的产品：①应收账款的融资。其中主要为票据池融资、保理池融资、出口应收账款池融资、保理、出口信用证项下授信等。②预付款类产品。主要包括：进口信用证项下未来货权质押授信、担保提货（保兑仓）授信、附保贴函的商业承兑汇票、国内信用证等。③存货类产品。主要包括标准仓单质押授信、抵质押授信、普通仓单抵押授信等。

这些产品基本上属于货币市场产品，授信期限较短。

（二）供应链金融的特点

1. 供应链金融是与传统融资业务有明显区别的产品

在以往进行融资时，银行通过评估企业的资金规模和可实现的盈利等参数，给企业进行信用的评级；而在供应链融资模式中，参与评级的不再仅限于企业，通常将其置于供应链中，通过考察企业的交易状况，如交易的资金规模、交易的对手以及交易涉及的供应链状况等重要因素，使得评级更为科学。在传统的资本融资过程中，信用的评级主要反映在财务报表上，而在供应链信用评级中，其重点不仅反映在财务报表上，更重要的是反映在融资项目的资本规模上，其评级的方式也与传统的主体评级方式有所不同，它的评级方式采取更为科学的主体加债项评级的方式。在进行融资时，银行会对企业的业务项目进行深入的调查。传统中贷款进行还款时优先使用公司的资金。在供应链模式下，优先还款来源为参与融资项目下的资金。采用供应链融资模式，可以使中小企业的信用评级更加科学，进而使其贷款难度也显著降低，而在传统的融资模式下，由于中小企业的资本难以与大型企业抗衡，因此其信用评级较低，难以进行银行贷款。

2. 供应链金融是一个产品组合

供应链金融体系是一个多维的产品组合，而不是一种单一的服务体系。这种服务体系以在该条供应链中起主要作用的企业为中心，向供应链的上下游不断地发散，该金融体系就是向整个供应链提供整体的资金和各项金融方面的服务。第一，可以向供应商提供支票和承兑汇票贴现、订单和应收账款融资等金融服务项目和咨询等；第二，可以向处于供应链核心的企业安排针对性项目的贷款；第三，可以向下游零售商等提供贸易融资和流动性资本的抵押贷款服务，并可担任贷款担保，同时在日常管理中可以提供理财和现金管理等咨询和金融服务。通过这些系统性的金融服务项目，为供应链上的企业从生产到销售提供金融支持，从而保证了供应链的稳定性，也使得核心企业和中下游的中小企业稳定和谐地发展。

3. 供应链金融以核心企业为中心，以贸易背景真实可靠为依托

在以实际贸易为基础的背景下，通过交易的自偿量和商品价值作为保障，由处于核心的生产销售商为中心，向下游和上游企业进行金融支持。目前，人们对供应链金融体系的研究越来越深，国内的部分商业银行也对供应链金融进行了支持，并且提出针对多个行业的支持方案以及在互联网上的服务方案，支持的项目包含了多个完整的供应链要素，如商品物流、交易信息、融资贷款等一体化的服务方案。

三、供应链金融的作用

近几年是供应链金融发展的黄金期，主要是由于它可以达到互利共赢的效果，并且在丰富银行自身的金融项目和产品的同时，非常合理地解决了中小企业的融资和贷款问题，而这个问题也是中小企业长期以来难以解决的问题。

（一）企业融资新渠道

一般情况下，中小型企业融资和参与信贷市场时，由于其资本规模不足，难以在信贷市场上得到所需的资金，供应链金融则可以为它们提供全新的融资理念和技术支持。作为全新的融资渠道，供应链金融可以为中小企业的贷款提供更高的额度，同时大大减轻了处于上下游的中小企业的融资压力，使得流动资金需求量逐步减少。在生产链上，核心企业具有独特的优势，竞争关系使非现金形式的交易占据了很大的一部分，而且成了普遍的付款手段，故而产生了许多应收资金，这导致许多中小企业面对着很大的资金流通困难，甚至导致资金链的紧张。由于应收账款是企业的潜在资金流，如何对其信息进行管理和如何进行后续处理，这一问题对于中小企业的健康发展也变得更加重要。在当今市场竞争越来越激烈的严峻形势下，怎样才能使应收账款进行合理利用并将其作为资金流，这是解决中小企业贷款或融资的有效方法。近些年，国内一些商业银行针对这一系列问题进行了积极的探索，并取得显著的成效，如招商银行的应收应付款管理系统和网上国内保理系统，该系统能够使买卖双方更加方便快速地办理应收账款管理服务和保理业务，摒弃了以往流程的复杂性，也可以使企业快速获得资金，并且可以在买卖双方处于不同地域时提供债权转让服务。

（二）银行开源新通路

供应链金融在实践中开拓了一个与高端客户建立稳定可靠关系的新思路，并

且提出一个针对整个供应链的支持服务模式，处于核心地位的公司将和银行一起进行同步操作。

供应链金融在当今世界有着强大的生命力，而且越来越多的国际性的大银行对其进行了大量投资，这一点归因于其有着比传统业务更具吸引力的回报。在投资过程中，与传统业务相比，供应链金融也给了银行更多的渠道以和客户建立更为稳定的关系。尤其是在当下这种不利的局面下，国际银行业正处于危机之中，然而投资供应链金融却显得更为必要。UPS 快递（United Parcel Service）曾经做过估计，指出供应链金融有着极其丰富的市场，国际市场下，应收和应付市场大约分别有 13 000 亿美元、1 000 亿美元，而采用以资本基础的贷款可能达到 3 400 亿美元。

招商银行表示，在供应链金融中，银行不再是传统方式中的与单个的企业进行交流沟通，而是与供应链进行协商和谈判，这就使得银行可以针对供应链整体进行信息的收集处理，并对整体进行评比，因此，其中的风险也明显地降低，在考虑供应链金融体系的风险时，银行将整个供应链上的企业全部纳入考虑范围，更关心整条供应链的贸易风险，同时可以为供应链上多数中小企业提供金融服务。在供应链中，即使部分企业没能达到银行的一些风控参数要求，只要它们和核心企业的交易稳定，银行就可以不对其财务进行单独的信用评级，只需对供应链上的该业务进行授信，从而促进供应链的稳定发展。

（三）经济效益和社会效益显著

供应链金融在实现共赢的同时，有明显的社会效益，采取对供应链中每一个环节都进行开发的形式来有效地控制金融风险，在供应链金融下，中小企业在进行投资之后的回报比率也有所提高，并且在市场上有着明显的规模。

（四）供应链金融实现多流合一

在供应链金融中，物流、商流、资金流、信息流等实现了大融合。

物流是指物质资料从供给者到需求者的物理运动以及相关的物流信息等环节。

商流是指商业信息和交易条件的来往。

资金流是指采购方支付货款中涉及的财务事项。

信息流是指供应链中与物流、资金流相关的各类信息，包括订购单、存货记录、确认函、发票等。

在供应链中，物流、商流、资金流、信息流等是共同存在的，信息流和资金流的结合将更好地支持和加强供应链上下游企业之间的货物、服务往来。

第三章　我国供应链管理的现状及发展趋势

第一节　我国供应链管理现状与问题

一、我国供应链管理发展的现状

改革开放以来，我国经济取得了突飞猛进的发展，影响企业在竞争中脱颖而出的因素也发生了显著的变化。尤其进入21世纪以来，企业间的竞争更是出现了不同以往的新特点：对于生产商来说，要求产品迭代周期越来越短，产品种类也需越来越丰富对于销售商来说，要求的交货期更严格，对售后服务质量的要求也越来越高。在这种生存环境下，企业必须采用协同方式将所有有利因素整合起来，打好“组合拳”。

在当今经济形势下，供应链是一个可以让企业快速适应全球竞争的优秀管理模式，越来越多的企业选择了这一管理模式。经过近些年的探索，发达国家已经在该领域有了比较好的实践。发展中国家的企业参与到全球供应链体系进而拥有独立自主的发展地位，是实现自身价值的关键，也是发展中国家在国际分工中占有一席之地的重要因素，这也影响着国家对其经济命脉的掌控能力。

对供应链管理的研究，发达国家主要集中在供应链的实现效率问题上，包括供应链的组成、多级、库存以及供应链的财务管理。进入21世纪，随着经济的发展，发达国家对供应链管理的研究主要集中在管理模式上，即将供应链管理看作一个有机的战略管理体系，所研究内容也涉及到了供应链中所有的企业，和长期伙伴关系。相对于早期，供应链管理理论已经有了大幅度调整，更加注重长期的研究。

由于受到计划经济的影响，中国引入供应链管理思想的时间较晚。供应链管理的概念在20世纪90年代末才引入我国，发展比较落后。随着市场经济的发展及我国加入WTO后要与国际接轨的迫切需求，在我国的企业间实现供应链管理是非常必要的，因此我国也掀起了一场供应链管理研究的热潮。

（一）1978年以前

这一时期，我国制造业相对落后，对"供应链"所知甚少。在计划经济形势下，企业主要根据上级的安排进行生产和销售，因此在计划经济和短缺经济的条件下，企业常常忙于抢项目，进行粗放式扩建等，再加上销售和供应能力低下，并没有获得实际效益，因此我们常称这个时期为供应链的"推式"阶段。

（二）1979—1992年

从这个时期开始，我国的国际贸易开始迅速开展，国内企业充分认识到，只有利用一切内部资源使生产出的产品满足消费者的需求，才是企业的运营关键。在消费者需求的带动下，企业开始对企业整体的运行状况（最初意义上的供应链）加以控制和管理。这个时期被称作供应链的"拉式"时代。

（三）1993年以后

在这个时期，我国经济逐步从计划经济向市场经济转变，流通的产品供大于求，产品的质量在竞争中已经不再是主要的优势，企业更加考虑成本因素。因此，企业从原材料到生产制造再到销售各个环节都加以管理，以提高利润，在竞争中获得优势。这时，我国还处于供应链内部集成时期，即供应链的初级阶段，主要研究问题包括如何选择供应商、如何在生产销售中降低成本、如何控制产品的质量等基础性问题，没有将研究深入到全局。

随着国内外经济的快速发展，国内的企业也已经拥有了建立供应链和实行物流管理的基本条件，而且已经初见成效，更多的生产商和物流企业开始采用供应链管理技术提高效率，获得竞争优势。因此，在新世纪，竞争逐渐由企业与企业间的竞争转变为供应链的竞争。

二、供应链管理的理论研究与实践应用现状

（一）供应链管理的理论研究现状

现代物流理论传入我国已有近30年的时间，供应链管理学说也逐渐成为学术界研究的热点问题。虽然我国的学者对物流与供应链管理的发展历史、内涵等做

了大量的研究，但是我们对物流的基础理论、物流系统之间的关系、供应链体系的构造方法的研究还远远不够。再加上，我国对物流的研究起始于物资系统，对物流概念的界定本身就相对模糊，以致于至今仍有人将物流与物资流通混为一谈。因此，国内企业对供应链管理观念存在诸多误会也就不足为奇了。

国内企业开展供应链管理研究是近几年的事，相对而言，理论研究领先于实践。1998 年，人们开始从报纸杂志上看到有关供应链管理的报道。由于供应链管理与物流管理、计算机集成制造密切相关，所以在之后的各种有关物流和计算机集成制造及工艺控制等期刊杂志上，与供应链管理关的基础研究内容大幅增加同时，在国内有关物流和计算机集成制造技术相关的会议上，对供应链管理的研讨也逐渐增多。供应链管理在我国引起了极大关注，许多先进企业开始研究供应链管理的思想和方法，由于理论研究仍处于起步阶段，大家对它们认识还比较肤浅，在概念理解和观点认识上也不尽相同。

（二）供应链管理的实践应用现状

从实践应用的情况看，近几年来，在日趋激烈的市场竞争环境下，我国越来越多的企业逐步认识到，只有从原材料采购就开始加以管理和控制，才能提高企业的整体效益。于是，国内一些比较领先的企业开始初步应用供应链管理的各种技术和方法。

然而，这还处于供应链内部集成时期，其主要内容我国仍还处于供应链的初级阶段，还没有对更深层次的战略性策略进行整体研究，在进行探讨时，也没能把握住供应和销售的所有环节。综上可知，国内理论没有对战略性课题进行深入的探讨，或者存在考虑得不够具体等问题。从整体上讲，在我国国内，暂时还没有形成可以进行整体管理的企业供应链。

不管是在管理上还是在产品服务上，国内企业在与国际企业合作时，还受到诸多的思想和文化限制。对我们国家的企业而言，供应链管理实施起来有许多难以处理之处，虽和我们比较熟悉的 ERP（企业资源计划）有些相似，但相对更难一些。在进行管理时，每条供应链中企业数量众多，常常有上百家各种类型和各种功能的企业。国内企业参与其中时，面临的最棘手的问题是和供应链上所有商家合作。因为在传统的管理方式上，各个企业是相互独立的，在有交易的前提下，形成了独自的封闭圈。但是在进行供应链管理的情况下，每一个企业所承担的功能和交易的各个环节的信息是相互共享的。

供应链中最基本的和最关键的动力源泉依旧是消费者的需求。在该模式下，消费者的需求是最为突出的中心，并将它发展成链式的供应关系。在全球化市场竞争和合作框架下，合理的供应链管理将会给企业带来更多的效益。中国在加入WTO以后，产品大量外销，要将产品远销国外，就必须将自身的发展通过供应链与国际接轨。所以，国家必须对供应链进行控制和掌握，同时利用供应链进行国际合作。其管理理念是服务和产品要适应消费者的需求，这种思想的转变是企业采用供应链管理模式最重要也是最有难度的转变，这不仅是技术上的更新，还是思想上的再次突破。

从总体上看，不论理论研究还是实践应用，与供应链相关的研究在国内都还对于初步阶段。在当前情况下，应先认真认识并理解国内外供应链管理的基本现状和研究方向，切实地研究国内企业在这方面存在的诸多问题，并根据问题提出相应的解决方案。只有处理好这些基本环节，才能落实供应链管理理论，排除万难，实现企业的升级。

（三）信息化发展现状

目前，我国多数企业在信息化的使用上相较于发达国家还有许多不足，尤其是中小企业将信息的定位和处理放在了无足轻重的位置，定位不明确或错误，没有认识到信息的真正价值。例如，有的企业只是认为使用了电脑之后效率提升了，没有深入考虑到企业管理的日常业务和配套服务的发展缺乏对电子商务的系统性认识，因此企业对于信息化的认识亟需提高。

在生产实践中，信息化不仅是指一些现代化的信息处理设备（这些只是基础性的硬件工程）还是指另一个板块——应用工程。硬件是实现目的的载体，应用工程则是信息化的价值体现。企业采用信息化的处理方式可以建立一个比较稳定的结构体系，使信息在公司顺畅地流通和共享；可以收集交易的各种信息资源，提高从采购、生产到交易等各个环节的效率，利用信息共享技术获得最新的研发信息和研究动向，提高生产管理水平。

（四）管理水平和体制现状

由于历史的原因，我国的经济发展仍然受计划经济的影响，我国企业还以计划式管理为主，大多采用小生产模式，有着历史性的结构和机构管理模式。而且，国内的市场经济没有达到西方国家的水平，企业在管理上还存在一些不完善的地方，致使供应链管理在国内较难实施。比如，许多企业在设计生产系统和经营系统时没有考虑供应链的影响，内部的信息系统、库存系统等不能适应供应链管理的要求；许多企业仍保持着传统封闭的、以自我为核心的小范围管理模式，在这种情况下，供应链中企业之间的联系不紧密，没有形成完全可靠的战略合作伙伴关系，难以实施供应链管理模式。同时，企业组织权力集中，机构臃肿，本位主义和相互推诿现象严重，制约着供应链管理；企业文化管理落后，不注重产品质量，诚信度低，企业间建立供应链所必需的相互信任和相互依赖的基础不够牢固。

在一些比较发达的西方国家，传统的物流行业与制造业已经紧密地联系在一起，制造企业只专注制造优良的产品，把所有与供应链有关的后勤事务外包给专业物流公司——从原材料的采购计划、仓储计划到运输、配送，再到把制造企业的最终产品送到分销商或最终用户手中，最终帮助制造企业完成整个供应链管理过程。

虽然我国有一部分企业为了获取更多的利润，将系统论和优化技术应用于物流的流程设计和改造中，加强了资本运作能力，采用了全新的管理模式，但是，由于市场经济在我国发展的时间较短，还有许多亟需改革的地方，在交易中企业的诚信有待考量，并且信息化的程度比较低，缺少必要的设施，如信息系统和交易控制系统等。因此，在诸多不利因素下，企业供应链管理的有效性还有待观察。

（五）人才现状

在我国，物流专业技术人才的培养已经开展了多年。虽然目前物流人才严重短缺的局面总体上有所缓解，但是，物流人才的缺乏仍然是困扰我国发展物流事业的主要障碍之一。

我国从 2001 年开始开设物流专业的本科教育。到目前为止，全国已有几百所高等院校和职业技术学院开设了物流专业，国家依旧在加大招生的规模；物流师国家职业标准已经制定并发布，高级物流师、物流师和助理物流师的培训、考试和认证工作也已全面展开；在职人员的物流知识和物流技术的培训工作进一步深入。

然而，我国物流行业起步较晚，相当一部分物流业工作者在专业素质上与国外人员相比有很大差距，其中又有很多人的观念依旧很传统。因此，亟需转变他们的这种观念，并使他们加强自身专业知识的积累，最终适应现代物流行业的高速发展。目前，国内物流行业处于起步阶段，教师的人数和质量是当下物流人才培养面临的棘手问题。此外，高校教师传授的知识与市场需求不相吻合，同时他们的实践能力有待提高，缺乏在物流行业中的大局意识和系统分析能力，也对物流专业人才的培养有着诸多限制。高校缺乏理论联系实践的物流专业教师，这也是普遍存在的问题，也限制了物流专业人才的培养。

三、中国供应链管理中存在的问题

目前，配送物流行业和零售行业发展良好，但是由于供应链管理模式在国内发展时间比较短，在各方面还存在不足。在实施过程中因为部分条件和基础相对欠缺，产生了不少亟需解决的问题，这些问题主要集中在企业对供应链管理的认识不足，在技术和管理上有欠缺等方面，以及国家人才和相关的法律没能跟得上实践需要，同时还出现了一些制度和环境问题。

（一）思想观念问题

作为一种新的管理模式和指导观念，供应链管理给传统管理思想带来了相当大的挑战。在许多传统行业中，企业的管理方式已经根深蒂固，难以在短时间内改变，从设计、制造到销售已经形成了封闭的管理体系。比如，他们不希望将制造、装配、销售中的任何一个环节分离出去，没有和其他公司合作的意愿，这与开放式的全球制造和供应链管理模式十分不符。

供应链管理在这几年逐渐兴起，是一种全新的管理模式和管理思想，在这一点上，对传统管理模式是一种挑战。我国市场经济起步晚，发展不均衡，导致了很多企业的产品和服务项目比较多，没有发展出一种可以代表自身的优势业务。在这些企业中，采用计划式管理的思想依然根深蒂固。尽管企业的组织形式多样，责任清晰，但是管理人员难免形成小圈子，管理垂直化，导致信息的传递效率低下，各个组织机构的管理不透明。

随着国内企业走出去和国外资本陆续在国内投资，以往管理模式的成功经验不一定适应当今国际市场，毫无疑问也需要变革。对于企业而言，供应链管理技术主要用来提高信息效率，而且处于供应链理念底层的同样是信息传递效率和企业的核心服务及产品，这需要企业从思想上进行改革，而不是仅仅认为电子商务能够使企业摆脱困境和更上一层楼。长期的计划经济体制所形成的以生产为中心、以产品为龙头的营销模式有着顽固的思想基础、组织基础和经济基础。要真正实现适应网络经济的供应链管理模式，必须有一个理念变革、生产力水平变革、市场变革以及需求和竞争时期的部门分割体共同作用的过程。

（二）实践问题

研究发现，供应链管理目前在我国还是一种新的理念。大多数企业认为它比较新颖，并没有将其付诸实践，其如何运作和管理还只存在于理论中。这主要是因为我国的市场化程度有待提高，与西方国家的市场化水平相比还有相当大的差距。许多企业的管理和组织形式还是采用传统的模式，难以实施供应链管理模式。

在经济管理体制上我国长期受计划经济的影响，由此形成的企业条块分割的管理体制以及传统的小生产格局与实现供应链管理所要求的企业横向一体化相悖。从物流管理角度看，我国目前的物流行业仍沿用着计划经济体制下管理模式。与物流相关的各部分分别由铁道、交通、民航、商务等不同政府部门进行管理。这种自上而下管理方式严重制约着在社会范围内对物流进行经济合理地整体统筹和规划，妨碍着物流横向一体化的实现，制约着电子商务的进一步推广。

在企业的组织实践中，我国绝大部分企业的组织结构都建立在职能的基础上。据中国物品编码中心的调查显示，在被调查的企业中，有 92.2% 的制造业、93.8% 的批发企业和 82.1% 的零售企业按职能划分部门。在这种方式下，各个部门自己完成自己的任务，时常导致各个部门独自工作，相互的沟通减少，导致业务不统一，甚至还会为了自己部门的利益相互竞争。相比之下，供应链的管理是一种统一的协作，要求职能必须可以越界执行，因此，依据职能来设定部门对供应链管理的实行造成了很大的障碍。

同时，传统管理方式主要关心单一业务的实现效率，很少去考察整体带来的影响，这也是现阶段与供应链管理方式之间的一个非常大的冲突。

供应链合作伙伴不够理想。诚信是企业之间合作的基石，是企业之间稳定合作的保证，在企业合作中有非常重要的意义。企业之间相互信任度低下和信任不对称严重限制了供应链上的相互合作。

信任危机常常表现为以不诚信的方式实现某种目的，一般表现为在合作之初就没有长期合作的打算；利用自身的经济实力在合作谈判中强迫对方；在合作中同时与多个生产同种产品的商家谈判，利用他们之间的竞争；将合作的供应商的商业机密信息交给另一个供应商；没有契约精神，不按照合约规定的时间交货或付款；利用合作企业的失误进行欺诈。

信任危机产生的根源极其复杂，但主要还是由于获得合作对象信息不充分造成的。获取信息不充分的原因主要有两点：第一，目前国内企业信息化程度比较低，相当一部分企业没有信息技术能力获得所需的全部信息；第二，我国新企业比较多，变化程度大，也会导致信息不对称。在这种合作状况下，企业之间的相互信任度就比较低，最终导致信任危机的出现。

（三）技术和管理问题

为了适应企业管理需求，改善管理程序并且降低成本，企业需要引进大量的现代化技术，这也是竞争和供应链管理的硬性要求，如条码技术、互联网和电子商务技术等。研究表明，我国在这些技术上的投入仍然不足以满足市场的需求，并且普及率和企业的使用率比较低，在实施过程中也存在许多问题。

实现标准化可以帮助企业节约大量的人力、物力，并且提高运作效率。在企业运行和交易中，如果标准化实施不到位或者不存在标准化，常常出现信息不统一或者交易不规范问题，这也会导致流通的反复，严重降低流通的效率，最终使交易不顺利甚至的失败。

综上所述，我国供应链物流标准化目前仍然存在着很多问题，突出表现在以下三个方面：（1）已经制定的供应链物流标志标准（国家标准）运用正确率低；（2）货物运输过程的基本设备标准不统一；（3）商品信息标准化工作滞后，数据库的数据不一致。

（四）人才问题

供应链管理是一门综合性经济学科，涉及众多边缘学科和新兴学科。相关研究在我国方兴未艾，科研投入少，没有适合我国国情的高质量教材，科研力度不足，专业人才缺乏。外资企业进入我国后，为了使其产品和服务更好地符合中国客户的特点和需求，势必要采取本地化策略，其中重要的一个步骤就是人才的本地化。在国际化竞争中，一个企业在人力资源上是否具有优势决定了它的存亡。

目前，我国企业的比较优势在于低廉的劳动力价格。加入WTO以后，零售企业的竞争不仅在于劳动力的成本，更在于劳动者的基本素质、受教育程度和专业技术水平。我国物流业从业者大多缺乏系统专业训练和相关学历教育，而事实上，现代化的供应链管理必须运用先进的物流技术、信息技术和供应链技术。无论是先进的经营理念、营销技能还是现代化、信息化的管理手段，都需要具有较高素质的懂得现代管理技术，能适应国际化市场竞争的外向型、知识型管理人才。

供应链管理在形式上没有严格的界限，时常需要对不同行业提出管理决策，还需要强大的高新技术的经验和理论支持，要了解甚至精通技术和各种管理方式方法，这是一个庞大的工程，需要管理与技术同时精通的综合性人才。在国内，目前这类人才还很少，同时培训服务也不到位。况且国内大多数企业对供应链管理重视程度不够，缺乏必要的实践和理论支撑，因此必须加强这方面的教育和人才培训。

（五）法律体系、社会制度环境问题

法律、法规不健全和执行不严格，是我国企业供应链管理的又一桎梏。我国的法律、法规是在原有的计划经济时代法律、法规的基础上发展起来的。在日益

复杂的市场形势下，原有的法律体系存在着很多漏洞，已不能很好地满足企业间合作关系发展的需要。

社会制度环境是指各行业、各地区形成的商会、协会以及正式的或非正式的社会习俗。这种社会习俗能够形成一种经济的和社会的环境，并延续下去。我国市场化时间较短，还没有完全形成一种与社会主义市场经济体制相适应的社会制度环境，因此企业间的诚信度时常被打折扣，相互间很难建立信任的合作关系，信任危机自然不可避免。

第二节　我国供应链管理的发展对策

虽然当前供应链管理模式在我国企业发展实践中产生了一系列问题，但是这种新型模式在物流管理系统建设中起到了很大的作用。各个企业之间正在根据发展需求建立战略合作伙伴关系，采用信息化技术实现业务的协同，不仅提高了自身的效率，也提升了整个供应链的效率。

在供应链中，有效地管理越来越多的产品或服务，就需要供应链上下游企业打破传统经营观念，再造供应链体系，实现供应链的一体化。尤其在我国加入WTO后，传统企业要想在今后的发展中立于不败之地，就应尽快发展壮大自己，加速企业电子化并引入供应链管理体系，提高市场竞争力，抵御外来冲击。

在市场经济条件下，企业要应对持续变化的竞争，必须具备敏捷性。实现敏捷性的重要前提是加强销售环节和供应链管理，以便与客户和供应商建立动态紧密的联系。

供应链是一种极其复杂的联盟体，尽管在供应链发展过程中存在着这样或那样的问题，但供应链作为企业未来发展的一种趋势，其优势是明显的。针对我国供应链发展中存在的问题，我们需要在以下几个方面进行努力。

一、转变观念，大力强化市场意识

各级政府职能部门以及企业应该学习并搞清市场与政府的关系、市场经济的属性、微观基础等基本概念，这样才能制定出符合实际要求的措施，更好地理解WTO的游戏规则。各级政府及有关部门在制定相关的优惠措施时，必须进行广泛的宣传。从事此类业务的管理人员也应当进行深入的学习，研究相关的案例，跟进最新的思想理念，向世界优秀企业学习并研究国内的相关政策，促进管理的理念和方式与世界接轨。

二、结合企业现状进行内部改革

随着经济体制改革的快速进行以及 WTO 的影响越来越深入，我国市场经济体制建设更加合理有序。有序的市场竞争需要高素质的竞争主体。我国物流企业为数不少，但是真正大规模的不多。分散经营很难产生规模经济效益，小企业抵御风险的能力也差。所以，我国必须充分依靠资本市场，建立以产权为主要纽带的大型企业集团，条件允许时可以吸纳外资。

竞争中已经处于不利地位的企业，要么加入物流集团，改造后获得重生；要么早晚被市场淘汰。企业应把在重组过程中获得的资产有计划地投入到新项目中，探索更加优化的经营模式，降低运营资金成本和人力成本。

我们应把改造过去的传统储运企业与创建新兴的物流业作为重点，建设现代化批发网络，完善商品配送中心的服务功能，注重多种功能的重新整合。在硬件不太发达的现状下，还应当注重引进先进的信息处理功能。改善现有物流配送中心的网点布局，要统一规划、统一运筹。根据我国实际情况，以现有物流企业为基础逐步发展大型物流中心和区域性配送中心。当然，在现行体制下产业的调整势必牵涉到利益问题，我们可以借助 WTO 规则，以外促内，在经济发展中不断加以解决。

三、加强信息化建设

企业要采用现代化的、高效的供应链管理模式，必须以现代化的信息技术为硬件基础。也只有实现了信息化，企业才能掌握新型市场经济下的主导权，增加自身的竞争优势。因此，在当前激烈的竞争下，企业必须尽快实现信息化。

国内企业在由传统管理模式向供应链管理模式转变时，对其研究不透彻，管理经验相较于国外企业较少，准备不充分，因此可能面临着经验、人才和金融资本上的困难。然而，研究发现，更普通的困难是我国企业的信息化普及程度低，信息化基本设施和相关人才缺乏。比如，相当多的企业都没有信息化必需的基本设备，没有能够实行信息化管理的人才和系统组织结构，因此就不可能利用供应链管理模式进行日常的业务管理。但是，有一种途径可以解决此类问题，那就是对该类业务进行外包。也就是将自己不擅长的业务分包出去，增加自己的竞争力。具体可从以下几个方面来实施。

（一）制定统一完整的战略规划

由于生产商、零售商以及配送企业分布相对分散，因此在供应链的管理中，需要采用信息技术实现信息的交换和共享，这样才能提高自身和供应链的效率和竞争能力。企业的控制中心在管理上必须时刻关注生产、销售和库存，需要了解各个配送点的存货和客户需求量。因此，必须做好全局的设计，而且应当在战略层面上做好规划，这样才能做好企业的经营、财务等分析，最终依据各种汇总信息进行决策。企业需要把汇总来的信息进行整体规划，制定相应的标准以便管理和应用分析。

（二）分阶段完成信息化

信息化是一个庞大的工程，其涉及面比较广，建设周期比较长，在建设中风险相对较大。在做到全局规划后，企业必须按照实施策略，分阶段地完成各个小目标，做好信息基础设施规划与建设。

（三）寻求合适的信息化咨询合作伙伴

企业在建立信息化系统时，接触到的合作企业较多，如信息系统生产商、系统集成商等，常常需要结合外部资源进行判断和选择，进而实施计划，因此可以向专业的信息化咨询公司或顾问求助。

（四）建立完备的项目管理体制和运作机制

在信息化的建设过程中，企业领导是企业的核心，在企业的决策和重大事务中起着决定性作用。在实现信息化的过程中，应该由领导对其中的重要问题直接进行决策，其中包括配送和各个零售环节负责人以及重要信息管理部门的负责领导等，一起对信息化工作进行事务管理。

（五）注重和加强对人员的培训

为确保信息化项目的成功，在供应链信息化的建设过程中企业一定要注重和加强对各级人员的全面培训工作，包括中高级领导理念培养、企业信息能力的培养、管理流程的培训和系统维护能力的培训等。

（六）要用制度强力推行使用

供应链信息系统建设好以后，需要经历一段磨合期。该系统的使用可能会增加某些使用人员的工作负担，也可能会让有某些工作习惯和工作方法的人不适应。这时，企业一定要制定强制使用系统的各种规章制度、操作规范与业务流程，并建立相应的考评体系，确保系统的高效运行。

（七）培养信息系统的应变和维护能力

部分企业在信息化建设初期阶段取得了一些重要成果，但是没有对系统的应变和后期维护做出合理的安排。后期的维护能力对信息化建设的成功至关重要。在竞争日益激烈的今天，要想在竞争中占有一席之地，企业需要对自己的经营方式、产品层次以及自身的组织结构进行长时间的优化和调整。如果企业不具备这种能力，信息化系统产生的效益将会大打折扣，甚至难以保证系统正常运行。因此，在建设现代化信息系统时，企业必须注重人才的开发，合理配置人力资源，控制关键位置上人员的流动数量，以此保证系统的稳定、安全运行。

四、在供应链中提升物流水平

（一）我国发展现代物流的环境条件

改革开放之后，我国经济迅速发展。在当前经济形势下，我国已经可以进行现代化物流配送体系的建设，采用现代科技手段与配送技术进行物流的管理和运输：①目前，国内市场竞争激烈，供求关系发生了很大的变化，这就形成了对企业开展物流管理非常有利的局面；②当前，企业正在进行深刻的改革，为实现先进的物流和配送技术提供了有利的社会环境；③当前，我国科学技术发展迅速，先进的物流和信息技术为中国物流和配送技术的发展提供了坚实的技术基础，同时我们也可以借鉴西方的先进技术，如条形码、EDI、ERP等在国也已被普遍接受；④各级政府目前都支持物流和配送企业的发展。

为了促进流通体制改革和流通现代化的建设，国家相关部门对物流行业和配送行业中的相关企业进行了大力支持和鼓励，并制定了相关的优惠政策。在相关文件中我们也可以看到国家的政策支持，如《全国连锁经营发展规划》，其中强调了优先建立现代化的物流配送体系。并且，我国的物流行业是开放性的，我国也积极鼓励和促进国外优秀的企业和资本参与到国内的物流现代化建设中，鼓励和促进国外资本投资物流和配送基础设施建设。通过这些年的发展，我国物流行业日新月异，提高物流配送效率也成了降低成本的重要手段。

（二）在供应链管理中提升物流水平

整合重组分销渠道需要构筑小批量、多批次的批发物流系统以满足市场的需要，从而实现物流一体化现代供应链管理。商品的配送成本是企业成本的一个重要方面。配送是在全面配货基础上，完全按照用户要求（包括种类、品种搭配、数量、时间等方面）所进行的运送，是配和送的有机结合。

配送方式现代化是物流现代化的前提和保障，因此必须采用科学有效的方式对配送中心的位置等信息进行全方位的设计，做到统筹规划和管理。物流设施占用大量的资金会使经营成本显著提高，在配送中心之外，应当设置一些小仓库，以保证产品销售有序进行。在实际应用中，供货商可以时常进行物流配送。

在同一供应链中，商品的配送需要解决两个基本问题。第一，由哪一个企业进行配送。针对这一个问题，主要还是看哪一个商家有成本优势。例如，生产商直接配送商品到门店的物流费用是A，而将商品送至零售企业配送中心的物流费用是B，零售企业从配送中心将商品配送至门店的物流费用是C。如果$A<B+C$，说明生产企业直送有成本优势，应选择直送；如果$B+C<A$，说明零售企业配送系统的成本低于生产商，此时应由零售企业的配送中心代替生产商进行配送。第二，当配送的企业改变时如何计算商品的价格。如何计算直送改配送所带来的附加费用，是生产商和销售商之间的主要矛盾。通常在零售商看来，直送改配送，应当将原价减去自己附加的费用C；在生产商看来，直送改配送，收货商降低的价格是直送和配送之间的差额，而在实际应用中，两者的价格不一定相等。

（三）充分利用第三方物流

目前，国内一些自营物流企业似乎缺乏实力，在这种情况下，可以充分依靠第三方物流，显然这对双方都是有利的。企业实力比较强，但是对某区域地理不熟悉，而在这个地域第三方物流比较成熟，应当采用第三方物流完成基层物流和配送。我国中小企业比较多，在“北上广”已经出现了专门为其他物流企业做基层物流配送的第三方物流。由实践情况可知，在一些区域采用第三方物流进行投送是一些中小企业的合理选择。

在具体操作上，零售商可以采用签订合约的形式与物流公司合作，甚至建立一个完善的物流合作联盟。从交易费用来看，采用合约形式可以降低交易的不确定性，实现减少费用的目的。

（四）引进、开发先进技术并完善商业物流各项服务功能

目前，我国商业物流发展时间较短，在物流门面没有提供完全自动售货的设备，信息的自动化没有完全实现。条码技术、网络数据库技术等信息自动化方式还有待进一步完善。

完善物流的现代化，就是以先进技术为基础，实现物流体系的信息化，在物流中信息的采集从商家开始。为了实现物流现代化，必须尽快将先进的物流技术应用到物流的信息采集、运输与配送过程中，这也是实现信息化的前提和保障。

零售物流的主要作用是将商品送到消费者或者零售商手中，有时需要将商品送到下一级的销售商手中，因此传统的运输行业和仓库存储应当加快提高物流和配送的能力。在信息化建设中，从选址到设备的采购、选择以及安装等，小到软件的选择和安装都要采用最先进的模式和观念，以提高运行效率和信息化程度。配送的流程也应当实现信息化和自动化，提高效率以节约时间和资金成本。

五、企业加强与供应链上各成员的协调

在整个供应链中，企业之间应当相互信任并通力合作，不仅利益共同分享，责任和风险也应当一起承担。这是供应链管理长期稳定的关键，也是供应链成功的一大保障，也是我们国内供应链发展首先要解决的问题。但是，企业是以营利为目的，无法避免地会和其他企业产生利益冲突，因此迫切需要建立一种合作、信任、共赢的生产销售机制，实现集成化的管理，并在信息技术下实现信息的共建共享。

供应链管理和并行工程理念是供应链实现价值的重要体现。这个环节需要生产商和供应商以及消费者的共同参与，可以帮助精准定位产品的设计需求，同时满足消费者的需求，降低设计成本，提升企业自身的竞争力。在供应链中，当制订战略计划时，必须考虑清楚需要哪些生产商和顾客参与到商品的开发实践中，并且需要明确如何承担资本的投入和利润的分享。

（一）尽量满足消费者各方面要求

目前，物流行业信息化程度比较低，成本一直是影响其发展的主要问题。物流商的规模比较小，运行不经济，消费者付费比较高。企业处于如此大的竞争压力下，得到客户的信任对企业的增值意义重大，这也是一种强大的优势，但是在这一点上只有很少企业实现了预期目标。

（二）与供应商进行合作

一个优秀的企业离不开多家供应商的稳定支持。供应商必须掌握稳定的市场需求和消费者需求。而企业则需要稳定的可控货源的支持。企业要想在竞争中脱颖而出，就必须和供应商建立适应国际化大市场的合作关系，这也是其唯一出路。在经济全球化的今天，面对来自外部强大的竞争压力，企业必须在思想上紧跟国际化潮流，与供应商建立良好的合作关系，实现高效和全面发展。

只有拥有高效的信息化体系，实现企业内部以及与伙伴企业之间的信息共享，才能保证供应链正常稳定运行。就目前来讲，我国企业在这一方面还有很长的路

要走。零售商与供应商可以通过信息共享相互了解彼此的生存状况，包括生产商的生产计划、产品的生产进度等，在研究之后可以进行产品的需求预测等。在实现信息共享的基础上，实现“即时生产”，根据市场的需求进行合理的生产安排，零售企业也可以在更短时间内获得市场急需的产品。

为了加强零售商和供应商之间的协商和联系，促进它们之间的沟通和了解，我国企业应该逐步建立完善的协商对话制度和平台。同时，应当建立不同层次的沟通机制和平台，并且在协商对话中平等互助，达到互利共赢的目的，建立利益共同体。对于零售商来讲，供应商是其可挖掘的上游资源；对于供应商而言，零售企业是他们将商品变成资本的途径和载体。当双方的关系稳定可靠时，在相互的影响下，彼此就可以在竞争中达到双赢。

六、加速供应链管理人才的培养

供应链管理是一个多元的、多维的没有明显行业界限的管理模式，涉及丰富的现代化技术，还有非常专业化的管理方式，因此需要多功能的复合型人才。我国在这些领域的教育在近几年才开始，虽然起步比较晚，但是发展速度还是比较可观的。截至 2010 年我国开设物流专业的各类院校发展到 2 000 余所，在校生突破 100 万人；近 7 万人取得高级物流师、物流师和助理物流师资格，但是研究生教育才刚刚起步，博士研究生教育也刚刚开始，因此物流及供应链管理领域的专业人才培养还需要继续加快。

企业要想立于不败之地，应当有高素质的管理队伍和员工，因此必须利用好企业所有的资源，着力培养一批高素质的管理人才，使企业在严酷的竞争中能够快速地对消费者市场做好应对。尤其是国内企业，必须深入研究供应链管理模式，加快实践能力的提升。同时，企业应当汲取国际上成功案例的营养，建设我们自己的培养模式，并建立适应自身的人才培训系统。在国际上，只有经过严格的相关知识的培训，并获得相应的证书后，才能从事物流和配送业务。根据国外的经验，国内的企业或高校必须开展专业的教育才能使整个行业的相关人才适应行业要求，这也是最为经济合理的培养模式。

第三节　我国供应链管理的发展趋势

从目前的各种管理模式看，供应链管理是最适应物流市场长远发展的模式，也是最新型的管理模式。由于供应链管理程序复杂，并且在不同的市场或者交易情况下，存在不同的管理模式，因此其实践难度也比较大。随着经济的高速发展，采用供应链的企业越来越多，各个企业的优势不同，其关系也越来越复杂。虽然采用供应链的难度较大，但是目前国内外不少企业在具体实施过程中都获得了显著的成功，并且积累了大量的经验。随着互联网技术和信息化技术的普及，企业对管理的要求越来越高，其管理模式向着更为现代化的方式发展。

一、全球供应链管理

在经济利益的驱动下，供应商、生产企业以及销售商家的关系变得异常复杂，其中也涉及不同地方甚至不同国家的企业，而且越来越呈现出全球性的趋势，这也是全球供应链产生的原因和动力。将供应链观念扩展到全球范围内时就是全球供应链管理，在快速、多维地了解到全球各地消费者的消费倾向时，就可以对生产进行计划和完善，进一步优化和控制，将生产商、供应商和销售商以及其中担当多重角色的企业通过信息技术联系起来，实现数据的共享，进而达到供应链的一体化。同时根据市场快速优化，达到物流和信息的顺利通畅，满足世界范围内消费者的需求。

在国内，供应链管理技术是一种比较新颖的管理方式，国际上应用时间也不长。供应链管理主要具备两个显著特点：第一，在管理模式和理念上是以客户为中心，以客户的满意为宗旨，将客户视为整条链的驱动力。第二，在具体管理上，供应链上的各个企业不仅有竞争关系还有合作关系，这比传统意义上的关系更为复杂，并且这是全球性协调与合作，其间又充满了竞争，在这种复杂的关系下，客户链上的各个企业最终将得到相互提升。

供应链拓展到全球时，资金和信息的流动会更加广泛，企业的战略将更具宏观性，更有利于促进企业的长远发展。最终在提高整体效益的同时，还使其中的个体集中全球范围内的资源，使其更加具有竞争优势。

二、敏捷供应链管理

敏捷供应链是一个全新理念，它将突破传统管理思想，为企业带来全新竞争优势（见表 3–1），使企业能够在未来的经济发展中大展宏图。20 世纪末，有学者提出敏捷供应链，这种链式结构把交易中各个环节的交易信息流和交易的参与方进行组织和梳理，并且链上的企业作为一种联盟形式的整体，与外界进行合作和竞争。

敏捷模式将企业作为整体联盟考虑，强调企业对市场的适应能力以满足市场需求。在管理上，这种联盟形成后需要不断改革以适应市场需求，直到企业形成的联盟不再适应市场的需求，并最终解体。该管理模式不再对单个的企业进行考察和评价。所有的战略计划和计划的实施以及最终对计划结果的评定都是采取整体考察的原则，使最终消费者得到的价格更加优惠。在实践中，强调对国际化消费者市场的应对能力，最终实现利益的共享和竞争力的快速提高。

表3-1 敏捷供应链的竞争优势

竞争优势	具体描述
速度优势	敏捷供应链独特的订单驱动生产组织方式，可以最快速度响应客户需求
满足顾客个性化需求优势	依靠敏捷制造技术、动态组织结构和柔性管理技术 3 个方面的支持，敏捷供应链解决了流水线生产方式难以解决的品种单一问题，实现了多产品、少批盘的个性化生产，从而满足顾客个性化需求，尽可能扩大市场
成本优势	成本是营销企业保证利润最基本、最关键的因素，不断降低成本是企业管理永恒的主题，也是企业供应链管理的根本任务，而供应链管理是降低成本、增加企业利润的有效手段。通常情况下，产品的个性化生产和产品成本是一对负相关要素，然而在敏捷供应链战略的实行中，这一对矛盾却得以成功解决，在获得多样化产品的同时，零库存成本和零交易成本，使企业获得了低廉的成本优势

三、绿色供应链管理

我国经济通过近些年的发展得到一些教训。针对生态环境问题，我国提出了可持续发展战略，即在发展经济的同时，考虑对环境的影响和环境的承载能力。这种考虑长远的发展计划不仅使资源满足人类发展需求，还将其作为人类长远生存需求的资源来源。根据这个理念，必须实现绿色供应链管理，将绿色理念深深融入管理的各个角落。

绿色供应链是一种新型的现代管理模式，在设计之初综合考虑企业发展可能引起的环境问题并计算资源利用效率，以环保制造理论和高效低耗管理模式为基础，对环境的影响最小，资源利用效率最高。目前有很多国外的汽车制造商如德国大众、美国通用等，重新构建了新型的绿色供应链体系。这也是未来供应链管理的一个新趋势。

四、电子供应链管理

目前，我国电子商务的快速发展改变了传统的经营模式和市场竞争环境，尤其是以网络经济为主题的B2B，不仅改变了贸易形式，而且大大促进了企业之间的合作。在全球化经济的驱动下，电子商务在全球化的环境下对供应链管理有着新的要求，以往的供应链管理模式已经不再适合电子商务的发展，于是新型的电子供应链管理模式应运而生。这不仅是B2B模式的扩展，还通过网络技术这个通用的平台，实现不同企业信息的共享、交换，使供应链成为一个运行整体。

电子供应链的应用缩短了企业间信息传递的时间，也提高了数据准确率，同时也促进了供应链向动态的、虚拟的、全球网络化的方向发展。随着信息技术的进步和供应链管理理念的普及，电子商务的飞速发展和竞争的进一步加剧，电子供应链管理在信息共享、团队合作和管理模式等方面更具优越性。

五、智慧供应链管理

面对时时变化的市场环境，现代企业在承受竞争对手带来的巨大压力的同时，也必须从改善自身出发跟随时代的发展。企业之间的相互竞争开始逐步转变为创新能力竞争、供应链集成能力竞争以及整合服务能力竞争这三个方面。在如此复杂的竞争态势作用下，供应链环节链条逐渐延长。此外，同质化的市场竞争日益激烈造成利润被不断压缩，从而使企业的危机感日益加深，造成企业迫切希望转型以摆脱现状并实现跨越。值得注意的是，企业在转型的过程中，应该兼顾管理转型与信息转型，而构建智慧供应链将成为促进企业全面转型的核心。

未来的供应链管理发展必将实现智慧化升级。与此同时，企业的供应链管理必将从传统意义上的静态供应链经由职能整合、内部流程整合以及外部协同整合后转变为智慧供应链，如图3-1所示。

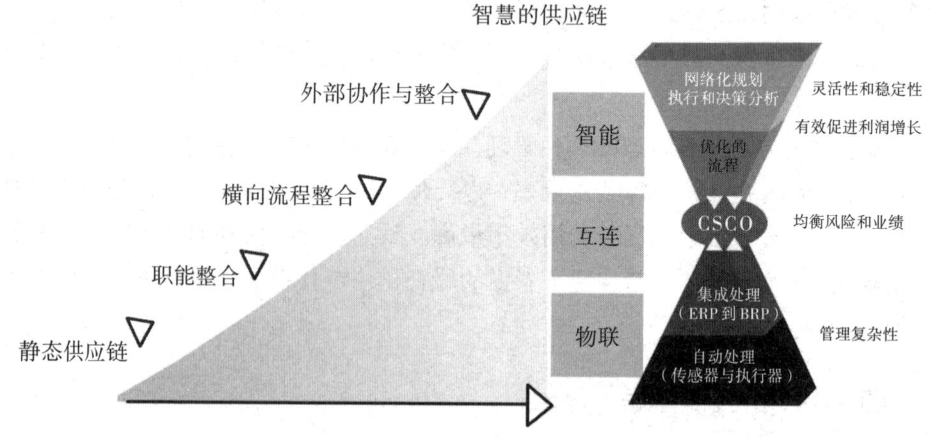

图3-1　智慧供应链的发展

在智慧型的供应链中，集成处理与自动处理的作用将发挥到极致，使管理变得标准、简单；需求更加精准、实时；操作越来越便捷、智能；信息采集更加迅速和透明；流程更加稳定且富有弹性。

第四章　供应链向智慧供应链的发展延伸

第一节　智慧供应链的概念及意义

现代物流需要最大限度地利用现代化的管理技术和网络信息技术，整合供应链上下游各环节的订单、商务、制造和销售配送的需求信息，同时根据需求整合社会物流资源，把运输、仓储、包装、加工、配送等环节紧密连接起来，高效率地满足供应链上各环节的物流需求，构建商流、资金流、物流和信息流集成一体的高效率、低成本、低能耗、低排放的供应链管理体系。这种理想的供应链管理体系只有通过智慧化的方式才能成功构建。

一、智慧供应链概念及特点

“智慧供应链”的概念最早由美国 IBM 公司于 2009 年提出，即通过传感器、RFID 标签、制动器、GPS 和其他设备及系统产生实时的物流信息，建立一个面向未来的具有先进、互联和智能三大特征的供应链。与传统供应链相比，智慧供应链有以下特点，如表 4-1 所示。

表4-1　智慧供应链的特点

特　点	具体描述
技术渗透性更强	在智慧供应链环境下，管理和运营者会系统、主动地吸收包括物联网、互联网、人工智能等在内的各种现代技术，使管理过程适应引入新技术带来的变化
可视化、移动化特征更明显	智慧供应链倾向使用可视化的手段表现数据，用移动互联网或物联网的技术手段收集或访问数据

（续 表）

特　点	具体描述
协同、配合更高效	由于主动吸取物联网、互联网、人工智能等新技术，智慧供应链更加注重链上各环节的协同和配合，及时地完成数据交换和共享，从而实现供应链的高效运转
供应链链主更凸显	在管理体系上，往往由一个物流服务总包商（Lead Logistics service Provider，LLP）向供应链链主（一般是货主）直接负责，利用强大的智慧型信息系统管理整个的物流链的运作，包括由一些物流分包商或不同运输模式的承运人所负责的各个物流环节（又称为Leg）

二、智慧供应链管理的金字塔体系

智慧供应链管理信息系统的体系结构可以用图4-1这样的金字塔表示，我们可以称之为智慧供应链金字塔。

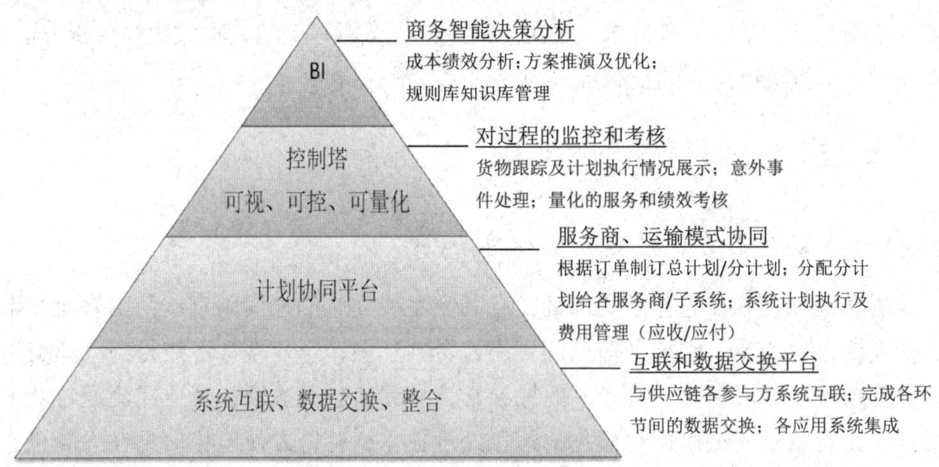

图4-1　智慧供应链管理的金字塔体系结构

这并非是一个具体的物流系统结构，而是从整个供应链管理的视角上对各环节具体的智慧物流系统进行协同、全面监控和管理的体系结构。使用该金字塔的是供应链物流服务的总包商。

金字塔底层的系统互联和数据交换平台是与供应链各参与方或同一参与方的其他应用系统进行互联对接集成，完成数据共享协同的基础设施。企业内部各应用系统的集成主要通过SOA体系下的企业服务总线（ESB）和接口技术等实现，与外部企业（货主、制造商和物流分包商）的数据交换则通过系统互联和电子数据交换（EDI）实现。

计划协同平台是根据各种订单和供应链上的各种资源，在商务规则的控制下，以智能化的方式制订总体的物流计划，并分解成各具体环节或针对具体物流服务商的分计划，将这些分计划分配给各服务商或子系统，并根据总计划协调各分计划的执行。同时，平台的商务模块将根据与各服务分包商的合同和完成的服务对其应付费用进行核算管理，根据与货主的合同对整个供应链的费用进行应收核算管理，形成应收 / 应付凭证通过接口转发财务系统。

控制塔是近年来针对复杂的供应链管理需求而发展起来的，对供应链全过程实行全面监视、异常事件控制和量化考核的体系，如同机场上居高临下统管全局的控制塔台。

智慧供应链金字塔的顶端是商务智能和决策支持系统。目前，用于物流行业的商务智能系统通常由基于规则库、知识库的决策支持体系构成，可以完成诸如成本绩效分析、方案推演及优化等基本的决策支持功能。在系统运行大量数据积累的基础上，如果有业务需求，也可以通过建立数学模型或其他大数据分析方法，实现对整个供应链运作的更高层次的智慧化决策支持。

三、构建智慧供应链的意义

（一）高度整合供应链内部信息

在传统供应链中，企业之间的信息共享主要在它们之间因直接的交易而产生的商业活动中产生。在这种信息的交换或者共享中，企业常常不能得到某项交易的全部信息，或者因为没有统一的标准常常导致信息无法顺利流通或流通时产生错误。而智慧供应链采用智能化的信息处理技术，可以方便地将信息在不同企业之间或者不同的组织结构中自由共享，从而确保信息的高效流通和运转。

（二）增强供应链流程的可视性、透明性

在传统供应链的运行过程中，交易信息是不可视的，企业之间没有高效可靠的信息流通平台和机制，这就使大部分企业只了解自己参与的部分，而对交易过程没有全面理解，致使产品的生产到销售的流程和运转情况难以实现可视化。因此，企业只能以这种局部的信息对交易进行决策和预测，并决定下一步的计划。在这种模式下，整条供应链上的企业都难以实现行动的一致性和统一性，也就无法建立可靠的伙伴关系，最终难以提高效率，导致在竞争中处于劣势。当企业选

择智慧型供应链模式时，整链上的交易信息得以完全分享，并且采用统一的标准进行流通，能够提高企业对外部市场消费者反应的敏感性，并且企业决策层可以得到完整的产品信息和交易状况，从而有效地预测市场并合理地判断，有目的、有计划地进行生产、销售和管理。

（三）实现供应链全球化管理

当供应链延伸到国际化的程度，这时的链式一般是由复杂的、通常是多式联运的众多物流环节构成的。相对于传统型供应链，智慧型供应链有着优秀的拓展性，在这种特性下，不同的企业在不同的运输状态下进行统一的规划，这样就可以使企业在进行国际性运输时依然保持较高的效率。在智慧型模式下，随着企业的增多和经营范围的扩大，信息的传递不再是一对一形式，而是在可视化的基础上根据信息的种类和数量进行处理，消除流通的壁垒，快速处理内部的各种交易信息，最终在全球化下实现科学的管理。

（四）降低企业的运营风险

在可视化和良好的信息流处理等能力下，链上的企业可以实时、毫无障碍地了解从生产到销售的各类基本信息，确保了企业之间的协同和良好的合作关系，减少不协调或不合作而导致的断货、缺货情况的发生。由此可知，当某些企业不合作时，在智慧供应链下，企业可以将风险降低。

第二节　智慧供应链的创新实质与流程实现

一、智慧供应链要素集合——六大能力体系

智慧供应链是未来商业的必经模式，也是企业适应现代化市场经济的必然选择，其主要有以下几个核心特点：

第一，能够及时得到消费者的反馈信息，实时了解客户的真实价值和情感需求。要做到这一点，企业必须能够深刻地理解存在于消费者内心的真正物质需求和对商品给予的情感要求，而这一点是企业外在业务需求所达不到的。要实现这一点，就必须采用最新的信息技术，我们通常将这种技术手段叫作“价值雷达”，它是指在供应链中，企业和消费者理论上能够获取的三个基本利益：首先，对于商家来说，拥有最好商品和服务；其次，其能从上游得到的所有权付出的代价达

到最低，相对于消费者来说，他们得到的是富有情感的商品价值；最后，相对于前两者来讲也是最高的级别，在供应链这一层，供应商可以有效地降低所有权成本，同时可以使消费者获得更多的机会，以减少机会成本，而且在交易中，消费者得到了仅凭自己难以实现的超额收益。所以，运用先进的信息技术，如大数据等，可以让企业从第一层向第二层发展。实时地获取消费者的物资变化需求和情感需求信息，根据反馈信息创造和改进相应的产品和服务项目。

第二，充分利用互联网技术，使供应链交易过程可视化。可视化使供应链中的各个企业能够充分了解市场的变化和交易过程信息，并且这种了解是实时的和准确的，这样交易过程全部的细节都在控制范围内。通常来讲，在传统的产业链重要实现这个目的比较困难，这一点主要是因为供应链中人工干预过多，而且参与的各方过于复杂，导致在信息上无法达到统一，因此无法确定产品的需求量和消费比，在交易中也难以进行监控和计划生产。在这种情况下，就导致供应链在库存比较低的状态下周转，在高安全库存下资源配比可能会不符合市场规律，从而造成了诸多的浪费，运营效率低下，而且质量难以得到有效的保障。因此，实现供应链在各个环节的信息实时掌控就是智慧供应链价值所在。这就需要现代化信息技术的支持，如互联网大数据等，以此实现供应链的标准化和可视化。

第三，设计模块化的运行结构。智慧供应链的主旨就是帮助商家及时地应对客户的价值诉求，并建立合理高效的运行模式。在设计中，其采用模块化的方式，充分运用大数据等相关的高新科技，将各个要素进行集成。这种方式能将交易参与方的能力变成自身的竞争力，并且在完善原供应链的前提下实时地建立服务项目。由此可见，智慧供应链的管理方式比较有柔性，潜力也比较大。

第四，根据市场实时变化，及时地改变供应链计划与执行体系，确保数据和流程可以使计划和执行无缝连接。利用高新信息技术实现交易信息同步化。在标准化的组织和管理流程下，使供应链的生产消费计划有序进行，并且使运营执行高效进行。无论生产销售计划还是执行计划，所需要的信息有已经发生过的交易和正在发生的交易。由此可知，在计划中同步化和实时化的信息需要企业及时获取才能知道供应链的设计和优化；同时企业在执行时又必须根据实时的交易信息和即将进行的交易信息，迅速地配置各环节的资源，达到资源的合理配置，使供应链稳定可靠地运行。

第五，绩效考查，并且拥有可控能力。采用先进信息技术比较实际的收益和预期的目标，采用统计化的程序，预测交易可能出现的情况，能够预防意外，如金融风险和供应链中断。管理的中心问题就是将管理智能化，并且高效科学地设置覆盖所有环节的预警模式，掌控成本及质量等数据。

第六，精敏化供应链的应用。精敏化主要是提高企业对外部消费者或者客户反馈的响应能力，并且保持较高的收益。精敏化概念是由 Ben Naylor 首先建立，他认为精益和敏捷只是供应链中的两种工作状态，相互独立地起作用，独立地对其中的各部分功能起作用。换而言之，当产品或者服务的种类比较少时，市场变化比较小，因此在这种变化较小的情况下，企业能够实现一种效率更高而成本可以严格得到控制的供应链。当条件相反时，企业可以实现速度较快的精益供应链。Naylor 的理论指出，两种状态是可以同时存在的，在使用时重要之处在于如何找到两者的解耦点，而这一点要根据市场和产业的境况决定，设计和安排解耦点的方式就是找到库存的缓冲量。智慧供应链就是采用大数据等现代信息技术将解耦点尽可能地向前移动，也就是说将在供应链中的各个环节信息及时地反馈，及时掌握和分析信息，可以实现服务和产品质量不变的情况下，上游生产更加高效稳定。

二、智慧供应链创新实质——信息治理

智慧供应链是一种以现代化尖端科技为基础的新型供应链创新体系。它是以供应链结构为基础，建立的信息化系统和管理新体系，因此它是供应链服务的技术供给环节。通过企业内部的信息系统和集成化的供应链系统，将交易过程中的信息进行收集筛选并进行分析处理，再将处理过的信息再次生成和传递，保证所有参与企业或个人在交易中拥有高质量的程序和相关业务，这就是智慧供应链中的信息治理，也是智慧供应链创新的核心。

信息治理是 21 世纪提出的新理念。2004 年由唐纳森提出，其主要任务为建立环境和机会、运行规则和决策权。完整的信息治理方案有 4 个最为基本的要素：

第一，设立准确高效的信息源和信息组织体系。在建立信息化系统时，要充分考虑供应链的运行效率，保证在运行中相关的企业可以合作并产生协同价值。要做到这一点，必须理解信息对于各个企业的重要性以及信息的来源和方式，因此首先要确定信息源和接收地，接收到的信息又该由谁去管理，这三者之间的关系应当达到均衡，在许多组信息源下，这种三角关系就成了一个个的小单元体。

第二，信息可靠、安全和运用。信息的可靠性主要指信息可信度高，能够对其进行处理。在供应链中，当服务商根据客户的财务报报表对可能所需的服务进行选择时，首先要做的就是确认财务表上的数据和内容是可以信任的，数据虚假可能造成无法弥补的后果。信息的安全性，主要是指在信息的产生和共享过程中没有发生泄露的可能性。信息的运用主要指的是收集的信息可以为企业的计划和执行提供参考，可以为企业迎接市场挑战，为企业运行以及决策提供参考。这三

点要求的满足过程，必须在相关的IT建设和信息化的建设以及管理流程上达到目标的基础上实现。

第三，信息的稳定和管理，实现信息的稳定产生和应用，让信息涉及的诸多企业参与到信息的产生、分析和分享中。根据这一目的要求，必须处理好所有参与的企业相互分享和充分沟通，并处理好参与企业与外部企业的信息交流，并将信息的广度等充分处理和应用。综上所述，只有与企业的管理制度形成良好的交流，才能保证信息的可持续。

第四，控制信息的成本。信息的获取和处理是需要成本的，在当今的"互联网+"经济模式下，如何在获取信息的同时降低信息成本，是当今经济形势下获取有效信息的核心问题，可以说当今世界的网络建构是由信息的获取和处理的驱动下向前发展的。信息的治理是一个广义的概念，在信息的互动过程中，通过采用标准化的行为实现供应链的价值创造过程。

三、智慧供应链流程实现——"四化"所对应的管理变革

智能化管理、信息可视化管理、组织结构的生态化管理、企业要素的集成化管理四项基本的流程管理模式，是智慧供应链实现的基础，因此这四个层面要高效稳定地落实，在实施时要注重流程管理模式的相互结合。智慧供应链在此基础上建成，进而切实地推进企业的发展和变革。

（一）供应链决策智能化

决策智能化主要是指：企业高层利用收集的各种交易信息和大数据技术进行战略规划和决策。采用现代化智能化的信息流和大数据技术作为政策制定的依据，并且决策的整个流程都以这些高新技术处理的结果为依据。决策的过程是以事实和数据——数据驱动的决策为依据制定，而不是依靠管理人员的直觉。这种决策方式对企业来讲是一种更加科学的决策形式，而且比以往的依靠大脑决策的形式更加快捷，因此对企业来讲其效果是立竿见影的。

由以上可知，要实现这一目标，首先需要建立信息智能化的交易过程，在处理信息中将企业业务交易流程处理得更加标准化，并建立一种稳定的运营规则。

从具体来讲，实现决策的智能化就是采用现代化高新技术如大数据等，将这些技术和理论的模型相结合，然后将所收集的数据进行分析。这些信息主要来自消费者和中间客户，通过优化，这些数据可以帮助决策者进行分析和制订计划，以便恰当地预估企业的经营状况和财务状况，包括商品的质量和服务的满意度等，使交易和资本以及商品量达到最优化的资源配置。也就是说根据消费者的反馈，

改善产品和业务，从而适应消费者需求的实时变化。

（二）供应链运营可视化

供应链运营可视化是指通过采用互联网现代信息技术，对供应链可视化进行优化，提高供应链的运行协调性，达到对供应链各个环节的信息的可视化。通过对交易的订单和物流信息进行采集和分析传递，并且依据供应链的管理要求，以图形或者其他可视化的方式进一步表达出来。在信息处理上，它将各个环节的信息进行联通和共享，突破以往信息传递和交流的限制，允许企业充分地利用供应链内部和外部收集的信息流，进一步增强供应链的可视性。因此，可视化不仅可以提升整个供应链对未来交易的预测可行性，还可以提高企业的协作能力。

从完成方式上看，为了实现这些目标，就必须在过程供应链的各个环节采用智能传感技术、物联网技术等先进技术获取即时信息，必须完成五个流程：第一，实时获取外部世界的相关信息，并将实时的信息进行分析归纳，确定交易的过程信息和即将产生的交易信息，在分析中预测交易的趋势和走向。在信息的收集和处理中，为了实现以上目标，就要用到大数据和物联网等技术获取交易数据，获取覆盖供应链全过程的各类组织和企业的信息，并且需要保证信息的完整性和可靠性。第二，预先研究合适时机并采取相应的行为。在分析交易信息前提下，设定交易的基本要求和例外情况的处理标准。第三，了解交易发生的情况。这个层面需要管理人员有一定的分析能力，只有在这个前提下，才可以有效地分析获取信息。研究发现，预测交易的进行、最优化理论和应用、统计学理论等有关经济学的知识和能力对于分析极其重要。在这些基本能力具备的情况下，数据处理和相互之间的沟通能力也非常重要，需要数据操作人员从各种社交群落获取客户信息，并且将各种数据和企业内部信息进行整合处理，以供决策使用。在这个过程中，需要数据操作人员将结构数据和非结构数据进行处理和整合。沟通技术是数据操作人员必须掌握的，因为数据操作人员需要将数据处理结果和在处理中的见解清晰地传达给相关人员。第四，判断出应该做什么。在经过对数据的分析之后，获得商业化的或者图解式的结果，供应链中各个企业管理人员应该根据既定规则确定需要采取的措施，运用哪种资源并调整运营及生产销售，从而优化供应链。第五，为了实现上述调整优化目标，确定具体采用什么方式。

（三）供应链组织生态化

供应链的组织生态化可以理解为利用多元化的供应链大数据服务网络，逐步建立共同发展共同改革的多元化组织结构，形成一种多层次、多元化的商务生态系统。杰姆斯·穆尔在《哈佛商业评论》一文中首次提出商务生态系统理论。他指出，企业的经济共同体是一个复杂的生态系统，主要由一些组织和单个的消费者、部分生产者和商业活动中的竞争对象以及承担着共同风险的人或机构组成，而他们之间相互影响和支持，形成了一个有机的商业生态系统。由以上的分析可知，其中的企业组织和个人都是价值，同时这些价值也是供应链的一部分。他们之间并不是独立的，他们之间耦合在一起共同起作用。作为有机组织的一部分，他们扮演着不同的角色，并且相互支持和竞争，逐步地推进商业网络的产生和发展。当这种商业活动变成生态化的结构性商业网络时，其组织结构方式和运行模式将发生改变，逐步从双边向三边、四边进化。

相对于三边、四边结构，双边结构是一种较为传统的供应链模式。在双边结构中，供需双方的关系主要为买卖关系。Bitner（1995）提出，三边关系主要是服务，不再是简单的产品买卖，其核心逐渐从实物产品变为服务或服务项目的创造过程。其中主要有三种主体之间的合作关系：第一，企业和客户的沟通交流在这个过程中形成“做出承诺”；第二，企业之间的交流沟通在这个过程中形成“促进承诺”；第三，供应链中企业和客户的交流沟通在这个过程形成“支持承诺”。在此基础上，Little（2004）从组织的视野完善了客户价值互动的整体框架。Chakkol等人提出，四边结构是三边结构的扩展和延伸，在供应链服务化程序中，服务品牌价值的决定呈现出多元化，不再仅仅由买卖双方决定。这其中还有第三方企业的参与，同时他们之间的利益呈现出相互影响的关系。在这个过程中，利益相关的各方可以使企业和消费者以及供应者获得交易的合法性和新的利益，以此刺激各方的发展。所以说，在四方关系中，协同和集合各方行为是运行的中心环节。

（四）供应链要素集成化

供应链的要素集成环节主要是运行中整合各种要素，通过集合要素使成本降低、价值最大化。在整合过程中，不再仅仅是交易、资金以及商品的物流环节的简单结合，而是采用更为有效的方式使供应链的计划、组织结构、知识管理得以实施。整合过程将控制风险和绩效结合在一起，同时采取多种要素和行为的交互作用相互耦合在一起，为生产链上的各个企业和个人提供新的机会。通过采取这种方式，使供应链上的企业进一步地创新和发展。Tan 等人指出，企业采用大数据和互联网等现代高新技术，通过将结构性的信息和非结构性的数据加以整合处理，从而创新企业的服务，同时更好地从数据中看到消费者的需求。掌握市场需求，在这个过程中，通过数据分析总结出基于演绎图的理解框架，这将促进企业积极地将自身优势和能力与其他供应链上的企业进行优势整合，提高竞争力。

在具体细节上，在智慧供应链中要素集成就是指将物流、信息流以及资金流等流通环节集成化，并将其向着以下三个方面延伸：第一，供应链要素和金融资本的融合及相互迭代影响。在这种多重关系下，金融机构深度地参与到供应链的各个角落，为供应链的正常运作和交易的稳步进行给予了大量资金，尤其对中小型企业给予了重要的支持，比较系统地解决了供应链上的资金周转问题，非常明显地降低了运行成本和交易成本，并且在很大程度上提升了供应链的运行和交易长期的稳定性。这一优势和供应链的运行方式有着非常大的关系，正是因为其运用了物联网、大数据等先进的现代化尖端科技，才使金融业和资金供应企业能够及时地将供应链运行的各个环节产生的信息和数据得以掌握，将其分析处理并运用到供应链的资本系统分配等操作中，同时对交易进行实时的跟踪和监控，从而有效地降低金融风险。随着金融企业更加深入地参与到供应链的建设和运行管理，在实践中创新管理模式、拓展金融产品，从而使业务和组织更加多样化，有效地降低了自身运行的风险。第二，社会交流和消费行为与供应链的运营集合化。消费行为和社交活动是人们日常生活的一部分，它已经深深地参与到了供应链的运行和发展改革中，使供应链的信息化方式更为多样化和人性化。此外，社会交流方式也深刻地改变了供应链的运行方式和交易方式，同时也改变了交易的背景和市场，使供应链中企业和各个要素的关系建立方式和组织结构成之间的信任方式产生了改变，同时供应链也深刻地影响着人们的日常交流活动和消费方式。第三，互联网金融体系和供应链金融体系的相互融合和影响。目前国内外依托于互联网金融的蓬勃发展，如 P2P、众筹，同时第三方的支付方式也深刻地影响着人们的交易方式，这些互联网金融体系与供应链的金融资本相互融合，不仅大大地拓宽了供应链金融的融资渠道，有效降低了融资成本，而且使物联网金融体系更加稳定可靠，避免了更大风险。

第三节　智慧供应链发展对物流立法的新要求

一、跨境供应链的法律体系

供应链贸易从属于现代物流范畴，是供应链管理发展的一种新形态。跨境供应链贸易是现代物流的发展趋势。而在跨境供应链中，仓储是很重要的环节，其中提到最多的两个概念是保税仓和自由贸易区。由《中华人民共和国海关法》和《海关保税港区管理暂行办法》可知，在这些现有不多的法律中，保税港在国内被定义为一种比较特殊的海关进行管理的地域。这些地域有着非常明显的特征。第一，这些区域是经过国务院特别批准的，在政策上有着得天独厚的优势，受到国家的优惠政策扶持，是一种国家级的开发区。第二，在管理中，其区域内的企业必须严格地接受海关监管。也就是说，只有经过海关验收合格之后的企业才能入驻。第三，监管上，必须有“一线二线”的通关特征。第四，在税收问题上，采用海关收税的原则。对其区域中的企业所经营的产品和服务，海关有收税的权力。

到目前为止，国家已经批准了上海洋山、天津东疆等十几个保税港区。但是，我国还没有任何一部法律专门为保税港区管理设置。在这些地方，组织和个人经济利益十分复杂，也就是说存在着多种多样的法律关系，这也是未来保税港区发展中的最大限制因素。这篇文章主要通过国外的一些立法和贸易惯例分析保税港区立法问题，着重研究中国保税港区的法律的立法方向和法律地位问题，并提出建立中国保税港区的观点。

（一）早期的“特别经济区说”的相关说法

1.WTO 法源

“自由贸易区”在当今世界异常盛行，各国都在迅速地采取各种措施进行建设。在我国，改革开放后，尤其是兴办经济特区的重大措施获得了巨大成功后，这些成功经验为“特别经济区”的建设汇聚思想源泉，给予更多的借鉴。经济特区和“特别经济区”的名称也相当接近，随着国家政策的落地，“特别经济区”应运而生，并且将其定义为国家层面建立的，在该区域内的企业有着其他区域没有的各种优惠政策，对外贸易上比其他区域更加的开放，税收问题上，能享受国家的海关优惠政策。这些措施主要为了吸引海外资金，吸引国外高新科技的投资，进而对全国经济起到推进作用。

在世界各国的法律中都能找到“特别经济区”的影子。在中国签约加入 WTO 之后，中国也就遵守了《中华人民共和国加入世界贸易组织议定书》这个约定，而且作为一种国书，其对所有 WTO 成员方都有法律约束效力。其中，有关“特别经济区”的条文指出：中国必须把建设经济所涉及的法律和政策策略告诉 WTO，并适用区域等信息通知 WTO，并且必须在 60 天之内。在该文中，采用的“特殊经济区”在具有法律效力的英文译文中可以说成“特别经济区”。

2. 各国法律的“特别经济区”

在 2007 年，俄罗斯通过了《俄罗斯联邦经济特区法》。这个法案目的是建设一批港口型特别经济区，该区域内的企业受到诸多经济上的扶持，比如提供更加优惠的税收政策，比其他区域更加优厚的财政补贴，简化了对外贸易流程和管理程序。该法案给予港口型特别经济区经营管理期限为49年，而其他的最长不超过20年。其附近的港口不但可以从事国际间的大型运输，而且将建设国际性的航线和航空港，这和我国的保税港区的建设条件和作用基本相同。

2002年，埃及分别通过了《特别经济区法》和《经济区法实施条例》，指出了特区内不同于其他地方的一些管理机制，发生纠纷和其他事件时还具有保护投资的措施，这些对国内外经济体透支的优惠政策和措施在国内外引起巨大的反响。2003年，35号令将苏伊士湾西北经济区作为埃及国内的第一个特别经济区，并致力于将其建设成为国内首屈一指的外向型港口城市，并且是以工业为主的综合性大城市。

（二）当今盛行的“自由贸易区”

“自由贸易区”与“特别经济区”的基本理论观点较为相似。由于在形式和说法上更具有国际化色彩，“自由贸易区”突破了以往特区疆域的限制，眼光定位更加长远，扩展到了全球经济区域范围内的经济一体化范畴。

1. 国际法地位——《关于简化和协调海关业务制度的国际公约》

“自由区”的说法主要来源于《京都公约》。这个公约一直被认为是WCO的四大支柱性公约之一，公约中包含了世界各种海关管理制度和日常基本业务。2000年，我国国务院授权海关签约了《关于简化和协调海关制度的国际公约修正案议定书》。这个修正案的签署，表示我国接受了该议案中的条约约束。

2. 区域海关法地位——《欧共体海关法典》

1993年，欧盟27国谈判达成《欧共体海关法典》，表示将建立关税同盟。各个国家的海关将不再为各自的海关法律效力，并决定形成一种强大的海关税收同盟国，一致对抗其他国家。从此，它们之间的海关没有关境的区别，并作为一个整体来运作。在这个法典中，对“自由区”定义的延伸范围非常广，而且包括了“自由港”和“自由贸易区”。第173条正式引入了“自由港”的概念；其中第二条指出，对汉堡老自由港、加那利群岛、亚速尔群岛、马德拉群岛和各海外省自由区应当放宽对经济上的控制力度，并赋予比“自由港”更好的经济政策。

3. 以美国为代表的外国立法

一直以来，美国的《对外贸易区法1998年修正案》作为教科书式的成功范例，针对“对外贸易区”，做了详细的定义和解释：“对外贸易区是一个限定的进口区域，位于进口港或毗连进口港处。由美国对外贸易区管理局授权的某个公司按照公用事业的模式进行经营，并受美国海关的管理与监督。”在1934年，该项法案主要是为了建设“对外贸易区”，并将其定义为自由港范畴。随着时间的推移和实践经验的积累，该法案修正案也逐渐地进行变革，已经完全突破了法案的初衷和其特有的运作模式。修正案指出，建设对外贸易区的目标是“加速和鼓励对外贸易的发展和其他目的”。“对外贸易区将不再视为美国的关境”，即它在美国的关境以外。

4. 中国海关法的法律地位——海关特殊监管区

《中华人民共和国海关保税港区管理暂行办法》（以下简称《办法》）根据国务院的批准，第一次将国家提出的各项优惠政策和措施体现在立法上，这就为海关行使权力进行日常业务办理提供了法律依据。《办法》的提出并付诸执行标志着我国针对保税港区建设、管理、执法进入了法制化轨道，也标志着保税港区建设的规范化要求上升到了新阶段。

“海关特殊监管区”这一术语始于海关总署于 2005 年 11 月 28 日颁布的《中华人民共和国海关对保税物流园区的管理办法》。其指出，“本办法所称的保税物流园区（以下简称园区）是指经国务院批准，在保税区规划面积或毗邻保税区的特定港区内设立的、专门发展现代国际物流业的海关特殊监管区域”。尽管如此，“海关特殊监管区”在中国尚无权威定义。曾有学者指出：“海关特殊监管区是一个国家或地区为实现某些特定目的，如吸引外资、扩大出口、促进转口贸易等，而实行特殊海关监管制度和政策的特定区域。”相关的研究人员认为，海关特殊监管区域在国内的相关法律、法规中没有一个明确的定义，而在国际上，不同的国家和不同的历史阶段对其定义也多不相同，其所享受的待遇以及优惠政策也不一样。常常在海关的监管下，对于这些地域的企业或商品，海关不对其进行收税。有时我们将其和自贸区概念相互替换，而且还可以理解为“对外贸易区”或“自由贸易特区”等，只是名称的说法和起到的作用不同而已。

（三）保税港区法律地位的确立及其监管模式的构想

1. 赋予保税港区与国际贸易惯例相接轨的法律地位

（1）调整保税港区法律关系的基本法律。透视以美国为代表的立法模式，其成功经验值得我们借鉴。中国缺乏国家以基本法律形式确认保税港区的法律地位，法律渊源极为分散，缺乏直接、系统的法律规范。

《办法》中采用了以往的“暂行”法律。通常来看，由于法律出台的时间紧迫、地点比较特殊等原因，会采用“暂行”一次，但是这与法律的权威性和长久不变性的基本属性是有冲突的。经过长期审查并经历了所有立法程序后的带有法律性质规则，不应该继续使用暂行类的词语，但是完全可以在以后的实践中，根据实践的要求和时代的发展做一些修正。

（2）建立相关法律、法规。要想彻底对自贸区的一些弊端进行改正，就必须从根本上进行治理，因此需要从立法上进行规范，以达到治本的效果。根据自贸区的经济发展现状和对其的预测，并且从国际建设的经验来看，最高法必须建立一部专门管理自贸区的法律，正确严格地确立自贸区的地位。

此外，建议海关总署在《办法》试行一段时期之后，删除名称中的“暂行”，消除入驻区内的企业，特别是外资企业的后顾之忧，以维护法规的稳定。

目前有关的暂行办法没有明确自贸区的各种结构在法律上的定位和种类区别。以后，在相关法律中，必须对保税港等区域组织结构进行定义。

2. 建立科学和合理的保税港区监管模式

洋山保税港区的成功建设经验非常有价值，包含着上海和浙江两地政府合作协同的智慧。在管理中，政府给了其管委会等直接管理部门比较大的日常维护管理权力，并且形成了一套极富特色的管理方式和模式。但是，由于这个管理模式属于地方上的管理规则，其辐射力度可能有限，因此认为保税港区监管模式是由国家建立的只在保税港进行管理的组织结构，赋予其日常管理和财务管理权力。

目前，保税港区的建设正在逐步变革，国家正在探讨如何明确它们的法律地位。同样，在全国依法治理的大环境下，建设和它们地位一致的监管规则也必须马上进行。在治理时一定要保持其在法律上的独一性，逐步发挥其在我国经济上的范例作用，逐步在国际上实现成为国际航运中心建设的重要区域。

二、供应链数据交换与共享的法律保护

在供应链企业合作中的整个商业过程中，供应链管理中信息共享过程中很容易产生商业秘密泄露问题。中国关于商业秘密的规定主要体现在《中华人民共和国反不正当竞争法》第十条：“商业秘密，是指不为公众所知悉，能为权利人带来经济利益，具有实用性并经权利人采取保密措施的技术信息和经营信息。”

面对当今社会竞争激烈的市场环境，企业为了提高效益、节约成本，需要与其他企业进行广泛而深入的合作，但合作的企业之间需要披露某些具有商业价值的信息。简单地说，企业要获利发展，必然要增强竞争力。竞争力的提升有赖于各种合作关系的实现，这些合作关系的实现往往需要信息的披露和获取，会造成企业商业秘密的泄露。

（一）商业秘密保护问题

供应链管理中信息共享过程中容易产生商业秘密的泄露问题，如供应商和零售商之间的交易信息共享问题。现在大型的商场都可以通过使用条形码、POS 机

等电子技术详细、准确地记录顾客交易的情况，以便对产品的销售情况有及时的把握和反馈。

如果供应商能将销售数据库整合成为自己的数据仓库，则更有利于自己对生产策略的调整和整合，对企业整体战略决策的制定、战略的调整，提高企业对市场的适应能力，满足消费者个性化的需求都有很大的指导作用。但在现实中，销售数据等一些会给企业带来利润的信息常常会被认为是企业的商业秘密，而供应链企业合作的一个重要目标就是实现企业的信息共享，所以这样很容易导致销售商和客户个人信息等商业秘密的泄露。中国现阶段没有专门保护商业秘密的法律，对商业秘密的保护极不完善。例如，只规定了用不正当的手段造成的对商业秘密的侵犯，而供应链企业中商业秘密通常是通过合法的手段取得的，所以需要我们针对供应链企业中商业秘密泄露的特点完善现有的法律规范，以此保护供应链合作企业的商业秘密。

（二）供应链模式下商业秘密的特点

如果供应商能拥有自己的数据仓库，则更有利于自己对生产策略的调整和整合，提高企业对市场的适应能力，对企业市场策略、调整库存、开发新产品、安排产量分配等具有很重要的影响。此应用不但能增加销售量，提高产品自身需求指数，而且可以提高供应商竞争能力和自身价值，这是一种双赢的行为。

中国现行的商业秘密保护方面的制度有很多不完善的地方，如对商业秘密界定的范围比较狭窄，对一些企业的专用信息没有上升到商业秘密的范畴。当事人一定要签署保密协议，否则许多有价值的信息就无法保证不受到侵害。中国的保密协议规定不能保证法律的统一性，缺乏全面性和权威性。因此，对商业秘密保护方面的制度亟待完善，以解决供应链企业合作中产生的商业秘密泄露的问题，防止企业商业秘密泄露。

（三）中国现行商业秘密法律保护的现状与不足

中国有关商业秘密的法规主要有 1993 年实施的《中华人民共和国反不正当竞争法》。该法规定了商业秘密的保护范围构成要件、侵权行为等方面的内容。1997 年 3 月 14 日《中华人民共和国刑法》的颁布和修订确立了侵犯商业秘密的刑事责任。目前，中国商业秘密保护已初具规模，包括行政体系——《中华人民共和国反不正当竞争法》和 1995 年我国工商总局发布了《关于禁止侵犯商业秘密行为的若干规定》，刑法体系——《中华人民共和国刑法》规定了侵犯商业秘密罪的构成和刑事处罚，民事救济方式——商业秘密保护包括违约救济和侵权救济两种救济方式。中国现在形成了以《中华人民共和国反不正当竞争法》为主，以《中华人民共和国民事诉讼法》《中华人民共和国刑法》及《中华人民共和国合同法》等为辅的多层次体系。

法律的设立在一定程度上遏制了商业秘密的侵权现象。但同时应该看到，中国对商业秘密的法律保护不能适应现阶段市场的发展，使很多商业秘密不能得到很好的保护。主要问题体现在中国对商业秘密保护相关法律规定过于分散，有的内容甚至存在自相矛盾的情形，并且规定大多只是原则性的而缺乏实际可操作性，相当多的问题在立法中仍然处于空白。

鉴于侵犯商业秘密行为社会危害的严重性，为更好地保护商业秘密，我们必须立足于中国的基本国情，结合国外成功的立法经验，尽早专门制定一部体系专一的法律。

（四）美国商业秘密法律保护制度及其借鉴

美国关于商业秘密的基础法律主要有 1939 年出台的《侵权行为法第一次重述》，首次系统阐述了商业秘密的含义、构成要素及侵犯商业秘密行为；1979 年制定的《统一商业秘密法》是一部保护商业秘密的示范法，在商业秘密保护范围、侵犯商业秘密行为认定等方面都有了新的发展，对侵犯商业秘密的法律救济也做出了较为明确的规定；1995 年出台了《第三次反不正当竞争法重述》；1996 年制定了《经济间谍法》，加上大量的司法判例，构筑起完备的商业秘密保护法律体系。其中值得我们借鉴的主要有以下几方面的内容。

1. 商业秘密的保护范围界定

中国现阶段对商业秘密的定义过于笼统，范围太窄，不利于商业秘密的保护。现阶段供应链企业合作中的很多具有经济性的专有信息不被认为是商业秘密，但是一旦被侵害，会使企业受到很大的损失。商业秘密是一个动态发展的概念，对其界定时我们应当注意从商业秘密的构成要件和范围两方面进行，可以借鉴美国的方式，即采用概括和列举相结合的方式对商业秘密进行界定我们可以取其精华，通过借鉴达到我们的需要，规定配方、模型、计划、程序、样品等为商业秘密，并对商业秘密加以保护。同时，概括性的定义只要符合以下三个特征就属于商业秘密：①秘密性，不为众人所周知，用不正当手段获得的；②保密性，为了维持其秘密性并根据特定情况做了保密的措施；③价值性，涉及他人经济利益的显性或隐性商业价值。所以，商业秘密的构成要件应具备秘密性、保密性和价值性，只要同时具备这三个特点，就可能构成商业秘密并取得相应的法律保护。否则，把商业秘密的范围限定得太窄，有很多本应该受到保护的专业信息不能得到保护，会使企业受到很大的损害。供应链企业合作中的样品等一些不受法律保护但是泄露却会给企业造成极大损失的专有信息，应该得到法律的保护。

2. 侵权救济措施的完善

美国《统一商业秘密法》针对商业秘密侵权提供了 4 种补救措施。信用恢复请求权、销毁清除请求权是美国新发展的两项措施，代表了美国商业秘密保护制度的最高水平，也值得我们借鉴。其第 5 条规定："权利人可以要求销毁构成侵权行为的物，包括含有侵害商业秘密的组合物，包括有关商业秘密不当行为的生成物及有关商业秘密不正当行为使用的设备。"

为防止再度发生侵害行为，要彻底地预防一切可能导致再次侵害商业秘密的行为。由此可见这一条规定的权威性，对商业秘密的保护有着非常重要的作用。其第 7 条规定："对于故意或过失以不正当行为损害他人经营信用的人，法院应经营信用受到损害人的请求，可以责令替代以损害赔偿，或责令赔偿损害同时采取必要措施恢复经营上的信用。"

在司法实践中，侵犯权利人的商业秘密往往导致权利人的商誉受到影响。信用恢复请求权的规定不仅使权利人可以获得应有的救济维护权利人的合法利益，而且增大了侵权人的失信代价，同时确实解决了权利人的信誉损失问题。

我们也可以参照美国《统一商业秘密法》，引入惩罚性赔偿的规定。美国《统一商业秘密法》第 3 条第 2 款规定："如果存在故意或恶意侵占，法院可责令被告支付不超过上款中任何赔偿两倍的附加赔偿。"

美国惩罚性赔偿机制的目的不在于补偿而在于惩罚，但是可以有效地保护企业的商业秘密，防止一些人恶意或者故意侵权。由于商业秘密侵权行为常常导致行为人以很小的代价换取较大的利益，而且侵权中损失的计算也比较困难，因此应责令行为人承担惩罚性赔偿，加大对侵权行为的惩罚力度。这样可以使行为人得到有效的赔偿，也可以有效地遏制故意侵犯商业秘密的行为。

3. 诉讼制度的完善

美国立法在诉讼过程中保护商业秘密的规定也非常明确，规定了商业秘密遭受实际侵占或存在侵占威胁、秘密尚未丧失时，当事人可以申请有关部门采取措施，以防止商业秘密被进一步侵害的禁令救济制度。《反不正当竞争法重述》第 44 条规定："在商业秘密诉讼案件中为保护原告，防止使用或披露秘密造成进一步损害，或者为消除被告进一步不正当得利，应该发布禁令。然而，商业秘密法对不是因被告侵占行为所造成的损失未获得的利润，不提供救济。"

商业秘密具有一旦被公开即丧失的特性，因此美国商业秘密法律实践中大量使用禁令防止被告披露和使用他人商业秘密。这样，案件从受理到审结，使用禁令对于法院维护证据调查阶段的现状，防止商业秘密在诉讼中进一步泄露或者使用有很重要的作用。同时，美国《统一商业秘密法》第 1 条规定："在依本法进行的活动中，法院必须采取合理手段保守被诉的商业秘密，包括发出与调查程序有关的保护令、秘密审理、封存诉讼记录，以及命令任何涉入诉讼的人未经法院许可，不得泄露商业秘密。"这就能够很好地防止商业秘密在诉讼的过程中被泄露，有效地防止商业秘密权利人在诉讼过程中遭受"二度伤害"。

三、供应链金融的法律完善

近年来，供应链金融已成为商业银行和物流供应链企业拓展市场空间、增强盈利能力的重要业务，其在中国作为一项创新的融资产品得到了飞速的发展。供应链金融提供了一些管理理念和技术方案，为解决中小企业融资的问题，主要是对中小型商业银行的业务扩展具有极大的增长潜力。供应链金融在"产—供—销"整体上顺利运作促进供应链核心企业和上下游配套企业，运用"1+N"模式从核心企业入手，先将整个供应链了解分析后，再将资金从核心企业注入上下游的中小企业，并把风险控制在一定水平。

（一）供应链金融的法律风险

供应链金融必须对信贷人权利有良好的保护，营造出一个好的供应链金融生态环境，即法律环境。从法律的角度看，供应链金融主要涉及动产质押及应收账款担保，涉及的法律、法规主要包括：《中华人民共和国担保法》及担保法司法解释、《应收账款质押登记办法》《中华人民共和国物权法》《中华人民共和国合同法》和《动产抵押登记办法》等。下面对这类问题进行深刻的探讨，否则作为一种商业银行业务，是难以发展起来的。

1. 物权与物权法

一直以来，中国大多数的法律制度是以不动产担保为中心，并依照《中华人民共和国担保法》进行。2007 年《中华人民共和国物权法》对动产担保做出明确动产抵押效力及动产抵押登记原则、引入动产浮动抵押和丰富权利质押内容等诸多制度安排，对银行发展供应链金融业务影响重大，但限制了业务快速发展，原因是银行在该业务操作中面临很大的法律风险。

中国动产担保物权的制度具有薄弱性，其体现在以下 5 点：

第一，缺少便捷的担保登记系统。

第二，执行效率低下。

第三，动产质押的实用性不强。

第四，不可以将“未来财产”和“价值量浮动的财产”作为担保物。

第五，优先规则不明确。

物权担保行为的基础是界定和登记，新的《中华人民共和国物权法》为发展供应链金融服务提供了有力的法律保障。但金融生态环境还涉及金融电子系统、诚信体系和银行监管等多方面的建设，需要不断完善法律建设。在不成熟的金融生态环境下，银行必须采用更严格的监管手段。

2. 质权

从法律的角度看，需要进行明确的界定供应链金融业务链的出质人、质权人、监管人三者之间的法律关系，但在实际操作过程中，法律关系受到运营模式的影响而存在模糊区间。一般地，质权人以质物的质量为关注点，有责任对质量做出明确的确认和约定。实际中，质权人（银行）常常把质物质量的检验交给其所指定的监管人，多由第三方物流企业承担。质权人将质物的保管义务委托给监管人执行，形成一种典型的“委托—代理”关系。在其他商业领域，一般质权人应向监管人支付相应的业务费用，但实际中这笔费用多由融资需求人（出质人）承担。

另外，质权如何对抗第三人权利要求存在较大的争议。对一般的第三方权利人，质权优先；但在发生法院判决时，有效的法律判决可能导致银行的优先权丧失，从而造成质权人的经济损失。例如，上海一家仓储企业向深圳一家公司出具的仓单被转给陕西某公司，后来深圳的公司因欠款被起诉，法院判决深圳公司在上海的质押货物用以还款。但由于合同责任规定不明确，上海这家仓储企业也承担了部分损失。

信用放大在一定程度上造成质权的失真，从而引发客户无力偿还的风险。例如，一个钢铁企业资产为 10 亿元，其中固定资产 9 亿元，以此向银行抵押得到 6 亿元，用这笔钱买到的货物再拿去质押贷款，假设能得到 4 亿元。这样，9 亿元可以贷到 10 亿元，负债大于资产，风险程度将超过银行业务规定的标准。

3. 质押担保

《中华人民共和国担保法》明确规定，质押的权利中包括“仓单、提单”。《担保法》第 81 条规定：“权利质押除适用本节规定外，适用本章第一节的规定。”而该法第 67 条规定：“质押担保的范围包括主债权及利息、违约金、损害赔偿金、质物保管费用和实现质权的费用。质押合同另有约定的，按照约定。”即仓单质押所担保的债权范围，除仓单质押合同另有约定外，应包括主债权及利息、违约金、损害赔偿金、质物保管费用和实现质权的费用。

最高人民法院《关于适用〈担保法〉若干问题的解释》第 101 条规定，以票据、债券、存款单、仓单、提单出质的，质权人再转让或质押的无效。仓单作为存货人或持单人提取仓储物的基本依据，是保管人收到仓储物后，应存货人的要求而出具的一种代表一定财产权利的法律文书。在发达国家中，仓单是一种可流通的、可背书转让的有价证券。但在中国目前的法律环境中，关于仓单的规定还存在着明显的法律空白。

虽然《中华人民共和国合同法》从法律上确定了仓单的概念及其基本规则，但并未规定仓单的性质，即没有规定仓单的法律地位。例如，现行法律没有明确规定仓单内容中的绝对必要记载事项，即缺少其中的任何一项是否使仓单无效；实际中，仓单缺乏统一的格式，不同物流企业的仓单格式差异较大，标准不统一；提取货物时是否必须是存货人，怎样分辨仓单的持有者是合法人，各物流企业的操作标准和方法无法统一；实际中，存货人如何将若干仓单合并、分割使用，亦无明确的法律规定。这类问题在实际的司法实践中将会产生较大的分歧，可能致使判决不利于质权人。

目前在中国，除期货市场以外，有效的仓单流通管理体制还没有建立起来，即仓单不能转让，这样不利于质权人将仓单变现。所以，在中国开展仓单质押融资业务的市场和制度基础环境并未完全成熟的情况下，绝对意义上的仓单质押物流金融业务较为少见，仓单更多的是作为一种存货凭证，而非可流通的仓单。物流金融业务实质为以存货质押融资为主的动产质押业务，与发达国家相比是有差距的。

存货质押比应收账款融资方式风险更大，因为某些存货容易贬值、保质期短，或二次出售的价值快速缩水。实际中，银行多接受大宗商品作为质押物，要求质押物是易于保管、不易变易、变现快、价格变化少等类的大宗商品，如钢材、建材、石油、纸品、粮油、石材、棉花、有色金属、橡胶、坯布等，故仓单质押业务目前主要在这些行业开展。如果质物不具有这类属性，将难以获得银行的认可。从风险控制角度看，这类商品价格稳定、预期发生变化的可能性小，与其他类别的半成品、季节性商品相比，企业获得贷款的可能性大。通常，国外银行的贷款价值比介于 50% ～ 80% 之间。在中国，比例为 50% ～ 60% 为控制风险敞口。银行发放的贷款数额也因质押性质的不同而不同。

4. 浮动抵押制度

《中华人民共和国物权法》第 181 条规定：“经当事人书面协议，企业、个体工商户、农业生产经营者可以将现有的以及将有的生产设备、原材料、半成品、产品抵押，债务人不履行到期债务或者发生当事人约定的实现抵押权的情形，债权人有权就实现抵押权时的动产优先受偿。”

浮动抵押与传统的动产抵押制度的重大区别是浮动抵押物的流动性。浮动抵押制度有以下四个主要特点：

第一，浮动抵押将企业“现在所有的和将来所有的全部财产”作为一个整体和设定一个抵押权，不必就各项抵押财产进行公示，也无须制作财产目录清单，只要进行登记即可。

第二，抵押标的物具有广泛性和浮动性。

第三，抵押人对抵押财产的经营自主权有利于抵押人更好地生产经营，将抵押权人对抵押人的影响降到最低。

第四，因法定或者约定的条件出现，浮动抵押权人即可行使抵押权，将浮动抵押转化为固定抵押。

浮动抵押物既可以是动产，也可以是不动产、无形资产（非专利技术、知识产权、商业秘密等）或财产性权利（股权、提单、债权、仓单等）。供应链金融业务中，浮动抵押制度规定的不足体现在以下三个方面：第一，浮动抵押权的设定主体过于宽泛，在进行债权追索时，如何对质物与非质物进行严格区分，只能视银行监管严密程度而定；第二，浮动抵押权的客体范围过于狭小；第三，浮动抵押权的内容不全面。也正是由于中国浮动抵押制度存在法律不健全、社会信用体系不完善等问题，使能够被纳入银行监管的种类受限，企业获得融资的可能性降低。

抵押财产的不特定性易导致担保债权的不稳定。对此，银行面临的风险损失情况如下：抵押登记和公示制度仍无法有效落实，难以确保银行优先权的真正实现；如果银行无法办理动产抵押登记，一旦借款人将已抵押的动产再次与善意第三人进行交易，银行将无法行使对抵押物的优先权；在已办理登记的工商部门也不接受银行进行的查询，可能产生重复抵押风险。

应收账款质押登记管理存在不足之处。《中华人民共和国物权法》已明确应收账款质押融资的法律地位，但在实际操作中管理机构对登记内容撰写没有规范性要求，没有标准化的登记内容。这将造成银行无法顺利确权，甚至存在重复登记的可能性，影响担保效力。另外，在应收账款质押业务中，还存在诸如应收账款债权的实现途径、质权生效条件、登记优先顺位关系等一些有待法律解释及明确的方面。

在目前企业资金链日趋紧张的情况下，企业存在较大融资需求，银行开展供应链金融的潜在市场空间大。但由于相关法律的不完善，也给银行带来直接和间接的风险。实践中，金融机构应当根据自身的风险控制能力，具体分析可能面临的法律风险问题，设计金融产品和相应的风险管理方法，以避免风险敞口过大或造成不必要的损失。

（二）动产担保的法律完善

健全的金融机构和良好的金融市场可以保证经济稳步发展。对中国而言，金融发展直接影响经济大环境的发展，因此完善法律体系、健全司法体系对中国金融市场的发展起到不可忽略的作用。中小企业缺乏不动产作抵押，缺少第三方担保机构为其做担保进行贷款。与此同时，库存的比例较高影响了流动资金，因而动产成为中小企业担保的主要来源。动产包括采购的原材料、生产中的半成品、销售过程中的应收账款、知识产权商标等各种无形资产。因此，面对纷繁复杂的动产，完善动产担保交易的法律非常有必要。

1. 国外动产担保

美国是世界上动产担保最发达的国家，中小企业融资的 70% 为动产担保。最早在 1952 年出台了《统一商法典》，定位主要侧重于融通资金，债权人享有优先受偿权，对于物权变现实现方式进行了进一步的完善。债权人不经债务人的同意即可以自行实现对担保财产的占有，占有财产后可以以多种方式处置财产，也就是债权人直接接管担保财产。

2. 国内动产担保

《全球商业环境报告》指出，中国支持信贷的法律和制度比较欠缺，被列为全球最差的 20%，因此中国必须借鉴发达国家动产担保交易的相关经验，完善动产担保方面的相关法律。中国的动产担保主要有动产质押、动产抵押两种方式。中国的相关动产担保的法律、法规很烦琐，而且不够规范，造成很多问题：当债权人和担保人无法达成一致时，债权人只能选择诉讼，存在债务人“携资潜逃”风险，损害了动产担保物权人的利益；在债权人提出诉讼后，各种垫付费用、评估费用、存货的管理费用增加，实现成本相应增加；中国的《中华人民共和国物权法》及《中华人民共和国担保法》缺乏清晰的优先权规则，这使担保物权在实现的过程中遇到国家债权的限制，其优先受偿权的特性不能有效地发挥。先行的制度对担保物权人而言存在较大的风险，主要表现为其面临债权落空，债务人违约概率增加，这对银行开展担保业务不利。

因此，中国动产担保法应该借鉴美国的成功经验，进行专门立法，构架以下几个方面：①确立担保资产的广泛化。除了固有的钢材、有色金属、木材等易变现的货物，任何性质的资产，包括有形资产、无形资产、现有资产、未来资产都可以成为质押担保品。②质押率的设定。在国外的动产质押中，应收账款直接可以带来现金流、存货，比较有价值。银行在评估应收账款的风险时，其质押率一般在 70% ～ 80%，中国应该参照国外的标准，对质押率设定一个标准范围。③设立统一集中的公示登记系统。一方面，存货质押的公示登记系统需要向第三方公示动产担保物权存在；另一方面，公示登记系统确定担保物权的受偿顺序。④动产设立程序的简化。程序越简单越有利于相关的规范性。动产担保物权的有效实现可以保证清偿时的优先权。

第五章　智慧供应链的基础技术

第一节　智能识别感知技术

一、自动识别技术的分类

自动识别技术是将信息数据自动识读、自动输入计算机的重要方法和手段，它是以计算机技术和通信技术为基础的综合性科学技术。近年来，自动识别技术在全球范围内得到迅猛发展，已形成了一个包括光学字符识别、射频识别、条形码识别、磁识别、生物识别及图像识别等，集计算机、光、机电、通信技术为一体的高新技术学科。图 5-1 所示为移动手持终端设备。

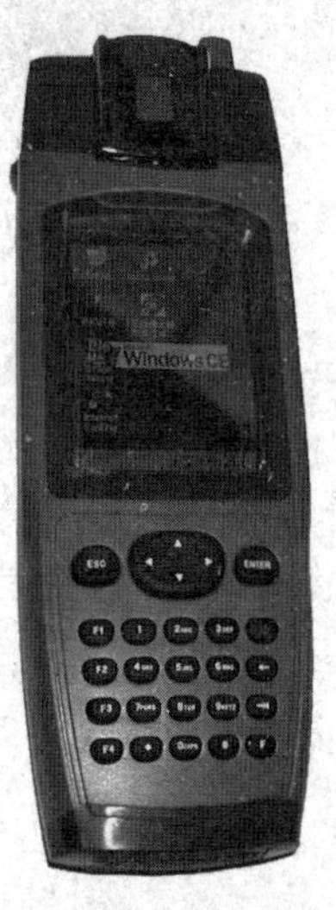

图 5-1　移动手持终端设备

自动识别技术有两种分类方法：一种是按照采集技术进行分类，被识别物体按特征载体的不同，可以分为光存储器、磁存储器和电存储器三种；另一种是按照特征提取技术进行分类，即根据被识别物体本身的行为特征来完成数据的自动采集，如被识别物体是静态的，还是动态的，具有哪方面属性。以下是自动识别技术共同的特点：

（1）兼容性——自动识别技术以计算机技术为基础，可与信息管理系统无缝衔接。

（2）准确性——自动进行数据采集，彻底消除人为错误。

（3）高效性——信息交换实时进行。

自动识别技术是模式识别理论的典型应用，根据选取对象不同的特征，常见的自动识别技术包括以下几种：

（一）条形码技术

条形码在自动识别技术中占有很高的地位，自动识别技术的形成与条形码的发明、使用和发展是分不开的，如图 5–2 所示。

图 5–2　条形码技术

（二）磁条（卡）技术

这项技术应用了物理学和磁力学的基本原理。磁条是一层薄薄的由定向排列的铁性氧化粒子组成的材料（也称涂料），用树脂黏合在一起并粘在诸如纸或塑料这样的非磁性基片上。其优点是数据可读 / 写，即具有现场改造数据的功能，数据存储量能满足大多数情况下的需求，便于使用，成本低，但保密性差。

（三）IC 卡技术

IC 卡即集成电路卡，是一种将集成电路芯片嵌装于塑料等材料制成的基片上制成的卡片。根据卡中的集成电路不同，可以把IC卡分为存储器卡（卡中集成电路为EEPROM）、逻辑加密卡（卡中集成电路具有加密逻辑和EEPROM）和CPU卡。严格地讲，只有CPU卡才是真正的智能卡。CPU卡中的集成电路包括中央处理器（CPU）、EEPROM、随机存储器（RAM）及固化在只读存储器（ROM）中的卡片操作系统COS。

根据卡片和读/写设备通信方式不同，IC卡可分为接触式和非接触式。非接触式IC卡又包括逻辑加密卡和CPU卡，后者较前者有更高的安全性；接触式IC卡能够充分保证交易时的安全性，因此双界面（接触式和非接触式在一张IC卡上）CPU卡应用得越来越广泛。

（四）语音识别技术

所谓语音识别，是指运用计算机系统对语音承载的内容和说话人的发音特征等进行的自动识别。语音识别技术基于对语音的三个基本属性的分析：一是物理属性，如音高、音长、音强和音质；二是生理属性，如发音器官对语音的影响；三是社会属性，如语音区别意义的作用。语音识别技术主要包括对声音、内容、语种和语音标准四个方面的识别。

（五）视觉识别技术

图像是人类获取信息的主要途径。所谓"图"，就是物体透射光或反射光的空间分布；"像"是人的视觉系统接收图的信息而在大脑中形成的认识。前者是客观存在的，而后者是人的感觉，图像则是两者的结合。目前，图像识别技术已经广泛运用于工业生产、军事国防、医学医疗等多个领域，具体应用产品如指纹锁、交通监管系统、家庭防盗系统、电子阅卷系统等。

二、光学识别及其编码结构

物流行业应用较多的光学识别是各种平面图形识别技术，如条形码、二维码等。

（一）条形码

条形码是由美国的N. T. Woodland在1949年首先提出的。近年来，随着计算机应用的普及，条形码的应用得到了很大的发展。条形码可以标出商品的生产地、制造厂家、名称、生产日期，图书分类号以及邮件起止地点、类别、日期等信息，因而在商品流通、图书管理、邮电管理、银行系统等许多领域都得到了广泛应用。

条形码是将线条与空白按照一定的编码规则组合起来的符号，用以代表一定的字母、数字等资料。在进行辨识的时候，用条形码阅读机（条形码扫描器，又叫条形码扫描枪或条形码阅读器）扫描，得到一组反射光信号，此信号经光电转换后变为一组与线条、空白相对应的电子信号，经解码后还原为相应的文字/数字，再传入计算机。如今，条形码辨识技术已相当成熟，其读取的错误率约为百万分之一，首读率大于98%，是一种输入快、准确性高、成本低、可靠性高、应用面广的资料自动收集技术。世界上有255种以上的一维条形码，每种一维条形码都有自己的一套编码规则，规定每个字母（可能是文字、数字或文字/数字）由几个线条及几个空白组成以及字母的排列规则。一般较流行的一维条形码有39码、EAN码、UPC码、128码等。

目前，中国推行的主要是128码，于1981年推出，是一种长度可变、连续性的字母数字条形码，是较为复杂的条形码系统，其所能支持的字元也比其他一维条形码多，又有不同的编码方式可供交互运用，因此其应用弹性也较大。128码根据EAN/UCC-128码定义标准，将资料转变成条形码符号，并采用128码逻辑，具有紧密性、完整性、连接性及高可靠性的特点。辨识范围涵盖生产过程中一些补充性且易变动的信息，如批号、生产日期、计量等。可应用于货运栈板标签、携带式资料库、连续性资料段、流通配送标签等。

128码的内容大致分为起始码、资料码、终止码、检查码四部分。128码具有下列特性：①具有A、B、C三种不同的编码类型，可提供标准ASC Ⅱ中128个字符的编码使用；②允许双向的扫描处理；③可自行决定是否要加上检查码；④条码长度可自由调整，但包括起码和终止码在内，不可超过232个字元；⑤同一个128码可以采用不同的方式进行编码。借由A、B、C三种不同编码规则的互换可扩大字符选择的范围，也可缩短编码的长度。

目前推行的128码是EAN-128码，如图5-3所示。其特点如下：①是变动性产品资讯的条码化；②遵循国际流通的共同协议标准；③帮助产品运送提供较佳的品质管理；④更有效地控制生产及配销；⑤提供更安全可靠的供给源。

图5-3 EAN-128码的结构

（二）二维码

二维码也叫二维条形码，它是用特定的几何图形按一定规律在平面（二维方向）上形成的黑白相间的图形，用以记录数据符号信息。二维码在现代商业活动中的应用十分广泛。例如，产品防伪/溯源、广告推送、网站链接、数据下载、商品交易、定位/导航、电子凭证、车辆管理、信息传递、名片交流、Wi-Fi共享等。

二维条形码可分为堆叠式、行排式和矩阵式三种。前两种由多行短截的一维条形码堆叠而成；后者以矩阵的形式组成，在矩阵相应元素位置上用“点”表示二进制数字1，用“空”表示二进制数字0，通过“点”和“空”的排列组成代码。

三、光学识别的读写及识读

（一）条形码扫描器

条形码扫描器又称为条形码阅读器、条形码扫描枪，如图5-4所示。它是用于读取条形码所包含信息的阅读设备，利用光学原理，把条形码的内容解码后通过数据线或无线的方式传输到计算机或别的设备，广泛应用于超市、物流快递、图书馆等场所扫描商品、单据的条形码。

图5-4　条形码扫描器

条形码扫描器是用于读取条形码所含信息的装置，通常由光源、接收器、光电转换部件、译码电路、计算机接口几个部分组成。

条形码扫描器的基本原理：光源发出的光线通过光学系统照射到条形码符号，被反射回来的光经过光学系统成像在光电转换器上，使其产生电信号；电信号通过电路放大后产生模拟电压，它与照射到条形码符号上被反射回来的光成正比，再经过滤波、整形，形成与模拟信号对应的方波信号，最后通过译码器翻译成计算机可以接收的数字信号，如图5-5所示。

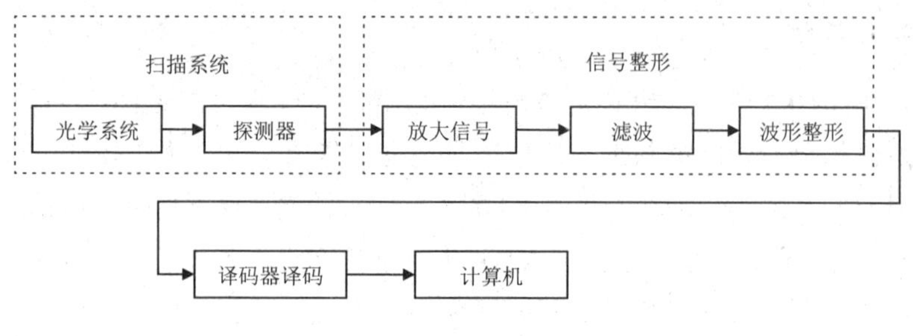

图 5-5　条形码扫描器的一般原理框图

（二）二维码识读系统

二维条形码识读是通过获取载体上的图像信息，译码得到二维条形码符号承载信息的过程。识读过程可分为图像采集、图像预处理、条形码定位及解码等几个主要步骤。

1. 二维条形码图像采集

二维码的图像采集分为采集扫描式和摄像式这两种方式。堆叠式二维条形码可以采用扫描式和摄像式两种方式进行识读；矩阵式二维条形码由于其基本单元为模块（正方形、圆形、六边形等），只能采用摄像式识读方法进行识读。

扫描式条形码识读方法多用于一维条形码识读。因为堆叠式二维条形码可视为由多行一维条形码堆叠而成，所以对二维条形码，扫描式识读仅能用于堆叠式二维条形码的识读。识读过程中扫描式识读器逐行对堆叠式二维条形码进行扫描，将获得的各行信息组合起来，完成堆叠式二维条形码的图像采集。

扫描式识读的基本原理：由光源发出的光线经过光学系统照射到条形码符号上，反射回来的光经过光学系统成像在光电转换器上，使之产生电信号，电信号经过电路放大后产生模拟电压，它与照射到条形码符号上被反射回来的光强成正比，再经过滤波、整形，形成与模拟信号对应的方波信号，经译码器翻译为计算机可以识别的数字信号，如图 5-6 所示。

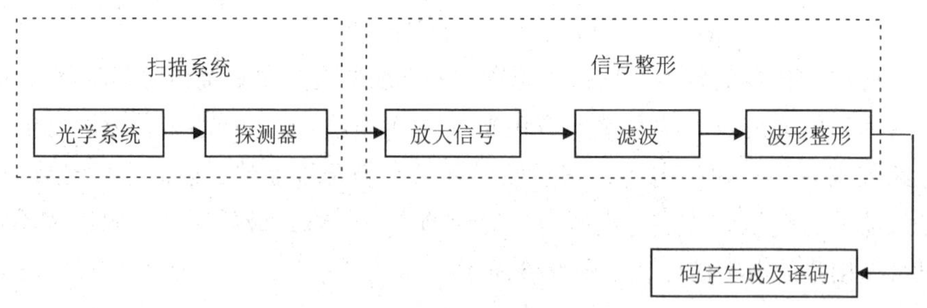

图 5-6　扫描式图像采集系统组成

摄像式识读方式是通过光学透镜将条形码成像在半导体传感器上，再通过模/数转换或直接数字化得到数字图像并输出，经后续图像处理操作，包括预处理、条形码定位、失真校正等，得到二维条形码携带的信息并译码，最终完成二维条形码图像的采集和识读。从长远发展的角度看，摄像式技术既能采集矩阵式二维条形码图像，也能采集堆叠式二维条形码和一维条形码图像，会得到更为广泛的应用。

2. 条形码图像预处理

二维条形码主要通过各模块的黑/白来表示相应信息，而摄像式获取的二维条形码图像难免会出现对比度不高、噪声较大以及光照不均等问题，造成像素黑白不明，产生误判，尤其在工业应用中，这一问题更加严重。为了解决上述问题，需要采用一些数字图像处理的手段，如对比度增强、图像去噪、消除光照影响并二值化等对条形码图像进行预处理。二维条形码图像预处理操作主要包括图像对比度增强、图像去噪和图像二值化等步骤。

3. 条形码定位与解码

条形码定位是二维条形码识读中的关键一环，是进行正确解码的前提条件。简单来说，条形码定位就是在包含条形码的图像中准确找到二维条形码的位置。在不同的图像中，条形码的大小、位置和方向都是不同的，加之实际应用中图像背景很复杂，使精确确定条形码的位置和形态成了一件困难的事。二维条形码定位分为两步：粗定位和精定位。粗定位就是在复杂的背景中提取出大概的条形码区域，为下一步精定位做准备；精定位是要找到条形码的精确位置，以便于后续步骤中对条形码进行几何校正和译码。由于各种不同码制的二维条形码符号有着不同的形状特征，具有各自不同的寻像图形和定位图形，所以具体的条形码定位方法也是随着码制的不同而不同的。

条形码的解码是对已经确定位置的条形码进行几何校正、信息提取、码流纠错、码流译码等操作，最终得到二维条形码中存储的信息。上述操作只是一个通用的流程，具体的实现是与各种二维条形码的编码规则密切相关的，不同码制的二维条形码有不同的解码方法。

四、RFID 技术

RFID（Radio Frequency Identification）是一种无线射频识别技术，又叫作电子标签技术，它具有诸多优点，广泛应用于交通、物流、安全、防伪等领域，在很多应用领域作为条形码等识别技术的升级换代产品。

通常 RFID 系统包括前端的射频部分和后台的计算机信息管理系统。射频部分由读/写器和标签组成。标签中植有IC芯片，标签和读/写器通过电磁波进行信息的传输和交换。因此，标签用于存储所标示物品的相关信息，一般附着在物体表面或嵌入其内部；读/写器用于采集信息。当贴有标签的物品进入读/写器的识读区域时，读/写器以非接触的方式自动读取标签中的相关信息，将其传递给后端的数据库，并根据需要对标签中的信息进行改动，从而实现非接触甚至远距离情况下自动识别物品的功能。

（一）RFID技术分类

通常可以按照如下方式对RFID系统进行分类。

1. 根据标签的供电形式分——有源、无源和半有源系统

无源RFID产品发展最早，也是发展最成熟、市场应用最广的产品。比如，公交卡、食堂餐卡、银行卡、宾馆门禁卡、二代身份证等，在人们的日常生活中随处可见，属于近距离接触式识别类产品。产品的主要工作频率有低频125 kHz、高频13.56 MHz、超高频433 MHz、超高频915 MHz。

有源RFID产品远距离自动识别的特性决定了其巨大的应用空间和市场潜力。在远距离自动识别领域，如智能监狱、智能医院、智能停车场、智能交通、智慧城市、智慧地球及物联网等领域，有重大应用。产品主要工作频率有超高频433 MHz、微波2.45 GHz和5.8 GHz。

半有源RFID技术也叫低频激活触发技术，利用低频125 kHz频率近距离精确定位，微波2.45 GHz远距离识别和上传数据，实现单纯的有源RFID和无源RFID没有办法实现的功能。简单地说，就是近距离激活定位、远距离识别及上传数据。该产品集有源RFID和无源RFID的优势于一体，在门禁进/出管理、人员精确定位、区域定位管理、周界管理、电子围栏及安防报警等领域有着很大的应用优势。

2. 根据标签的数据调制方式分——主动式、被动式和半主动式

不同系统的数据调制方式不同，无源系统为被动式，有源系统为主动式，半有源系统为半主动式。被动式的射频系统用自身的射频能量主动发送数据给阅读器，主动标签系统是单向的，也就是说，只有标签向阅读器不断传送信息，而阅读器对标签的信息只是被动地接收，标签和阅读器的关系就像电台和收音机的关系。半被动式的射频系统使用调制散射方式发射数据，它必须利用阅读器的载波来调制自己的信号，在门禁和交通管理的应用中比较合适，因为阅读器可以保证只激活一定范围内的射频系统。在有障碍物的情况下，采用调制散射方式，阅读器的能量必须来去穿过障碍物两次。而主动式的射频标签发射的信号仅穿过障碍物一次，因此主动式的射频标签主要用于有障碍物的应用场景中，距离更远，速度更快。

被动式标签典型的产生电能的装置是天线与线圈，当标签进入系统的工作区域，天线接收到特定的电磁波，线圈就会产生感应电流，感应电流在经过整流电路时，激活电路上的微型开关，给标签供电。被动式标签具有永久的使用期，常常用在标签信息需要每天读 / 写或频繁读 / 写多次的地方，而且被动式标签支持长时间的数据传输和永久性的数据存储。

半主动 RFID 系统也称为电池支援式反向散射调制系统。半主动标签本身也带有电池，该电池只起到对标签内部数字电路供电的作用，标签并不通过自身能量主动发送数据，只有被阅读器的能量场"激活"时，才通过反向散射调制方式传送自身的数据。人们一般所见的有源系统都是半有源系统。

3. 根据标签的工作频率分——高频、超高频、低频、微波系统

阅读器发送无线信号时所使用的频率不同，低频系统一般工作在 100 ～ 300 kHz，常见的工作频率有 125 kHz、134.2 kHz；高频系统工作在 10 ～ 15 MHz，常见的工作频率为 13.56 MHz；超高频工作频率为 850 ～ 960 MHz，常见的工作频率为 869.5 MHz、915.3 MHz；有些射频识别系统工作在 2.45 GHz 的微波段。

4. 根据耦合类型分——电感耦合系统和电磁反向散射耦合系统

在电感耦合系统中，读 / 写器和标签之间的信号传输类似变压器模型，原理是通过电磁感应定律实现空间高频交变磁场的耦合。电感耦合方式一般适用于中、低频工作的近距离射频识别系统，其典型频率有 125 kHz、134 kHz 和 13.56 MHz。其识别距离一般小于 1 米，系统典型作用距离为 10 ～ 20 厘米。

电磁反向散射耦合系统一般适用于高频及微波频段工作的远距离 RFID 系统，典型的工作频率为 433 MHz、915 MHz、2.45 GHz 和 5.8 GHz。其识别距离一般在 1 米以上，如 915 MHz 无源标签系统，典型作用距离为 3 ～ 15 米，广泛应用于物流、跟踪及识别领域。

5. 根据标签的可读 / 写性分——只读、读 / 写和一次写入多次读出

根据射频标签内部使用的存储器类型的不同可将射频标签分成三种：一次写入 / 多次读出标签（WO/RM）、可读 / 写标签（R/W）和只读标签（RO）。R/W 标签一般比 WO/RM 标签和 RO 标签贵得多，信用卡是 RW 标签的典型应用。WO/RM 标签是用户可以一次性写入的标签，写入后数据不能改变，WO/RM 标签比 R/W 标签便宜。RO 标签存有一个唯一的号码 ID，不能修改，这样提供了安全性，且其价格最便宜。

只读标签内部只有只读存储器（ROM）和随机存储器（RAM），而可读 / 可写标签内部的存储器除了 ROM、RAM 和缓冲存储器之外，还有非易失可编程记忆存储器。

在只读标签内部，ROM 用于存储发射器操作系统程序和安全性要求较高的数

据，它与内部的处理器或逻辑处理单元共同完成内部的操作控制功能，如响应延迟时间控制、数据流控制、电源开关控制等。另外，只读标签的 ROM 中还存储有标签的标志信息。这些信息可以在标签制造过程中由制造商写入 ROM 中，也可以在标签开始使用时由使用者根据特定的应用目的写入。这种信息可以只简单地代表二进制中的 0 或 1，也可以像二维条形码那样，包含复杂的丰富的信息。但这种信息只能一次写入，多次读出。只读标签中 RAM 用于存储标签反应和数据传输过程中临时产生的数据。另外，只读标签中除了 ROM 和 RAM 外，一般还有缓冲存储器，用于暂时存储调制后等待天线发送的信息。

可读 / 可写标签内部的存储器除了存储数据功能外，还有在一定条件下允许多次写入数据的功能。非易失可编程记忆存储器有许多种，比较常见的是 EEPROM（电可擦除可编程只读存储器），这种存储器在加电的情况下，可以实现对原有数据的擦除以及数据的重新写入。可写存储器的容量根据标签的种类和执行的标准存在较大的差异。

（二）RFID 编码解析系统

RFID 编码解析服务提供电子标签到信息服务地址的映射关系，是 RFID 公共服务信息网络的核心和基础。RFID 编码解析服务架构的优劣对 RFID 公共服务信息网络的整体性能，对其服务性能、扩展性、安全性和可管理性等方面都有很大的影响。根据 RFID 公共信息网络的特点，对其编码解析服务有以下要求：

1. 多映射信息

编码解析服务架构应当允许相同对象名称映射到多台信息服务器，因为它负责维护对象名称对应的信息，需要多台服务器对区域中的信息服务进行分流。

2. 冗余机制

编码解析服务器需要有备份服务器，而且编码解析服务架构应当允许相同的映射信息存储在多台编码解析服务器中，正因为它处于中心地位，为了提高系统的、稳定性和服务性能，需要有冗余机制。

3. 分层管理

编码解析服务要有分层管理，合理划分解析空间和设置解析层次，因为电子标签编码空间具有层次结构，包含管理者编码、标头、对象分类代码和序列号。

4. 安全机制

为了保证数据的准确性、解析的权威性、网络的可管理性和信息的安全性，编码解析服务架构应有安全机制、可管理性，提供对对象名称服务的各系统组件的网络管理，具备编码管理功能。

编码解析服务是一个查找服务，在巨大的数据库中可以体现，但是它是一种服务于国内所有 RFID 网络用户的公共资源，因此不能采用集中存放的架构。由此认为，其采用分布式体系架构，建设成开放的基于服务的分布式体系架构，是在为服务体系的可扩展性和实现考虑。

5. 多编码兼容

随着射频标签技术的发展，具有更大编码空间的新版本将随之出现，其作为一种编码解析服务体系，应该兼容现有国内外的编码体系及其解析方法。在编码解析服务架构基础上允许其软 / 硬件组件对不同体系、不同版本的编码具有兼容性，还有不同编码体系的解析方法也需要兼容。

（三）RFID 读 / 写设备

读 / 写器是 RFID 的核心部件，作为连接前端标签和后端系统的主要通道，读 / 写器要完成以下功能：①在规定的技术条件下，读 / 写器和标签之间可以无线通信；②能够实现多标签同时识读，还具备防碰撞的功能；③和计算机之间可以通过各种接口进行通信，有的读 / 写器还可以通过网络接口直接与互联网连接，并提供信息，以实现多个读 / 写器在网络中运行；④对有源标签，往往能够识别和电池相关的问题，如电量；⑤校验读 / 写过程中的错误信息；⑥进行固定和移动标签的识读。

多数 RFID 应用系统一般由后端应用系统控制读 / 写器和标签的行为。

在后端应用程序与读 / 写器之间的通信中，发出若干读 / 写命令的主动方是应用系统，做出从动回应的是读 / 写器，应用通过这一通信渠道获得所需要的数据。

在读 / 写器和标签之间的通信中，读 / 写器会认证触发标签并读取数据，以此获得标签数据，然后将标签数据传输给应用系统，需要注意原标签可以独立作为主动方与读 / 写器进行通信交流。

读 / 写器相当于一个核心交换环节，将标签中所含的信息传递给后端应用系统。

五、传感器类型

通常按照传感器所测物理量种类或传感器的工作原理将传感器分类。按照前者可将传感器分为温度传感器、湿度传感器、位移传感器、液位传感器、流量传感器、压力传感器、加速度传感器以及转矩传感器等；按照后者可分为电磁式传感器、电势或电荷传感器、光电式传感器、电化学式传感器、谐振式传感器和半导体传感器等。

在有些时候可根据传感器的信号检测转换过程将其分为直接转换和间接转换两种类型。直接转换的传感器将直接输入的非电量信号一次性转换为电信号输出，这一类传感器的元件典型的例子是光敏电阻，顾名思义，光敏电阻的电阻值会随着光照强度的改变而改变，即可直接将光信号转化为电信号。间接转换传感器需要将输入到传感器中的非电信号转换成另一种非电信号，然后再将其转变成电信号输出，这类传感器典型的有弹簧元件制成的压力传感器，作用在弹簧上的力改变，弹簧的变形程度改变，从而改变输出的电信号。

六、智能识别感知技术与智慧供应链

随着社会的进步，科学技术的发展需要不断满足社会的需求，传统的管理方法已经不能满足管理部门的需要。例如，生产商对物流企业的要求致使传统的管理方法无法使出入库的数据达到唯一性和实效性。对于那些设有分公司的企业，其仓储和销售的分配布局分散，管理部门很难实时掌握其流转动态。传统的物流管理为了避免出错，应各方的要求采用重复输入单据的方式进行核对，因此大大加重了工作人员的负担，这与职能部门的希望大相径庭。这种手工记账的方式不能保证不出错，也使仓储等部门不能及时获得数据，出错率高，管理难度大。此外，出入库的流程没有确定规范，随意性大，因此比较难以管理。例如，铁路、港口、公路等行业的管理中，数据信息不能共享。由于人为的不确定因素，直接造成工作效率低下和人力资源浪费。长此以往，随着出入库货物数量的增加，这种管理方式严重制约了工厂应有的效率。由于没有建立仓库、中转区、销售区与第三方物流间的系统信息联系，导致中转各个环节的数据信息不能及时发挥节点作用，严重降低了企业的运营效率和效益。总体来说，在传统的管理模式下存在重复劳动、多方统计数据、数据不匹配以及反馈及其处理不及时的不良现象。

随着现代科技的发展与应用，在物流行业中智能识别与感知技术得以崭露头角，这一套技术可以代替人工进行数据自动扫描输入，且数据输入不局限于键盘，可由程序逻辑控制器、微处理控制器将数据实时输入计算机。因此，把智能识别与感知技术应用于供应链管理系统是社会发展的必然。采用智能识别与感知技术是现代管理部门实现快速、及时、节约人力的工作方式的必要手段，也是最切合实际的手段。例如，能够唯一地进行商品识别的智能识别与感知技术中的RFID技术，可以结合计算机技术和网络技术，再与数据管理技术联结，实现对货物的各环节实时跟踪，以此就可以及时掌握商品的动态。智能识别技术有以下几个优点：①信息传递迅速、准确，操作时间短；②可以在很大程度上提高盘点作业的质量；③便于实现可视化的规范管理；④运行成本低，不像人工存在很多不确定因素；⑤可适当增大配送中心的吞吐量。同时，智能识别与感知技术的运用使物品追踪更加快速，使数据交换更加高效、准确，可以排除跟踪过程中的人工干预，因此可节省人力、财力和时间，提高工作效率。

第二节　智能定位跟踪技术

一、地理信息系统

GIS 即地理信息系统，是 Geographic Information System 的缩写。GIS 是集采集、存储、分析、管理和显示应用地理信息为一体的计算机系统。作为人类认识空间的有效工具，它帮助我们分析处理大量数据。地理信息系统将信息科学、计算机科学与现代地理、遥感测绘相结合，运用空间及其环境学等综合学科，依托计算机软 / 硬件支持的数据分析处理工具，在数据处理过程中运用系统工程和信息科学的相关理论，对具有空间内涵的大量数据进行科学管理，为管理部门和决策部门提供事实依据和技术系统。简而言之，GIS 是地理空间理论知识与计算机技术结合产生的集输入存储、查询管理、分析处理和辅助决策于一体的计算机系统。

GIS 的核心组成是地理数据、计算机系统和用户。如图 5–7 所示，GIS 存储地理数据，用户可进行检索、分析，以输出想要的目标结果。GIS 为国家重要机构提供管理、检测、资源评价等服务。例如，监管国土和检测森林，为交通部门和经济建设提供新知识，帮助政府部门出谋划策。其中，计算机系统具体包括硬件系统和软件系统。

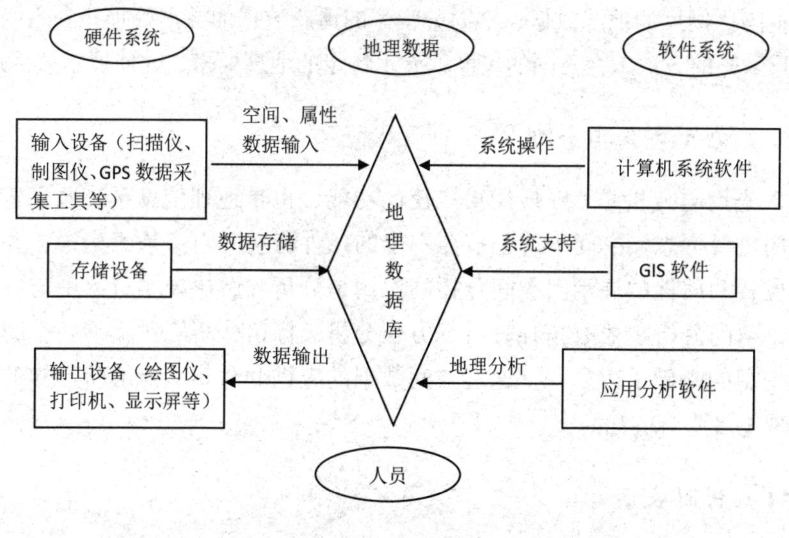

图 5–7　GIS 组成

地理信息系统具有处理空间或地理信息的各种基本功能和高级功能。基本功能包括数据采集与编辑、数据处理与存储、空间查询与分析和制图展示。高级功能包括网络分析等。

（一）数据采集与编辑

数据采集与编辑是 GIS 最基础的功能。建立 GIS 的第一步是将地面上的实体图形数据和描述其属性的数据输入计算机，此过程就叫数据采集。之后根据数据类型将其分类编辑运算，以清除多余数据，补充缺失信息，生成符合客户要求的用户文件。

GIS 数据的主要来源包括纸质地图数字化数据、遥感数据和 GPS 采集的数据。GIS 采用矢量和栅格两种编码方式将这些数据存储到计算机中，其他来源的数据（如多媒体数据、文字、图像等）通过计算机制图等辅助系统进行输入。

（二）数据处理与存储

空间数据是多源数据，多源数据的融合应用是 GIS 数据处理的目的，数据处理主要包括数据的投影转换、格式转换及数据综合等内容。数据融合的一个重要内容是把不同测量成果统一到坐标基准下，以满足 GIS 制图及分析的需要。数据格式转换是将各类来源的地理数据统一格式存储，主要是对早期计算机辅助设计系统（AutoCAD）格式的数据、不同遥感数据处理系统存储的栅格数据、GPS 野外采样数据、图片数据、属性表格数据等数据进行格式转换。数据综合指在进行数据展示层面，对不同比例尺的地图数据、不同分辨率的遥感数据的数据处理，利用制图综合和影像重采样的方法，在不同的尺度下展示特定的地理要素，并使展示效果最佳。

（三）空间查询与分析

空间查询与分析是 GIS 应用最广泛的功能，也是地理信息系统区别于其他信息系统的重要标志。空间查询是按照一定的条件将空间对象检索出来，并在地图上进行位置和属性的展示。空间分析的作用是分析和解决现实世界中与空间相关的问题，空间分析主要有拓扑分析、方位分析、栅格分析三种类型。空间分析是大数据挖掘的基础手段之一，通过空间数据的查询和分析，能够从已知的地理数据中发现更多隐含的信息。

（四）制图展示

GIS 制图展示功能是制作电子地图的关键，GIS 能够通过对空间数据进行各类渲染，让用户对空间相关的事件形成直观印象。GIS 提供的制图展示功能包括地图符号的制作、地图比例尺计算、地图打印输出等。GIS 对于空间查询获得的结果能够进行各类专题展示。

（五）网络分析

网络分析的本质目的是分析网络工程是如何依照诸如交通网络、地理网络、城市网线、电线网络等网络进行模块化地理分析的。其作用是使信息分析系统以最好的效果来分析地理信息。网络分析的思想关键在于寻求最佳途径，例如，在两个城市间建立运输关系，求其运费最低。路径问题的分析在空间网络分析领域中占据主要地位，面对这一类型的问题，我们首先想要解决的问题是要知道两地之间是否存在一条或几条能够到达目的地的路径，如果存在那么哪一条是最优的途径呢？可不能小看这看似简单的路径问题，它在现代物流行业中具有重大意义。在物流行业中，最优的路径往往可以在很大程度上节约运输成本，有时又可以节约配送时间。GIS 网络分析可以帮助物流人员很快找出相对来说用时最短或路程最短的途径，在保障及时将货物送到用户手中的同时，将物流的成本降到最低。

在资源调查和环境评估活动中往往会用到地理信息系统，此外，预测自然灾害、管理国土资源、规划城乡建设、通信、运输等领域都可以运用该系统，甚至军事、水利、农业、商业等领域中都可以运用地理信息系统。

二、电子地图

电子地图是基于计算机平台的以数字地图为基础的显示在电子屏幕上的地图。虽然它是一个模拟产品，但其功能比真实的纸质地图更加全面，它主要具备数学法则、特定符号系统和综合制图三个特点，其数据来源直接是数字地图，终端数据来源于地球同步卫星等设备。电子地图既可以是可无级缩放的矢量地图数据，也可以是以像素点存储的栅格地图数据。电子地图信息的采集、设计都是在计算机平台上实施的，其表达载体是电子屏幕。电子地图与数据和软件系统集成一体，其应用软件作为浏览系统，能够完成电子地图的放大、缩小、漫游等功能，也能够实现快速、高效的信息检索与空间分析功能。

电子地图和 WebGIS（网络地理信息系统）相结合形成的网络电子地图是目前人们生活中经常使用的地图产品。基于网络环境的网络地图可以实现动态变化、实时更新等功能。此外，用户还可以根据自己的喜好进行个性化设置，如更换皮肤主题。多样化的个性服务使用户可以进行点、线、面等多种形式的查询。

目前主流的门户网站，如谷歌、百度、搜狗、腾讯、阿里巴巴等，都有网络电子地图产品，并打造了基于该产品的各种服务。智慧物流的定位跟踪系统依赖于电子地图的关键技术，包括电子地图数据的组织和存储、网络地图服务中的空间查询分析技术及网络地图中的网络分析技术。

海量地理数据的高并发访问量和实时可视化表达是电子地图需要解决的基本问题，对于一个电子地图系统，数据组织和存储方法直接关系到系统的运行效率。目前，常用的数据组织方式为分级、分块、分层、分区域进行空间数据的存储。

（一）分级存储

分级存储指按照不同比例尺进行数据的组织和存储。例如，同一幅地图可以有 1 ∶ 1 000 000 和 1 ∶ 50 000 两种不同级别的比例尺。1 ∶ 1 000 000 是从宏观上显示区域轮廓，1 ∶ 50 000 则从更微观的角度显示详细的信息。

（二）分块组织

分块组织指将数据按照一定的条件划分成若干小块，当用户需要浏览某区域的地图时，只将某些块数据读入内存进行处理。

（三）分层存储

分层存储指将地图的各要素按照图层方式存储，如面图层、道路图层、注记图层等。

三、GNSS 定位技术

GNSS（Global Navigation Satellite System，全球导航卫星系统）是指利用卫星播发的无线电信号进行定位导航的技术，目前移动目标的定位跟踪越来越多地采用这种技术。它的优点是具有海、陆、空全方位实时三维导航定位能力，在海、陆、空移动物体的导航、制导、定位等方面得到广泛应用。目前，世界有四大全球定位系统及若干个服务于本国或周边区域的区域导航系统。作为智慧物流定位跟踪的主要手段，GNSS 定位被广泛应用于物流行业。

GNSS 定位系统主要由空间部分、地面监控部分和用户设备部分组成。空间系统一般由若干导航卫星组成，卫星上搭载高精度的原子钟，用于测算信号发射时间；地面监控部分一般由地面运控站和地面监测站组成；用户设备指用户接收机。

GNSS 的工作原理：首先，空间系统的各颗 GPS 卫星向地面发射信号，地面监控站通过接收、转发各个卫星信号，将信号发送至主控站，主控站根据这些信号确定卫星的运行轨道信息；其次，监测站或主控站将信息注入卫星，让卫星在其发射的信号上转播这些卫星运行轨道信息；最后，用户设备通过接收、测量各颗可见卫星的信号，获得卫星的运行轨道信息，进而确定自身的空间位置。

具体的定位原理为地面接收机设备接收到至少4颗卫星信号，计算出接收机距离卫星的距离，卫星在空间的位置已知，卫星带有高精度的原子钟，发射信号时刻已知，信号到达接收机时刻已知，卫星和接收机的钟差未知，接收机的位置未知，4个方程解算4个未知数，从而获得接收机的位置和钟差。

美国研制GPS的最初目的是用于军事领域，当技术成熟后，就开始向民用领域扩展。目前，GNSS定位系统主要应用领域包括道路、桥梁、隧道的施工中的工程测量，精确制导导弹、巡航导弹的精确制导，车辆监控和导航，船舶的远洋导航、港口/内河引水，飞机的航线导航、进场着陆控制，空间飞行器的轨道定位，手机、PDA、PPC等通信移动设备防盗，儿童及特殊人群的防走失系统，精准农业的农机具导航、自动驾驶，土地高精度平整，等等。

四、基于无线网络的定位技术

随着无线通信技术的发展和计算机数据处理能力的提高，利用无线网络进行定位成为移动通信应用发展的新方向。无线移动网络定位按照网络类型及拓扑的差异可以分为移动通信基站定位、无线局域网定位和无线网络辅助的GPS定位。

移动通信基站进行通信的基本原理分为三类：基于三角关系和运算的定位技术、基于场景分析的定位技术和基于临近关系的定位技术。其定位方法有场强定位法、起源蜂窝小区定位法、信号到达时间定位法、信号到达角度定位法、信号到达时间差（TDOA）定位法、增强型观测时间差（E-OTD）定位法及相关数据库定位法（DCM）等。

目前，主要的短距离无线传输技术包括蓝牙、ZigBee、Wi-Fi、RFID等，利用短距离无线通信技术进行室内定位是定位跟踪技术的一个研究热点。其定位原理和基于移动基站的定位相似。

五、定位跟踪技术与智慧供应链

通过利用卫星导航、移动网络、GIS等技术手段，定位跟踪技术能够实现对物流供应链涉及的人员、货物、集装箱以及运输工具等所在的位置信息进行连续采集与实时监控。定位跟踪技术为智慧供应链的实现提供了技术性支持，对智慧供应链的构建与发展产生了重大影响作用。

定位跟踪管理的实现不仅可以提升企业的管理水平，降低物流成本，还可以加快物流产业的现代化以及供应链的智慧化发展。利用定位跟踪技术能够获取物流车辆、运送物品的实时位置信息，远程系统能够显示物流在途信息，让物流管理人员能够实时了解运输工具、货物的位置。调度人员可以根据货物的运送地点，结合客户的提货需求，通知离其最近的运输工具取货或送货，通过掌握行驶中运输工具的速度及与目标的距离，判断运输工具到达的时间，通知接收单位提前做好接货 / 收货的准备。定位跟踪管理的实现有利于物流与配送的高度衔接，使运输工具更加明确自己的下一步任务与服务对象，实现人、车、货的动态紧密配合，从而降低运输工具的空驶率和闲置率，提高运输工具的利用效率。

基于定位跟踪技术的物流运输全程监控系统一方面使运输企业能够预设运输路线，对运输途中车辆的路线偏离进行紧急报警，掌握发生故障的路面或有紧急情况的车辆的第一手资料，因而能够迅速通知驾驶员采取措施，并能双向互动传递信息，从而增强快速处理突发事件的能力；通过限速提醒功能，可以有效地提高驾驶员行车安全性，最大限度地减少车辆事故，便于调度人员的管理。另一方面，集成各类传感器信息的监控系统使物流客户能够全程监测物流运输过程中货物的温度、湿度、轨迹、跌落、倾倒等状态。

基于定位跟踪技术的现代物流信息系统能够实时获取移动目标的位置及运动状态信息，能够对物流运输进行全要素、全过程和全方位数字化和智能化管理，整合物流运输过程的各类信息，帮助物流企业对物流活动的各个环节有效地进行计划、组织、协调和控制。此外，为了方便企业和客户双方互相交流，精确地掌控运输过程各方面的信息，物流方可以通过 GIS/GPS 等无线技术进行实时监测，确保企业的业务透明，还可以制定更加科学合理的决策方案，全面提升物流企业的管控水平。

物流运输的过程中会产生大量的信息。基于定位跟踪技术，能够以空间为纽带整合各类信息，建设基于位置服务的综合物流服务系统，将物流服务延伸到监控、管理、采购、订单处理，甚至物流咨询、库存控制、决策建议等各个环节。GIS 的时空统计分析技术，可以为科学地制定仓库选址、销售网点设置等各类决策提供支持。因此，通过综合物流服务系统，物流公司能够及时掌握物流供应链上下游的信息，从而提高物流行业的服务水平，延伸物流行业的产业链长度。

第三节　网络通信技术

一、网络与通信技术

信息、数据都需要通过网络传递，网络无疑已经成为信息传递和服务的基础设施，网络信息传递具有可靠、高效的特点。在物联网中，传递感知数据主要依靠网络和通信技术。在所有已知的网络技术中尤以无线技术和移动通信技术使用最广泛。

无线网络技术主要包括蓝牙、红外、ZigBee、超宽带、Wi-Fi 等，其传输范围大，可使用传输媒体种类多，速度快，可达到 100 Mbps，支持传输视频、音频等多样化的文件格式。正因为有这些优点，无线网络技术广泛运用于物联网底层。不过，由于很多短距离无线网络都运用公共的 ISM 频段，致使频段干扰问题日益严重。频段冲突这一问题，还需要进一步解决。

蓝牙一般支持 10 米以内的短距离无线通信，现在的智能移动电话、无线耳机、笔记本电脑以及 Pad 等设备都可配置蓝牙以进行无线信息交换。这种现代技术简化了通信设备间的信息交流传递，也简化了移动设备与互联网之间的通信，从而促使数据传输更加高效，也为整个无线通信技术拓宽了应用领域与发展前景。

红外技术使用红外线作为载波，是一种点对点的传输方式，只能视距传输，覆盖范围为 1 米，宽带通常为 100 Kbps。红外适合于低成本、跨平台的数据连接，主要应用于移动设备之间的数据交换。目前，红外技术在红外线鼠标、红外线打印机等设备中均有应用。

底层媒体存取层与实体层采用的基于 IEEE 802.15.4 标准规范的 ZigBee 无线网络协议，也是一种短距离传输方式，其传输速度远远低于蓝牙。但是，ZigBee 也有自己的优点，即耗电量低，支持大量网络节点和多种拓扑结构，简单可靠，成本低。

超宽带（Ultra Wide Band，UWB）是一种利用纳秒至微秒级别非正弦波窄脉冲进行数据传输的无线无载波技术。因为超宽带开创了无载波，所以被称为无线领域的革命性突破。还有人认为它会成为未来主流的短距无线通信技术。与常规无线通信技术相比，其电路简单，成本低廉，具有很高的分辨率和很低的发射频率，可以实现全数字化结构，因此在要求范围小、高分辨率甚至能够穿透墙壁和薄层地面、身体的雷达和图像系统中经常使用。

Wireless Fidelity 缩写为 Wi-Fi ，译为无线保真。这也是一种短距离无线传输技术，但其传输距离比蓝牙远得多，可在数百米的范围内支持计算机、笔记本电脑、智能手机等设备接入互联网。Wi-Fi 提供无线宽带联网方式，为用户提供了方便，尤其对旅途中的人来说十分便捷。在人群集中的地方，如机场、咖啡店、旅馆、书店及校园等，可通过创建 Wi-Fi 热点让大家访问互联网。Wi-Fi 热点通过在互联网连接上安装访问点创建而成，这个访问点将无线信号进行短程传输，一般覆盖范围为 100 米。

用于远程传输底层感知数据的移动通信技术通过不同类型的网络通道把数据传输给用户，供其查询使用。当下主要有 2G/3G/4G 移动通信技术。

3G 即第三代移动通信技术，是一种支持高速数据传输的移动通信技术，其蜂窝状结构保证了很快的传输速度。并且这一代通信服务允许在语音通话的同时发送电子邮件等即时数字信息，且对传输速度没有太大影响。第三代移动通信技术能够在全球范围内实现无线漫游、电话会议、电子商务、在线音乐视频播放以及网页浏览，在这一点上第二代移动通信技术是完全做不到的。3G 技术提供了如此多样的服务，其网络信息传递速度也会因信号种类不同而有所差异。此外，第三代移动通信技术还可以依据移动环境的改变而调整传输速度并与 2G 系统顺利切换。

4G 顾名思义为第四代移动通信技术，在上一代的基础上集成了 WLAN，还支持更高质量的图像、视频传输，其质量与高清电视的画质不相上下。第四代移动通信技术的速度更上一层楼，下载速度是电话拨号上网速度的 2 000 多倍，可以达到 100 Mbps，上传速度达到了 20 Mbps，能够满足几乎所有用户对无线服务的需求。

（一）无线传感器网络

部署在监控范围内的微型传感器节点形成了无线传感器网络，其英文首字母缩写为 WSN。这种网络系统通过无线方式搭建具有自组织特性的多跳网络系统。其目的是对覆盖区域中的感知对象的信息进行感知、采集和处理，最终发送给观测者。

（二）无线传感器网络的关键技术

1. 功率控制

功率控制是为了确保每个传感器节点的发射功率与之最相适应。将其简化为理想模型下发射范围分配问题进行分析，得出以下结论：在一维情况下，发射范围分配问题可以在多项式时间内解决，而在二维或三维情况下，发射范围分配问题是较难解决的。

从理论上讲，不可能找到最优的功率控制方法，因此寻求实用的解才是可行的。

2. 睡眠调度

通过降低节点的发射功率来控制功率，以达到延长网络生存时间的目的。然后，考虑空间范围的合理性，是否有多余覆盖，如果有，则需要采取相应的控制措施降低不必要的消耗，因为无线通信在空闲状态下的能耗与频率收发状态时是一样的。由此来看，在不需要的情况下让节点处于睡眠或待机状态非常有必要。根据对睡眠调度的研究，可将其整体分为平面型和层次型两类。其中，平面型的各个节点的功能、角色都一样，除此之外都归类为层次网络类型。

（1）层次型睡眠调度，其基本思想是由簇头节点先构成骨架，此时其他节点可以进入睡眠状态，其关键技术是有效、合理地分簇。通常分簇算法有随机分簇、最小支配集合分簇和基于地理位置的分簇三类。

（2）平面型睡眠调度，它的基本思想是将多余的空闲节点设置或调节为睡眠状态。其又可分为连通和覆盖两种类型的冗余睡眠调度。前者的具体思想是某一节点进入感知区域后就与其他节点连通，多余的部分将进入睡眠状态。后者的基本思想恰恰相反，当某一节点进入感知区域后就会被其他节点覆盖，自动进入睡眠状态。

3. 通信协议

通信协议是以数据为中心面向应用的网络通信所应遵循的规则和约定。它是区分无线传感网络和传统网络的重要依据。目前无线传感网络通信协议主要专注于对网络层和单跳传输 Mac 层的研究，研究内容多为端与端的传输模式。下面针对无线传感网络通信协议，从三个方面详细介绍其主要研究内容。

（1）网络层协议根据无线传感网络的路由算法分为基于指标与不基于指标两类。基于指标的类型又可以根据路由算法的不同类型分成基于簇、相对位置和坐标三类；不基于指标的类型也根据路由算法的不同分为特定路由方式类型和随机路由方式类型。

（2）一般采用竞争模式、频分复用、时分复用和码分复用的 MAC 层协议。频分复用和码分复用的宽带利用率低，因此需要用到相对复杂的抗干扰和抗碰撞技术，这也是在无线传感网络中应用的原因。

（3）集中研究数据在传输过程中的安全性。这类问题的着眼点主要有维护路由安全和通信协议两方面。前者可以采用经典多路径路由算法将数据包分解为子模块，然后通过多条路由分别传输到网关进行重组，这样可以增强系统的安全性。后者提出 SNEP 和 μTESLA 两种基于无线传感网络技术的安全协议算法，SNEP 通过对节点到网关段的数据加密和认证来增强安全性，μTESLA 在网关实现广播数据认证。

4. 异构互连

无线传感网络接入互联网更加方便快捷，同时网关是互联网延伸至无线传感网络、拓展互联网的“最后一公里”，也是将异构网络相互连接的重要部件。无线传感网络由于其自身的特点，使其网关具有多功能、请求单向和安全的特点，但也容易损坏。现阶段，普遍使用的无线传感网络的接入方式为使用数据传输网络覆盖网，或者使用以前端或转发为工作方式的代理服务器，即网关节点。覆盖网络的数据传输网络是网际互联网最通用的模型，其网关以转发器的方式工作。需要理解的是，使用代理服务器等同于使用数据传输网络的特例。

多网关技术的使用成功解决了单点故障问题，且与网状传感技术相互作用、相互影响。虽然数据传输网络和无线传感网络用的核心技术都是覆盖网络技术，但前者相当于后者的路由层或接入层。此外，数据传输网络中可以采用使用了多网关技术的网状传感网络。

5. 数据管理、查询与分析挖掘关键技术

与数据库的很多特征类似，无线传感网络以数据为中心，可视为一个能感知数据、支持数据查询的数据库。因此，很多学者借用研究数据库的方法研究无线传感网络，研究内容主要有以下几个关键部分：

（1）学者对传统的关系模组和结构化查询语言（Structured Query Language，SQL）做了一些技术上的修改和扩展，相比之前的模组，改进后的模组只有感知数据存在些许不确定性、物理和统计上的特征存在轻微缺陷以及相关性不够这几个明显的问题。

（2）对数据存储和索引技术的研究。这是影响无线传感网络感知和处理数据方法的重要部分，对数据的查询和处理有很大影响。

（3）对网络数据进行操作的算法研究。目前，这类研究还局限在聚集操作算法的编写上。主流的聚集算法耗能大、耗时长且误差较大，有网络层聚集算法和应用层聚集算法两种。

（4）对网络数据进行查询处理的技术研究。这类技术根据处理机制的不同可分为连续查询自适应技术、模型驱动查询技术和全网络查询处理技术三类。

二、M2M 技术

（一）M2M 技术的概念

M2M 是对机器之间通过有线连接或无线连接传输数据信息的简单描述。这种技术避开人为的干扰，提高了准确性和传输效率。这种技术在工业设备中应用十分广泛，几乎全部的电表、移动电话、售货机、家电等都运用这一技术理念。此外，医疗设备、运输业、交通工具及交通设施、健身器材等各种设备设施都可以利用基于这种理念的通信技术，并且通过网络通信协议与其对应的设备系统进行连续、实时的信息传递，系统还可自动存储操作细节。

（二）M2M 技术的系统构成

在 M2M 技术理念中，信息的来源纷繁复杂，流向却是相同的。机器、终端、应用、通信和中间件已经成为 M2M 技术的重要部分，如图 5-8 所示。

图 5-8　M2M 系统架构

M2M 技术可以在广义上实现机器之间、人机之间、机器与网络之间的信息交流。M2M 技术包含所有通信连接技术和手段，综合了采集数据信息功能、全球定位功能、远程监控和管理功能以及业务流程自动进行功能。

（三）M2M 技术的应用

M2M 是物联网的核心技术之一，已得到普遍应用。在美国、日本等发达国家，这种技术几乎实现了全商业化应用，在欧洲也得到广泛应用。M2M 技术集中应用于管理和服务业，如车队管理和监控、安全检测、工业建设管理和城市信息化管理等。德国的 T-Mobile 公司、英国的 BT 公司和 Vodafone 公司、日本的 NTT-DoCoMo 公司是 M2M 技术的主要供应商，还有韩国的 SK 公司也提供成熟的 M2M 技术。

M2M 技术在我国的发展也很早，国内三大移动通信运营商移动、联通和电信已经成为该项技术的主要推动者。中国电信的 M2M 平台从 2007 年就开始搭建；中国移动通信的 GPRS 数据流量都必须经过其搭建的 M2M 运营平台；中国联通 M2M 相关业务已经推出。目前，国内 M2M 业务主要有以下几个方面，如表 5-1 所示。

表5-1　国内M2M业务应用

行　业	典型应用
电力部门	无线远程抄表
交通物流	移动定位、条形码扫描
金融商业	无线 ATM、无线 POS
公共管理	水文、森林火警、空气质量等环境监测
生产部门	生产过程的监测与控制

三、信息处理技术

信息既是一种抽象的概念，又是无处不在的实际事物。信息的具体形态包括数据、文本、声音和图像四种。

对接收到的数据信息进行存储、传输、转化等操作处理统称为信息处理。信息接收包含对数据的识别感知、测量、输入。数据存储是将接收的数据写到存储硬件上，可缓存也可持久保存。对信息进行转化处理是指依据某种转化要求和转化规则对数据进行分类整理、数值计算、逻辑计算、数据删减、补充添加等综合处理操作。信息传输交流是指一台机器将信息传递到其他设备的过程，信息传递的最大特点是没有空间地域的限制。处理好的数据信息会以各种合适的方式呈现出来，这就是信息处理的最后一道工序：信息发布。

四、网络通信技术与智慧供应链

网络通信技术的发展推动了供应链管理概念的诞生。网络通信技术使企业的运营生产模式实现智慧化管理，使企业的供应链获得市场竞争优势，大大提高了供应链在市场运营中的运作效率和决策能力。在供应链中运用网络通信技术的积极影响主要有以下六点：①紧密联系供应链中的各方，加强企业与企业、企业与顾客间的伙伴关系；②有效整合分散的资源，如仓储设备，综合有效地进行整体经营；③实时了解市场信息，以便做出及时的企业调整，准确了解消费者动向；④改进现有服务机制，提高商品流通效率、准确性、安全性；⑤可运用网络通信技术对企业运营进行模拟，以辅助决策。

在信息技术迅速发展的今天，网络通信技术取得了长足的进步：移动通信逐渐取代固定网络通信，软交换技术逐渐取代传统交换技术，下一代通信网络的引入以及传统语音与数据通信网络的融合等都为智慧供应链的发展提供了一个广阔的平台。供应链中的相关企业可运用网络通信技术对实时交易的过程细节进行监控和记录，以便对供应链中的各个环节进行评估和调整，从整体上保证和提高企业的运营效率和收益，提高企业的服务水平和员工的工作效率。网络通信技术的应用使企业能以较少的时间和资金成本实现供应链的高效运行，促使企业向专业化和智慧化发展。

第四节　智能集装箱及其管理系统架构

一、智能集装箱的由来

集装箱运输是运输史上革命性的举措，直接推进并刺激了贸易及许多现代技术的进步和发展，已成为智慧供应链和物流的重要手段。目前，全球贸易的 90% 通过集装箱运输完成，集装箱也成了应用最广、最标准化的物流基本容器单元。集装箱运输链可以充分发挥各种运输模式（如海运、铁路、公路）的长处，实现门到门的优质服务，减少了转运、装卸、仓储费用成本和货损，也减少了整个运输过程的碳排放，是最环保的运输方式之一。近几年，全面应用现代物联网和移动计算等智慧技术的智能集装箱开始出现。

中国是集装箱吞吐量最大的国家，早在 2006 年就在全球率先突破 1 亿 TEU 的吞吐量，后来一直占全球总吞吐量的 25% 以上。

目前，运输国际性货物的集装箱通常都是大规模的，集装箱的识别、信息登记和跟踪多由人工操作完成，容易导致箱号识别错误或不准确的现象，有时由于人工原因发生信息采集错误、物流信息延误等情况，从而导致集装箱数据库混乱，供应链出现紊乱。根据有效统计，只有 65% 的集装箱数据是准确的，另外 35% 的信息都或多或少存在不全或错误现象。此外，集装箱特别是特种集装箱（如冷藏箱）内的物理参数如果没有得到实时监控，会造成巨大的货物损失。

智能集装箱通过 RFID 电子标签实现对集装箱箱号的无线自动识别，通过智能集装箱安全设备实现对集装箱安全状态的监测，通过 GPS 技术实现集装箱定位，通过 MEMS（微电子机械系统）等传感技术实现集装箱状态的自动监测，通过 RFID/WLAN/GPRS/ 卫星通信等技术实现数据的远程传输。利用现代物流通信技术，公共数据平台实现了自动采集、管理和修复数据，使集装箱数据管理透明化，不仅大大提高了物流效率，还提高了物流的安全性和准确性，同时企业在资产调度和管理上更加便捷、有效。

二、智能集装箱的概念和功能

智能集装箱是指应用自动识别、安全和物理参数监控技术以及与之相关的定位、无线通信、机械技术的现代化集装箱及其管理系统。集装箱运输多联系统的各类硬件设施和软件共同组成了现代智能集装箱运输系统，且具备以下七项典型功能：

（1）自动识别采集信息。对集装箱编号信息等自动扫描识别读取并存储，操作快速简单、准确可靠，消除人为出错的可能。

（2）实时安全检测。扫描过程除了读取数据以外，还可以通过其他技术（如红外线）检测物资的安全性，及时探测并记录非法入侵物品或事件，还可以进行开关授权，同时协助海关快速检测，提供警报功能。

（3）全球定位与实时跟踪功能。运用全球定位技术与信息管理手段将所查询的数据报告或集装箱位置等信息与预先设置的运输路线进行对比，如果有出入，会发出警告提示，并追溯出错集装箱的历史地理信息。

（4）货物状态实时监控检测。将物流通信技术与传感器技术相结合，对运输过程中的集装箱状态信息进行实时监控和检测。

（5）集装箱集散地自动作业。现代化集装箱运输量大，信息繁杂，运用自动化技术与网络技术，通过计算机程序控制自动进行集装箱的摆放、运输、装卸工作。

（6）提供强大的信息服务。运用现代网络技术可实现大量集装箱数据的自动分类存储，相关人员可随时查询集装箱的货号、箱号、提单号等信息，此外，与后台进行数据连接，可实现授权信息的查询、调取处理。

（7）管理和维护集装箱设备。集装箱的生产数据（如生产厂家、日期、属性、规格、注意事项等信息）都联网存储，可以随时随地进行查询，也可以根据这些信息对集装箱进行维护和保养。

三、智能集装箱的技术标准

迄今为止，全球大约有 14 种支持经营许可证却互不相同的射频识别技术标准。其他未经批准私自开发使用的射频识别技术标准则多如牛毛。标准对推动智能集装箱的发展至关重要。智能集装箱标准化包括以下核心内容。

（一）智能设备技术标准化

随着信息技术的成熟化，现在的智能设备技术通常都有相应的标准。例如，国际标准 ISO/IEC 18000 系列标准，典型的有 RFID 空中接口，还有非接触式集成电路卡相关标准 ISO/IEC 10536，类似的有近耦合卡标准 ISO/IEC 10536 以及非接触式集成电路卡疏耦合卡的 ISO/IEC 15693 系列标准。

（二）智能设备数据结构标准化

数据结构标准有很多分类，主要分为与数据内容、编码相关的标准和与读 /

写器、计算机接口相关的标准。前者包括与应用标识符和数据标识符相关的 ISO/IEC 15418 标准、与数据载体标识符相关的 ISO/IEC 15424 国际标准、获取高容量数据的媒体语法标准 ISO/IEC 15434、与物品管理标识符相关的 ISO/IEC 15459 标准等；后者中典型的标准有接口协议和应用标准 1SO/IEC 15961、用于规范数据编码的 ISO/IEC 15962 标准和标准 RFID 唯一识别标签的标识符国际标准 ISO/IEC 15963。

（三）智能设备电气物理指标和检验测试标准化

这一类标准典型的有限制测试 RFID 装置性能方法（包括对标签、阅读器、系统等的全面检测方法）的 ISO/IEC 18046、检测电子标签装置一致性的方法标准 ISO/IEC 18047。

（四）智能设备应用标准化

应用标准有集装箱无源 RFID 电子标签相关标准 ISO 10374，电子铅封系列标准 ISO 18185、ISO 11785、ISO 17358、ISO 11784，还有供应链的集装箱电子标签标准 ISO 17363 和可回收运输物品或单元以及包装、标记相关的电子标签标准 ISO 17364 ～ 17367。

其中,ISO 18185（2007-05）电子铅封标准采用 RFID 有源电子标签技术（433 MHz/2.4 GHz）和美国 Savi 公司提出的技术，用于集装箱安全管理；ISO17363（2007-07）供应链应用标准用于设计集装箱运输的供应链数据共享（从原材料到销售整个链条）。仍待编制的标准：①中间件与接口数据通信相关标准；②集装箱的设备安全性相关标准；③信息化技术在集装箱和物流行业中的具体应用标准；④全球统一的集装箱信息化管理与数据交流国际标准；⑤物流产品认可与物流信息的安全检测执行标准；⑥接口与用户进行数据交换相关标准。

目前的智能集装箱规范如下：

ISO/TS 10891（2009-04）射频自动识别，永久性集装箱标识，使用 ISO 18000-6C 空中接口协议（860 ～ 960 MHz 甚至更高频，与 EPC 兼容），20 年终身无维护（为无源标签）。该规范简单实用，与集装箱成本相比成本几乎可以忽略不计，而且没有维护成本。

ISO/PAS 18186（2010-08）RFID 货运标签，由中国上海港提出，使用有源标签，写入与码头操作和运输相关的数据。

中国集装箱标准化技术委员会牵头制定的国家标准《集装箱电子标签技术规范》（GB/T 26934—2011）已由中国国家标准化管理委员会于 2011 年 9 月 29 日发

布，2012 年 5 月 1 日开始实施。

虽然目前智能集装箱的 ISO 国际标准已有很多，但由于智能集装箱技术的复杂性，再加上这些标准涉及许多国家、企业和不同的运输模式，目前尚未如同集装箱的箱形尺寸、箱号等传统标准一样，在全球范围内得到广泛、深入的应用。随着该技术的不断成熟以及对全球化和高效的供应链解决方案的意义越来越重大，智能集装箱标准化的推进工作必将逐步进行。

四、智能集装箱管理系统架构

这种架构通常采用无线传感网络技术。具体布置过程为：首先在集装箱中布置好相应的传感器，然后用计算机和其他设备采集数据信息，通过集装箱外的无线网络进行数据传输，传到基站的数据先经过处理器整理、逻辑计算，最后以可视化的结果呈现。

（一）数据源（采集）层

在集装箱内部或外部安装不同的传感器，用以采集标志（如电子标签标示的箱号）、位置（卫星或基站定位）、温 / 湿度或压力、光线等物理参数、箱门（锁）开 / 关状态等信息。应用这些传感器实时感应和采集集装箱的状态信息（如位置、通过闸口、门或锁的开 / 关状态等信息）以及其内部的环境数据，可以快速及时地掌握集装箱的整体动态和内部的物理状况。

（二）数据传输链路（网络通信）层

通常集装箱的运输在时间和空间上都有非常大的跨度，很多情况下集装箱都是金属材质的，往往会对信号产生屏蔽作用，因此如何可靠、准确地将集装箱的数据通过网络传输到基站是核心问题。数据传输链路层往往采用多种网络通信技术的混合结构。一般的链路都会自动首选成本低、传输可靠的移动通信手段，主要利用各移动通信公司提供的 GPRS 移动网络。而在移动信号无法覆盖的荒漠、山区和海上则需要采用比较昂贵的卫星通信手段。

（三）公共数据平台层

其核心功能是对分布在世界各地的智能集装箱所采集并通过通信链路层传输上来的数据进行收集、管理和服务。平台接收到智能集装箱的数据后，通过筛查集装箱的属性和箱号等判断该集装箱的性质和拥有人，然后将信息送到相应的应用系统进行处理，如将相应的信息通过 EDI 等手段传送给拥有人的系统，把位置信息展示在相应的电子地图上，或根据采集的参数值来判断是否需要报警及报警对象和处理顺序，等等。

（四）用户端系统

它是各种智能集装箱用户获得信息的门户，其后台管理包括终端（如PC或手机、手持终端等）接入控制、接入安全管理、用户权限管理等以及安装在终端的应用程序（客户端App）。

五、智能集装箱与智慧供应链

随着卫星通信技术和大数据互联网技术的发展，物联网传感技术也在不断发展。各类信息技术的发展直接带动集装箱技术智能化、全球化发展，带动世界各国贸易进一步发展和货物运输便捷化。这种信息技术带来的集装箱智能化变革体现在供应链的每个环节上，因此为供应链上的所有参与者带来实实在在的利益。供应链中的货主、托运方、承运方都可以运用现代化技术降低成本，共享集装箱系统中的所有数据信息，实时了解货物状态。这种模式比原有的复杂的、规模庞大的人工系统更准确、更实效、更安全，对港口、货运站等集散地来说同样可以降低成本，直接节省大量人力和财力，并节约时间，提高效率。供应链上的隐形参与者，如保险公司，也受益匪浅。由于信息技术给集装箱相关行业带来安全性的革新，基本可以完全消除保险公司的忧虑，自然地，保险公司对使用了智能信息系统的承保者实行费用的折扣，尽管如此，保险公司依然获得了很大的收益。

智能集装箱的成本非常小，智能集装箱可以通过电子化方式携带及传输物流和感官数据。现在市场上主要通过四种主流技术来实现供应链中的信息透明化和远程实时跟踪管理：基于微机电系统的传感技术、计算机高级控制、射频识别以及2G/3G通信网络技术。如今的智能集装箱至少执行七项有明确定义的任务：一是作为协调智慧供应链各方面所必需的系统方法的一部分，使自原产地起就能确保可见性和安全性；二是通过电子化方式捕捉和传输与其他供应链资料相关的贸易数据，如集装箱号、订舱号；三是遵守世界海关组织、美国“海关—商界反恐伙伴计划”和欧盟“经认证的经营者”的要求，通过探测集装箱的某个开口了解全貌，以保证集装箱的完整；四是实时报告或阻止任何违规行为；五是提供详细的地理位置，若偏离预设路线，则自动报告所处位置；六是识别和记录被授权在目的地打开集装箱人员的身份；七是智能集装箱必须能适应不同的探测仪，能与供应链中发货人和承运人使用的不同软件兼容。所以，智能集装箱技术是影响智慧供应链发展的一个关键因素。

第六章　智慧供应链的新兴技术

第一节　物联网

一、物联网的内涵

截至目前，全世界绝大多数的人都可以通过电子设备（如计算机、手机）与互联网相连接。虽然主要的沟通形式是关于人与人之间的，但是相信在不远的将来，每一个物体都可以被联系起来。物体可以通过自身或者和互联网连接在一起的物体进行信息交换，与互联网连接在一起的物体要远远多于人类，这也使它们成了交流中的发送机与接收机。如果把物质世界和信息世界混合在一起，那么未来我们看到的将不会是人与人之间的对话，也不会是人们去访问信息，而将是代表人类的机器访问其他的机器。我们正进入一个新时代，一个将人与物、物与物的交流连在一起的互联网新时代。一个新的层面已被添加到全世界的信息与通信技术中：将任何时间、任何地方、任何人进行连接，实现人类同任何东西的互联，这就是人们通常所说的物联网（Internet of Things，IoT）。或许，你现在对物联网的概念感触不深，但在不久的将来，物联网可能会翻起滔天巨浪，因为它被称为世界信息产业的第三次浪潮（前两次分别为计算机和互联网）。

物联网，顾名思义就是“物物相连的互联网”，其特点是借助互联网让没有生命的万物开口说话。这其中有两层具体含义：第一，物联网并非全新的互联网发展的产物，准确地讲，它是互联网向外延伸和创新的结果，其核心基础仍是互联网；第二，是大众用户端的信息交流和执行延伸到了任何物体与物体之间。通信网络针对的是人与人之间的信息传递和交流互动，是网络中的“客流系统”；物联网让物与物之间有紧密的联系和“交流”，是网络中的“物流系统”。物联网给人一种胸怀博大、可容纳万物的感觉，似乎无所不能、无所不容。

广义的物联网定义：物联网是指将各种信息传感设备及系统，如传感器网络、射频识别（RFID）系统、条码与二维码、红外感应器、激光扫描器、全球定位系统、移动通信网络和短距离无线通信网络，通过多种接入网与互联网相结合而汇聚成的庞大的网络系统，它能更深入、有效地实现智能化识别、定位、跟踪、监控和管理。

二、物联网的工作原理

物联网以互联网为基础和核心，利用条形码、传感器、无线数据通信、RFID等设备或技术，建造出囊括世间万事万物的“Internet of Things”。在这个“Internet of Things”中，物品可以无障碍、无需人为干预地进行“自动交流”。物联网在本质上可以通过网络层、感知层和应用层的核心技术以及互联网让物品具备信息互联与共享和自动识别功能。

物联网的核心技术是射频识别技术、传感器技术、条形码技术等。其中射频识别技术和传感器技术的作用是让物体“开口说话”。射频识别技术作为无线传感器网络技术的一部分，是最原始、最朴素、最简单的身份感知技术，不附带其他功能。因此，在未来物联网的蓝图中，无线数据通信网络会将电子标签（RFID技术的载体）中存储的规范性、互用性的信息自动采集至中央信息系统，以此实现物品的识别功能，然后计算机网络的开放性和共享性，进一步实现物品的信息互联和共享，最终对物品的彻底管理得以实现。

物联网是新一代 IT 技术在各行各业的充分运用和全面渗透的体现。在公路、汽车、楼房、电网、桥梁、隧道、建筑、管道等各种物体中安装和嵌入微型感应器，然后将物联网与互联网有机结合，这就实现了人与物的有机结合。

中心计算机群是这个强大的网络的中心指挥部，能对网络内的所有基础设施、人员、不同级别的设备等进行实时监督和管控。在此基础上，人们可以用丰厚的智慧和更加灵活、精密的方式安排生活和工作，使各项资源得以充分利用，这不仅提高了生活生产水平，还有助于改善人与自然的关系。

事实上，物联网被投入应用的过程中的方方面面都需要各个行业的支持与配合，甚至政府机构也参与其中。政府机构通常以提供法律规范的形式支持物联网的发展，其目的是促使物联网具有广泛性、规范性、可管理性和规模性。

技术性是物联网最根本的特色，其作用也最为关键。物联网技术具有综合性和系统性，其覆盖性广，涉及面宽。就我国来说，市场上没有一家公司或企业机构能够独立建设一套完备的物联网系统。虽然物联网理论的研究已经广泛展开于各行各业，但其实践运用还停留在行业内部。信息采集传感器、RFID、嵌入式计算技术、数据传输算法等都是物联网规划设计的研究重点。

物联网的基本工作原理是先精准获得被识别物的属性特征，然后将其存储，或将经过传感器实时探测的数据转化为适合网络传输的数据类型，再将其传送到数据处理基站，在基站对数据进行解析、计算等。处理中心有两种类型：集中式处理中心（如电信运营商的互联网数据中心）和分布式处理中心（如计算机或者手机）。

纵观历史进程，分析当今时代的经济发展规律，物联网的发展需要经历四大阶段：第一阶段中，电子标签、传感器核心技术开始广泛应用于销售、物流、食品、药品等领域；第二阶段中，互联网技术在物体间渗透；第三阶段中，物体有机地被联结在一起，进入物体半智能化时代；第四阶段中，物体彻底实现全智能化，这也标志着“物联网时代”的真正到来，物联网在规模性、流动性的基础上形成4A（任何时间 anytime、任何地点 anywhere、任何人 anyone、任何物 anything）交流通信体系。

作为信息化革命的第三次浪潮，物联网打破了陈规，改变了传统观念，以其信息技术移动的广泛性，深入融合并被运用于识别技术、普适计算、智能感知、泛在网络等领域，助力人们进入计算机与网络无缝对接的世界。

传统思路将物理基础设施和IT基础设施明确区分，即隧道、公路、楼房等与数据中心、宽带网络、计算机等分属不同的系统。从物联网的角度来看，统一的基础设施可以有钢筋混凝土、电缆、计算机芯片、服务器以及宽带等，这些元素就好像是一片全新的土地，人类的一切生活生产活动均在这些元素上有条不紊地开展。

物联网使人类以更科学、更有效的方式管理生活和工作，提升资源利用率和生产水平，使人、物、自然的关系更加和谐，以智能化运转的方式助力未来美好的城市建设。

三、物联网的体系架构

一般来看，物联网有三个较明显的特征：一是通过运用关于传感器、RFID、二维码等方面的技术能实时获得物体的信息，全面地感知物体；二是能借助电信网络和互联网的融合，将物体的信息进行实时、可靠的传递；三是能利用云计算和模糊识别技术对数据进行及时分析，可以达到对物体的智能化控制。

作为一个系统网络，物联网与其他网络一样，也有其内部特有的基本框架，此框架可分为感知层、网络层和应用层三大层次，如图6-1所示。

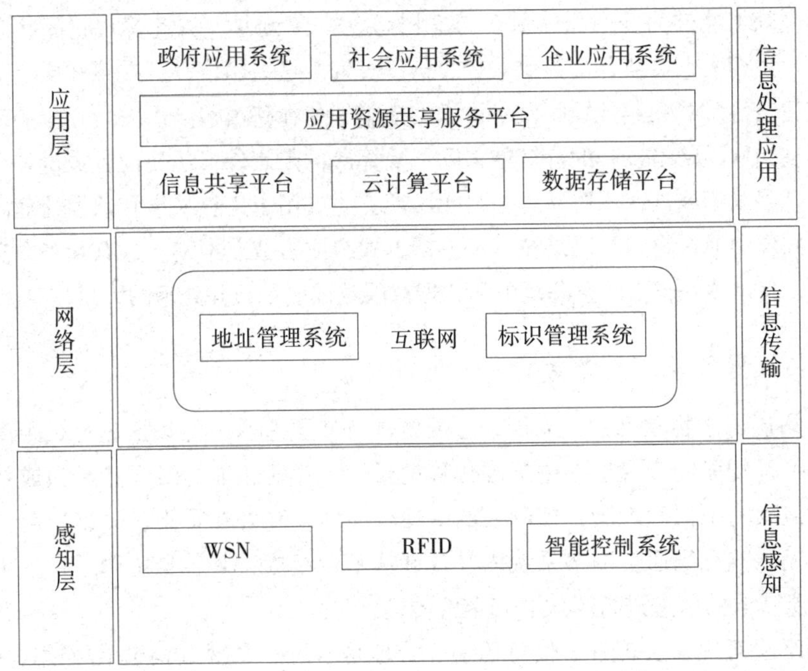

图 6-1 物联网体系结构图

（一）感知层：全面感知

感知层属于物联网的底层，主要解决物理世界与生物世界的数据连接和获取问题，可以说是实现物联网全面感知的核心。所以，感知层是物联网采集信息的来源，主要用来采集并处理信息、识别物体，类似人的感官。

智能感知系统和各类信息传感设备及元件共同构成了感知层，如传统的无线（WSN）、无线多媒体传感器网络（WMSN）、射频识别（RFID）、全球定位系统（GPS）等。

现阶段，我国只在物流管理方面大量应用了射频识别和无线多媒体技术，主要原因是现阶段我国的感知层设备技术不太成熟。

传感器网络的感知是对静态或动态物体的信息进行抓取，其发生可以是广泛的也可以是分布式的，然后对采集到的信息进行状况判断，针对某一具体类型的感知要素，如环境情况、物体属性、行为状况等，对信息进行多角度、多种类、多标准的实时分析计算，并在网络中资源共享，实现信息传输和互动，甚至感知结果可通过执行器形成具体的表达，以此形成全过程的智能控制。网络层采用了 IPv6 技术，强大、高效，能够为任何物体赋予与之相对应的IP地址，以此实现物品状态的实时跟踪，为相关人员或部门提供监控、信息查询。这些网络设备在感知层上主要采取安装适量传感器和其他短距网络设备的措施，如在路由节点上安装相应的节点设备。不过，这类网络设备的计算能力除了受算法的限制外，还受设备数量和布局的限制，且多采用嵌入式系统软件与之相匹配，主要用于信息采集和信号处理两个方面。感知层中通过自组织网络技术和协同方式组成多节点网络，这有利于数据的可靠传递，满足感知较大的空间范围和地理范围及该层承载并处理的大量信息。

（二）网络层：可靠传输

网络层属于物联网的中间层，主要解决感知层所获得的数据进行长距离传输的问题，是物联网三大层次中标准化程度最高、产业化能力最强且最为成熟的部分，类似人的中枢和大脑，控制人的一切内在活动和外在行为。网络层由各种互联网、无线或有线通信网络系统以及云计算平台组成，并各自协调运行，负责将感知层所获取的信息进行高效、安全的传递。

网络层对感知层现有的信息传递、处理是通过互联网IPv4/IPv6网络、GSM、TD-SCDMA、WCDMA、CDMA2000和无线接入或局域网等实现的。此外，卫星网络也可用于信息传输。对于传输层来说，高效协调运用各类网络技术可以合理高效地处理信息，实现信息数据及时处理传递。

各种异构网络设备构成网络层的主要构架，接入互联网和移动通信网络的网关都是其重要组成。这些设备有一个共同点，就是拥有功能强大的硬件支撑。这类设备通常使用相对复杂的软件协议，具有网络安全、接入和管理的功能。

现阶段的接入设备主要有传感网络和互联网、GSM网、3G网、卫星网等公共通信网的联通。

（三）应用层：智能处理

应用层属于物联网的最高层，其主要功能是为用户提供丰富的实际应用，这些基于物联网的组织系统就是接口。物联网发展的根本目标是应用层能够与行业需求相结合，实现更高智慧的应用和服务。

应用层包括各类用户界面显示设备以及其他管理设备等，可以根据用户的需求面向各类行业的管理平台和运行平台进行实际应用，如环境监测系统、远程医疗系统等。

应用层通常会结合各行各业的专业知识，将用户需求进行合并、整理，再与行业现有的水灾预测、环境污染模型等相结合，以此构建行业应用综合平台，从而为用户提供更好的、更准确的优质服务，完成精细的智能化信息管理。以自然环境监测为例，可运用智能信息化管理对自然灾害、环境污染问题进行实时监控和提前预测，但必须结合相应的自然地理专业知识，吸取行业专家的经验和建议。

通常以建立综合管理中心的方式来建立面向自然环境监测预告、文物保护、康复医疗以及智能社区等应用层层面的应用平台，并可以根据需要将业务下分为众多子业务中心。

四、物联网与智慧供应链

供应链与物联网两者相互存在，且两者的存在理念是一致的。两者以建立协同关系、信息共享为宗旨，且相互促进。物流企业运用互联网技术实时跟踪货物运输，及时了解运输设备状态，并将这些实时信息共享给供给链上的各方，大大提高了各方的工作效率，降低了成本，可以说实现了供应链上各方共赢。另外，复杂庞大的数据在互联网系统中实现了整理分类处理，用大数据优化计算技术为各方提供了优化配载、运输路线参考等，极大地方便了运输物流的规划，为物流企业带来了直接经济价值。可以说，物联网和供应链的结合诞生了智慧物流平台，从而加强了供应链的运行能力，使企业更有效、更智能地管理物流活动，提高了物流的服务质量。

显然，互联网技术在物流行业中的应用十分成功。它实现了供应链的精准高效、智慧可控以及可视化。互联网技术直接优化了物流业务的流程和服务水平，在强化物流管理和智慧抉择方面具有重大贡献。在物流过程中，设置摄像头和温度、湿度传感器，采用红外探测技术，实现对各个流程的实时监控与检测，并运用 RFID 技术给物料标记、传递基本信息，对物料实行全过程质量监控。此外，在货物的生产过程中运用数据自动采集技术、自动化加工技术，提高了生产效率，降低了出错率。智能化的信息服务和决策将供应链推向了全面覆盖化、全程控制化、全面提升和感知化。因此，物联网技术的应用使企业供应链管理的方式发生了巨大变革，开始向智慧供应链发展，主要体现在以下几个方面。

（一）实现供应链的可视化管理，实现产品的质量保障

通过在供应链各个环节运用物联网技术，如 RFID、二维码等，对每个物品的流动信息进行采集，保证物品的可追溯性，对产品的动态信息实时监测更新，并将其存储在网络上供随时实地查询，可以说通过物联网信息化管理平台实现了物流管理的可视化，有效地保证了产品的质量，提高了企业的信誉度，实现了价值最大化。

（二）实现供应链的信息共享

信息共享是供应链管理的核心思想，保证了信息的同步传输。供应链各环节的信息同步是供应链信息化追求的目标，只有实现各个环节信息的同步化管理，才能将物流信息技术在供应链中协同管理作用的价值发挥到最大。物流各个环节的信息采集记录、信息传递、共享得力于物联网技术的应用。此外，还减少了数据采集的失真现象。快速有效的数据流动可以有效应对多样、复杂的用户需求，准确预判社会市场的需求，有效减少库存，从而在一定程度上降低成本。

（三）实现供应链的智慧管理

以网络信息技术为依托的智慧管理系统实现了物间的信息自动交流、控制，有效减少了人工依赖和出错率，并降低了成本。智慧管理系统运用数据分析、挖掘技术对供应链中采集而来的大量数据进行分析、计算等智能化处理，以此预测市场，为企业提供决策依据，并将结果反馈给设备采集系统，这种闭环控制的稳定性和准确性更高。当遇到紧急情况时，系统可自动发出警告并执行预备方案。这种多系统联动的运行方式对全面提升自然灾害、环境污染预测的自动修复水平有很大帮助，系统的自学习性能使管理实现了现实意义的智慧化。

第二节　云计算

一、云计算概述

（一）云计算的定义

云计算的说法是在近几年才出现的，随着计算机和网络技术的迅猛发展，不同组织或行业中出现了新型的网络计算方式，但它们并没有给出云计算的统一定义。Gartner 将云计算描述为一种由 IT 使用的且具有可扩展的弹性服务功能的、提供给用户的多个外部计算方式。美国国家标准与技术实验室将云计算定义为能以付费的方式通过互联网便捷服务通道访问 IT 资源的模式，所访问的资源是可以由用户定制的，如特殊网络通道、网络存储、应用服务等，并且这些资源很方便部署和交付。现今，云计算的定义随着应用场景和使能技术的飞速发展也在不断变化更新。

云计算作为一个网络统筹平台，将数据存储、计算和网络软件等资源集中起来统一调用。云计算的基础是基于虚拟化的运行方式，按照用户需求实现分布式的计算和存储，既方便，又快捷。形象化地将网络计算和存储视作“云”，云计算就是在网络这个资源池中按照用户需求为其提供数据的计算和储存服务。作为最大的云资源池，互联网将在线的各类计算机资源整合到一起，共同组成了若干庞大的数据存储中心和计算中心。

需要注意的是，云计算不是简单的一个专业或技术名词，也不是一项技术的代名词，云计算实际上是指一种 IT 基础设施的使用模式。云计算能帮助用户获取所需要的硬件资源和软件资源，可将提供用户资源的网络形象化地称为“云”。从广义的角度来讲，云计算是一种服务的交付使用费模式。用户可以通过网络上提供的可拓展资源满足自己的需要。无论从哪个角度来讲，云计算的核心理念都是在网络上按需服务用户，这就是云计算对 ICT 领域乃至整个社会的重要意义。

（二）云计算的组成

由上及下对云计算进行划分，其可以分为基础设施、云存储、云平台、云应用、云服务、客户端六大模块。

1. 基础设施

云计算的基础设施就是为云计算提供实际计算的服务器设备。

2. 云存储

云存储是为用户提供类似数据库的数据存储服务，一般以存储用户的存储量来支付费用。对于云存储，全球网络存储工业协会还专门制定了相应的网络存储标准。云存储既可以单独作为数据库用作单纯的数据资源存储，也可以作为云计算的一部分，存储云计算需要的数据资源和计算过程数据、结果文件等。典型的云存储有亚马逊简单存储服务、谷歌引擎 Big Table 数据存储以及百度网盘等众多云盘。

3. 云平台

云平台是为云计算提供的计算平台。具体而言，用户可以在这个平台上布置应用程序，为计算做前处理。其最大的好处是可以降低用户购买计算设备或服务器以及专业计算软件的成本，节省资金。例如，用户可以在谷歌应用程序引擎上自己编写 Python 应用程序，实现某些具体功能，还可以免费托管。

4. 云应用

云应用是软件架构中的应用程序。用户不需要将这类专用计算软件安装在自己的计算机上，这在软件维护和售后支持上减轻了用户的负担。

5. 云服务

云服务主要是指在互联网上交付使用的解决方案和产品服务等。具体可能需要访问其他云计算或其部件、软件以直接或间接地和用户进行通信。

6. 客户端

客户端就是进行云计算的需求用户，是云服务计算机和软件的终端，如手机、浏览器等。

（三）云计算的主要特征

云计算最大的特点是用户自己没有计算用软件平台。这就使用户不必自己花资金去购置相关的计算软件，而是采用租赁的方式使用第三方提供的软件资源。第三方按照计算模式向用户收取相应的费用，但这些费用与用户自己购置软件设备的费用相比肯定是少得多。此外，云计算还有一个优点就是可以多端共享，即多个用户同时使用云计算。这样做的好处是可以充分利用云服务器，且运行速度达到程序的开发速度，大大提高了计算效率，降低了计算成本。通俗地讲，就是大幅提高了计算机的计算能力。云计算的运行模式就是自动调用空闲资源来响应客户需求，因此完全不用担心服务器的高峰负荷影响计算速度。云计算具有八大特征，如表 6–1 所示。

表6–1　云计算的八大特征

特　征	描　述
灵活性	使用户能够快速和廉价地利用技术基础设施资源。服务的实现机制对用户透明，用户无须了解云计算的具体机制就可以获得需要的服务
经济性	成本降低，资本开支将转换为业务支出。云计算的基础设施通常是所提供的第三方，这使用户不需要为了一次性或非经常性的计算任务购买昂贵的设备。以计算量为计费标准，也减少了客户对 IT 设备知识的要求
独立性	由于能够使用网络浏览器接入系统，所以用户可以从任何位置利用正在使用的设备，如个人计算机或移动电话，通过互联网访问他们所需的信息，获得他们所需的服务
共享性	众多用户分享资源，并且避免单一用户承担较高的费用或有限的资源无法被充分利用
可靠性	云计算系统由大量商用计算机组成机群向用户提供数据处理服务，利用多种硬件和软件冗余机制，这使它适合业务连续性和灾难恢复

续 表

特 征	描 述
可扩展性	现在大部分的软件和硬件都对虚拟化有一定支持，各种资源、软件、硬件都虚拟化放在云计算平台中统一管理，通过动态的扩展虚拟化的层次达到对以上应用进行扩展的目的
安全性	云计算的安全由于中央集权的数据管理而提高，这是因为供应商能够把资源用于进行安全审计和解决安全问题，而一般的客户能力或资金有限
可持续性	由于计算机及相关的基础设施是主要的消费能源，供应商出于各方面考虑，都会通过提高资源利用率建设更有效的系统，从而降低整体能耗

二、云计算的服务模式

简单地说，云计算是通过网络提供的软件、硬件为用户服务。实现服务的接口就是网络浏览器。用户使用云计算的过程不必安装任何程序或客户端软件，只需要直接在浏览器中进行，并且不局限任何时间、空间和设备。云计算的典型服务模式有三类：software as a service（saas）；platform as a service（paas）；infrastructure as a service（IaaS）。

所谓 SaaS，就是在浏览器上使用软件。换句话说，用户不用在软件的许可服务上投资，对于软件供应商来说，他们的软件维护费用也是比较低廉的。软件服务供应商通常会按照既照顾消费用户又保证自身利益的标准收取软件租赁费。高级的服务通常允许用户自定义只用软件的模块或使用方式，并且供应商的人力资源普遍会对软件上的应用负责，即全权负责所有部署和软件的升级。

所谓 PaaS，是指服务引擎。云平台这种基于服务引擎搭建的服务本就是基于软件服务的，它更加深入地将软件研发平台作为一种服务，然后以软件服务的模式直接交付给客户使用，一方面加快了软件服务的发展速度，另一方面促进了平台服务更上一层楼。

站在用户的角度，用户不需要自己独立建立软件开发平台，也不会遇到某一个或某一类程序在不同开发软件平台中存在不兼容的问题。站在供应商的角度，供应商可以集中优势团队对软件平台进行多元化和定置化改进。Salesforce.com 公司的 Force.com 云计算架构是在因特网上运行的一项服务，该平台以每次登录情况作为收费基准，是一种即时的网络云服务。它还吸纳了其他众多独立软件，综合利用资源开发了多种SaaS应用平台，成为现在业务广泛的多元化软件服务供应商。

所谓 IaaS，是指云计算中主机、存储器和网络等虚拟硬件。同样，用户不需要自己购买计算服务器、存储硬盘等硬件设备，只需要向相应的供应商租赁即可。IaaS 属于最基层的服务，它为用户提供的是安全可靠的、计算能力强大的、存储容量充足的基础设备服务，因此用户可以按照自己的需求选择要租赁的硬件设备。此外，这类服务还为用户提供开放的服务接口。全球顶尖的云服务公司 IBM 由于拥有世界级顶尖的 IT 基础设施，其在云服务中间件领域具有非常强势的地位，IBM 建立的云计算中心为用户提供基础设施租用服务。

无论 SaaS、PaaS 还是 IaaS，其核心概念都是为用户提供按需服务。于是，产生了“一切皆服务”（everything as a service，EaaS）的理念。基于这种理念，以云计算为核心的创新型应用不断产生。

三、云计算的体系结构

云计算是个强大的服务网络，可为每个企业或普通用户提供各种服务。云计算体系结构主要分为 6 个层面（图 6–2）。

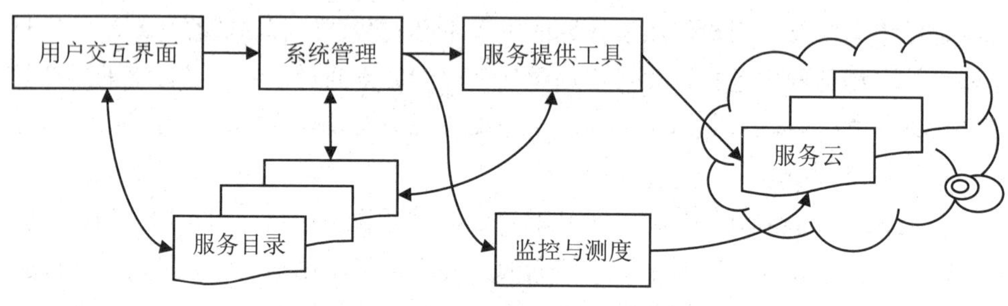

图 6–2 云计算体系结构

（1）用户交互界面：是指用户与云计算服务进行对话交流的截面，用户的计算请求和要求细节等都要在此处表达。

（2）服务目录：是指用户能够请求的所有服务内容清单，用户在支付后或体验获得的使用权限时依据自己的要求定制的云服务项目或种类。

（3）系统管理：通常管理云用户，同时对可用的资源和服务进行管理。

（4）服务提供工具：根据用户发来的服务请求对相应资源和应用进行动态部署、配置和回收等。

（5）监控和测度：实时监控云系统的资源，及时了解并更新其使用方式，并将相应的数据提交给中心服务器以备分析和统计。

（6）服务云：是服务的提供者，由系统管理的虚拟或物理的服务器负责计算处理、数据存储处理、应用服务处理等。

根据云计算系统服务集合所提供的服务类型，如图 6–3 所示，整个云计算服务集合可以被划分为应用层、平台层、基础设施层和虚拟化层四个层次，并且各个层次分别有子服务集合，如图 6-3 所示。

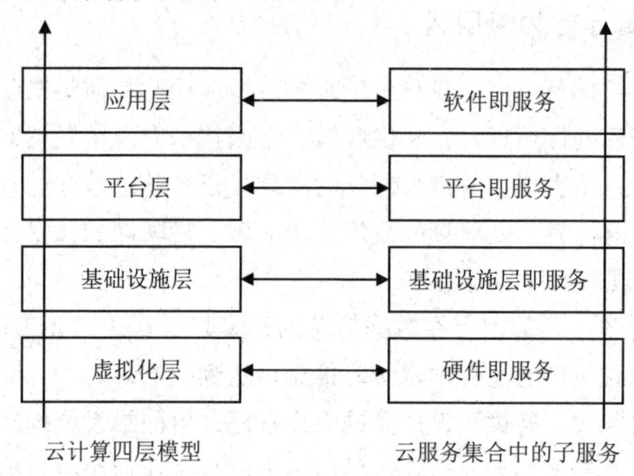

图 6-3　云计算服务层次

其中，三大核心服务分别为 IaaS、PaaS 和 SaaS。

（1）IaaS：主要向用户提供硬件基础设施服务，如提供服务器、操作系统、磁盘存储、数据库或信息资源。用户在使用该服务时，需要向其提供基础设施的配置信息，运行其上的程序代码以及其他相关的数据。为了有效优化硬件资源，IaaS 积极引入了 KVM、Xen、VMware 等虚拟化技术，从而使云计算能提供更加可靠、高性能、灵活的 IaaS 层服务，并且其服务项目可以根据用户需求进行拓展。

（2）PaaS：以服务的形式为开发人员提供操作系统以及包括开发语言和工具（如 Java、Python、Net 等）在内的环境，或将收购的应用程序部署到供应商的云计算基础设施上，用户只需上传程序代码和数据即可使用服务，而不必关注底层的网络、存储、操作系统的管理问题。

（3）SaaS：为用户提供软件及应用程序的服务。用户可以按照自己的需求直接使用，不需要关心软件的安装和升级等。一般来说，供应商会打造专业团队对云计算系统进行统一部署和系统维护、升级。收费标准一般以用户租用的软件模块为单元，以方便用户根据自己的需要定制软件单元。

云平台下的博物馆数字化建设是大趋势。目前，传统博物馆进行数字化建设最大的障碍是专业化人才、设施和经费的短缺，要建设一个高水平的数字化队伍需要一笔庞大的开支。因此，云计算体系结构成了解决这一问题的有效途径。专业的服务云可以帮助博物馆建立理想的数字化平台，博物馆只需要根据自身发展情况提出具体需求即可。服务器、数据、网络优化等可以委托云平台的运营公司管理，典型代表是阿里云。

四、云计算与智慧供应链

物联网技术早期就已经在供应链管理中有所应用。如何对物联网感知层采集到的大量数据信息进行处理是影响供应链中新兴技术大规模发展的重要因素。处理好大量基础信息是实现供应链智慧化的关键。正是基于这样的背景需求，云计算才进入了供应链世界。云计算的应用直接突破了物联网的技术瓶颈，从而使物联网技术得以大规模发展与应用。

供应链上的各个环节都存在数据信息的采集与更新，有 RFID 标签的产品或部件会在被检测或扫描的过程中将实时信息传送到终端设备中，同时会经过物联网存储到云端数据库。通过预设产品的生产程序，由网络系统控制产品的生产并保障其市场过程的秩序性和安全性。供应链上的各企业运用混合模式的私有云各自处理企业内部的核心信息，协调与联系类型的数据则用公共云技术处理。云计算在云端建立公共数据管理库，处理供应链上全部成员的共享数据资源，同时建立与公共云进行接口的私有云，来协调管理整个供应链中的数据流。

物联网在供应链中的核心作用是实时跟踪记录产品的动态、静态信息，云计算用于处理和存储物联网采集到的海量产品信息资料。首先，基于云计算的供应链系统可以共享信息、共享软件、共享资源，这符合供应链运作的基本原则。在此情形下，企业可以减少硬件投资规模，这既避免了大量资金盲目投资的风险，又降低了设备的折旧损失，减少了企业软件系统的维护成本。因此，目前的云技术应用基本上都采用服务租赁的模式，最常见的即 SaaS。例如，平台上的供应链企业不用像原来那样建设自身的信息系统，不需要再购买昂贵的服务器和软件系统。企业可以从云计算服务提供商那里租用那些高成本的设备，不用操心软、硬件的升级，也不用聘请高水平的工程师，这些都由服务提供商来解决，这大大降低了企业的运行成本和风险。其次，云计算使供应链协调过程中产生的大量数据信息得到了高效率的处理，对数据的挖掘和分析形成了高附加值的企业知识，能有效地辅助管理者进行决策。同时，在云平台上，人员沟通效率高、供应链流程较为透明，供应链节点企业可以投入更多的精力集中于核心业务的处理，从而提高客户满意度。

虽然目前云计算的应用处于初级阶段，存在着各种不确定因素，但是这些都无法阻碍云计算模式成为未来计算机网络技术发展的方向。同时，供应链企业在寻求云时面临的最关键问题是必须能够整合原有的系统与供应链合作伙伴的系统。供应链企业必须根据内、外部环境确定合适的云计算战略，只有充分认识到这一点，智慧供应链与云的结合才能真正发挥应有的作用。

第三节 大数据

一、大数据概述

（一）大数据的概念

大数据又称巨量资料，顾名思义是指涉及的数据资料数量十分庞大。大数据处理就是在适当的时间、范围内完成对这些数据的撷取、计算、分析工作，然后生成有利于企业管理和决策的有价值的资讯或报告结果，并进行数据通信，实现网络上的资源共享和信息交换的信息手段。

大数据要求以更强的决策力、更灵敏的洞察力及更好的优化能力的全新处理模式来处理大量的不断变化和增长的数据。大数据处理的数据资源类别使用传统工具或方法一般是无法处理的。因此，大数据理论中将那些超出数据大小范围、传统方法无法处理的数据定义为非传统方法处理数据集合。大数据科学家约翰·劳泽（John Rauser）在亚马逊（Amazon web services，AWS）网络服务中提到了一个定义：大数据就是任何超过了一台计算机处理能力的庞大数据量。大数据研究小组认为大数据就是当前社会中最新的宣传技术，这种现代信息化技术的定义比较混乱。Kelly认为，大数据虽然庞大但有可能不包含全部信息。AWS认为，大数据的部分认知就在于其庞大的数据量要求多个工作负载。换句话说，当现有技术达到极限时，数据也就到极限了。事实上，如何定义大数据已经不重要了，如何运用时代最新的大数据处理方法才是关键。因此，当前面临的最大挑战是弄清楚哪些现代技术可以将大数据灵活自如地加以运用，开源大数据库与传统数据库相比，非结构化的数据服务又有哪些价值是需要我们进一步探索的。

（二）大数据的特点

专业人士认为，可以用不同的词汇表达大数据的特点。例如，道格·兰尼（Doug Laney）在2001年最早提出了数量（Volume）庞大、速度（Velocity）迅速和种类（Variety）丰富的“3V”模型。国际数据公司（International Data Corporation，IDC）在此基础上又新添了价值性（Value），形成“4V”模型。由于大数据的价值通常表现得比较稀疏，因此国际商业机器公司（International Business Machines Corporation，IBM）又添加了真实性（Veracity）一项。维基百科也对大数据有简单的描述：利用常用的软件来获取、管理和处理数据的时间超过了可以容忍的范围即为大数据。发展到今天，业内人士已经用包含有效性和可见性的“11V”模式来形容大数据了。

下面以最经典的“4V”模型为例，简单介绍“4V”特征的主要体现。

1. 规模性（Volume）

规模性是指数据量的庞大及完整。大数据的存储内存和存储技术的优劣息息相关，且已经从原来的TB级别上升到ZB级别。数据加工技术、宽带技术、社交网络技术不断优化，促使数据产量和存储量都在成倍地增加。但从完整性的角度来评价数据的存储，其数量级的大小不是最重要的。数据规模性体现通常有推特上对人的心理的12 TB分析，还有脸书（Facebook）上的海量信息分析，这些都帮助人们处理现实中的朋友圈的利益关系。

2. 高速性（Velocity）

大数据的流动表现为移动性，大数据网络通道越多，流动越快。由于现实社会生活中对数据实时性的需求直接促使了网络移动技术的高速发展。人们对数据的需求越急切，网络发展越向处理数据高速的方向发展。高速性促使大数据处理更加灵敏，当有大量数据输入时系统就会立马做出回应。

3. 多样性（Variety）

多样性一般是针对关系或非关系数据来源的途径的多样。在当今互联网时代，各类通信设备都由网络统一起来了，形成了互动Web 2.0时代。个人的计算机或移动设备不仅可以在网络上获得信息，也可以向外发布信息。新时代的网络数据量暴涨，数据种类、来源自然也就丰富起来了。大数据分析数据不局限于简单的文本，还可以处理视频、音频、日志文件、点击流等任何有用信息。对大数据多样性的利用要求我们去粗取精，保留和筛选自己需要的信息。

4. 价值性（Value）

大数据的价值性体现在人们对其实实在在的运用。大数据的价值在于它的稀缺、多样和不确定。2012年，玛丽·米克尔（Mary Meeker）一个被称为互联网女皇的传奇人物就曾经用图像来形象地描绘大数据——一张图上是整齐排列的稻草剁，还有一张图上是稻草中缝衣针的特写。其寓意就是说人可以运用大数据技术在稻草堆中找到缝衣针这样渺小但有价值的信息。这两张图可以说非常形象地揭示了大数据价值的稀疏性。

二、大数据分析

只有通过数据分析才能实现智能化，才会获得所需要的有价值的信息。现在越来越多的行业、应用需要用到大数据技术，同时大数据的属性越来越复杂，因此大数据的分析方法研究非常紧迫。现今，大数据分析普遍存在的方法理论有如下几种。

（一）可视化分析

大数据的使用者多为专业的数据分析专家，还有一些普通的用户。无论用户是谁，其要求都是大数据分析可视化。可视化可以明晰地呈现出大数据的内在特点和联系，这也容易为读者所接受。

（二）数据挖掘算法

挖掘算法是大数据的理论核心，运用与不同数据类型相适应的挖掘算法才能很好地将数据的本质特征展现出来，运用世界范围内公认的有效统计方法才能得出让人信服的具有公认价值的数据结果。此外，挖掘算法因本身具有能够迅速处理大数据的优势而得以广泛使用。

（三）预测性分析能力

预测分析是大数据分析的重要应用。通过科学建模对大数据进行分析可以得出可靠的未来数据，人们可以据此推测或预告一些未发生或可能发生的事情。

（四）语义引擎

由于大数据在分析非结构化数据时有些麻烦，需要开发一套系统工具对这类数据进行处理，因此诞生了语义引擎。它的智能机制可以有效提取大数据中的有用信息。

（五）数据质量和数据管理

大数据分析还包含对数据质量的管理。无论在学术研究还是商业应用领域，高质量地管理数据对保障分析结果的可靠性具有重要意义。

三、大数据关键技术

从大量数据中快速准确地摘取有价值的数据的信息技术就是大数据的关键技术。事实上，信息网络技术发展到今天，大数据已经不仅仅局限于其数据规模的庞大，还包括数据采集方式方法、分析处理工具或方法的多样与复杂。大数据的研究目的就是有效处理某些领域中数据量庞大的问题。大数据时代给我们带来的挑战体现在用先进的方法处理海量数据以获得最有价值的信息和对先进高效数据处理方式方法的探究。

（一）数据采集

通常分布的、异构的复杂数据经过 ETL（Extract-Transform-Load，萃取—转置—加载）工具抽取分类会将关系、平面数据存放到中间层，以备后续进行筛选、加工和分析。最后，将转换好的集成数据传输到数据仓库进行联机处理和挖掘。

（二）数据存取

关系数据库、NoSQL、SQL 等。

（三）基础架构

云存储、分布式文件存储等。

（四）数据处理

数据处理中诞生了一门研究计算机交互语言的学科——自然语言处理（Natural Language Processing，NLP）。这门学科的核心就是研究如何让计算机理解自然语言。计算机自然语言理解也就是 Natural Language Understanding，即计算语言学。它是语言处理的分支，也是人工智能的研究重点。

（五）统计分析

统计分析的方法非常多，目前也没有统一的分类。主要用到的有假设检验、显著性检验、相关性分析以及一些数学分析方法，如回归分析、相分析、方差、标准差、期望等。此外，经常用到的还有曲线估计、因子或系数分析等，快速聚类法、多元对应分析、尺度分析以及 Bootstrap 技术等也有运用。

（六）数据挖掘

数据挖掘包含对数据进行分类、预估、相关性分析、聚类描述和可视化等处理。复杂的处理还包含对文本、网页、图形、视频、音频的处理。

（七）模型预测

预测模型、机器学习、建模仿真。

（八）结果呈现

云计算、标签云、关系图等。

四、大数据处理

不同于传统的处理方式，大数据的处理在理念上有三个变化，即大数据讲究数据的完整性、处理数据的高效性、结果的相关性。处理流程通常是数据采集、导入 / 预处理、统计 / 分析、挖掘几项。完整、高效的大数据处理过程需满足以下四个方面的要求。

（一）大数据处理之一：采集

大数据的采集一般是运用多个数据库接收来自客户端的数据，与此同时，用户可以在这些数据库中查询和检索自己需要的信息。例如，MySQL 和 Oracle 等关系型数据库就是电商用来存储每一笔交易数据的。类似地，还有用于数据采集的 Redis 和 MongoDB 的 NoSQL 数据库。并发数高是大数据采集面临的主要挑战，由于存在某一时段出现大量访客的现象，如春运期间购买火车票、双 11 购物等，这样的高峰访问需要在信息采集端部署大量高容量数据库才可以应对。

（二）大数据处理之二：导入 / 预处理

如果要对这些采集端的数据进行分析处理，就必须将这些前端的数据导入集中处理器。集中数据处理可以是分布式的，也可以是集中存储机群。数据在进行导入工作前需要进行简单的处理，如筛选、过滤、分类等预处理。有时候可以采用 Twitter 的 Storm 对导入前的原数据做流式计算。导入数据的难点在于控制好导入量和导入速度的关系，因为速度太快可能导致数据失真，太慢则会影响效率。通常每秒钟达到几百或几千兆。

（三）大数据处理之三：统计 / 分析

这一步骤通常是分布式计算机群将其存储的大量数据进行普遍意义的分类汇总。通常在分析过程中会用到一些实时性的需求，如 EMC（易安信）的 Greenplum、Oracle 的 Exadata，有时还会采用 Infobright，它是基于 MySQL 的列式存储。对于半结构化类型的数据往往采用 Hadoop。这一过程一般要求非常大的计算资源，对基础设施的硬件要求很大，并且对 I/O 有极大的占用。

（四）大数据处理之四：挖掘

数据挖掘就是在数据表象下发现其中隐藏的含义。数据挖掘因出现得比较晚而没有预先设定的主题。通常是在数据上进行算法计算，以发现数据的内在联系和规律，以此来对未来进行预测，从而为高级数据分析做好铺垫。典型的数据挖掘方法有聚类法 K-means 和在统计学中的 SVM（Support Vector Machine，支持向量机）。此外，比较常见的有 Naive Bayes，这些方法基于 Hadoop 的 Mahout 等工具来实现。数据挖掘的过程一般使用复杂深奥的算法理论，并且计算量很大，计算方式为单线程。

五、大数据与智慧供应链

自大数据技术出现以来，为传统供应链带来了颠覆性改变，供应链管理所涉及的采购、物流、库存等各个职能都得以通过大数据技术得到运作效率的提升。在大数据时代，通过对供应链上海量数据的收集、甄别，不仅可以为终端的市场用户勾勒出关于消费习惯、消费能力的“消费画像”，反映出市场真实的需求变化，也可以使物流企业依据数据分析的结果，了解到具体的业务运作情况，以判断出哪些业务带来的利润率高、增长速度较快等，并通过实时的数据针对业务做出必要的调整，把主要精力放在真正能够给企业带来高额利润的业务上，确保每个业务都可以盈利，从而实现高效运营。应用大数据构建有效的市场预测模式，使物流企业从价值延伸的角度为客户提供超出预期的服务，在实现产品的物流量精准预测的基础上，更精确地配置自身的各项物流资源，更好地掌控整个物流供应链，从而提升供应链的协同效应，促进智慧供应链的构建与发展。

（一）预测未来的供应链中断

现在市场上的供应链系统依赖不确定性较高的固定提前期概念，尤其是在运输管理系统上，如远洋运输的不确定因素太多导致预测不稳定。类似电子信息交换（Electronic Data Interchange，EDI），由于在提醒用户事件发生后就会中断，因此在很大程度上限制了组织系统的快速修复能力。这在整体上降低了客户服务水平，加大了运输费用和库存需求，降低了企业的利润。供应链中断现象是难以避免的，但如何在有效时间段内及时恢复供应链的连接非常重要。新技术的运用为供应链中断问题开辟了新路。运用先进的网络信息技术可以有效预测未来中断情况，以为供应链上的各方打好预防针，帮助相应部门提前做好准备工作。现实中不可预测的消费、复杂的交通状况、天气、工人等因素都是供应链中断的重要因素，一旦供应链中断，就会加大供应成本，并增大客户服务的难度。运用新技术有效分析大数据，帮助企业了解货运动态，确定预计的到达时间（Estimated Time of Arrival，ETA）。这样创造的供应链具有弹性，能帮助组织做出积极有效的决策，不仅缩短了网络延迟和供应周期，也保护了利润。

（二）大数据驱动价值

通过运用大数据技术，第三方物流供应商的运行越来越快速有效了。通过与技术供应商长期合作，将资源投入大数据库中再运用到其他服务上，创造了很多价值。大数据的运用不仅在数据采集方面取得巨大成功，还具有做某事的能力。现今，组织还期望能在数据预测和分析方面向可见性转变以便做出更方便快捷、准确稳定的决策。此外，客户、供应商等可以提供市场洞察资源将数据资源转化为价值。提供客户的消费喜好、零售行业的具体情况对帮助供应链上的各方都具有重要意义。对于工业采购，供应商应提前一段时间进行计划，但事实上大多数情况下无法保证这一点。运用大数据分析就可以帮助供应商提前规划下一批订单业务，有时还可以拓展到 12 ～ 18 个月。同时，供应商可以不必承担风险而为下游客户需求和消费心理提供分析和建议，从而更好地发展业务。

（三）科学运用大数据的重要性

尽管现在很多企业、个人意识到了大数据的价值和重要性，但由于非结构化数据量的庞大使大数据计算负担很大，以至于大数据很难普遍使用。现实中对数据进行专业分析可以得到有效的业务抉择建议或预测。随着时代的进步和社会的发展，企业不甘落后而大量投资数据管理，但未能将采集的大量数据转变为有价值的预测性文件。因此，建议企业进行投资前先对数据的内在价值和大数据意义进行深入理解，如此才能把握时机，促进企业持续高效地运行。

（四）利用大数据获得竞争优势

挖掘数据中隐藏的科学秘密之前要先从数据或缺乏的数据中寻找突破口，然后将其投入数据科学部门。投资之前的建议一般由投资同行、大学相关研究机构以及技术供应商共同商定，那些有过投资经验的最有发言权。大数据可以为投资进行初步预测以为其带来投资回报，使其获得竞争优势。采用大数据确实对供应链有很多好处。供应链上的各方正确实施大数据有助于自身保持竞争力，使操作流程更加精简，迅速做到响应，并积极应对供应链中断。

第七章　智慧供应链的其他相关技术

第一节　数据交换技术

EDI 是智慧供应链体系金字塔底层中的重要技术，也是把供应链上各参与方用信息化手段连接成一个整体，实现各参与方之间数据共享和协同的重要手段。

在互联网时代，网络技术、平台技术和电子商务技术都发展得很快，企业、组织对个人（如最终消费者）之间的交易或信息交换（Business to Consumer，B2C）都可以通过互联网特别是移动互联网及电子商务平台进行，但企业、组织之间的信息交换（Business to Business，B2B）由于 EDI 的标准化、自动化特征，仍然基本上通过 EDI 进行。

一、EDI 技术的概念、特点

EDI 是一种利用信息技术在商务相关企业或组织之间进行数据交换的方式，它将贸易、运输、保险、银行和海关等行业的信息，用一种国际公认的标准格式，形成结构化的事务处理的报文数据格式，通过计算机通信网络，使各有关部门、公司与企业的信息在应用系统之间进行数据交换与处理，并完成全部业务的过程。

在 EDI 收、发双方之间传递数据的标准格式文件通常被称为报文。报文是完成数据交换的媒介。EDI 是目前最成熟、应用最广泛的在信息系统之间进行数据交换和共享的技术手段。广义地说，EDI 包括所有用电子信息技术在应用系统间进行数据交换的手段，包括近年来发展迅速的面向服务的架构（Service Oriented Architecture ，SOA），主要用于企业内部应用系统之间的数据交换技术，如企业服务总线（Enterprise Service Bus，ESB）和 Web Service 的技术，也包括企业之间进行的通过以平面文件为主的报文交换实现的数据交换，以及在电子商务或信息服务平台上广泛使用的基于网页技术的（Extensible Markup Language，XML）数据交换。本章主要讨论的是供应链上各企业间进行的以平面文件报文为主要媒介的数据交换。

EDI 具有如下特点：

（1）EDI 的使用对象是需要进行商业交易或业务协同的不同企业或组织。EDI 是企业或组织间信息交流的一种方式。

（2）EDI 所传送或交换的信息是业务资料，如发票、订单等商业单证材料和物流过程动态等，是一种结构化的数据，而不是一般性的文字通知和描述。

（3）EDI 传输的报文以及为传输报文而建立起来的通信方式和系统互联都必须符合交换双方共同承认并遵循的格式标准，这是信息系统能够自动处理报文的基本前提。

（4）EDI 使用的数据通信网络在过去一般是增值网和专用网，现在越来越多地通过互联网来完成，其私密性和安全性通过一系列互联网安全认证技术来实现。

（5）EDI 与传真或电子邮件的区别：传真与电子邮件是非严格结构化的文本和描述，需要人工的阅读判断处理才能输入计算机业务应用系统，这样既浪费人力资源，也容易发生错误；EDI 是在收、发双方的计算机应用系统间直接传送并完成数据交换，完全无须人工介入操作。

二、EDI 的构成要素和过程

构成 EDI 系统的三个要素是数据交换标准、生成或解析交换报文的软 / 硬件系统以及通信网络。

一个部门或企业要实现对外部商业伙伴或客户的 EDI，首先必须有一套业务应用信息系统，其中包含需要与外部交换的结构化数据；其次，需要与外部交换方商定所采用的 EDI 标准（包括报文和通信标准等）；最后，要有与该标准相配的生成或解析交换报文的软 / 硬件系统。另外，通信环境的优劣也是关系到 EDI 成败的重要因素之一，包括对通信参与方的安全认证和报文加 / 解密、通信接口及专用或通用的网络连接，如通过数据专线或通过互联网的网络连接。

用于生产或解析所交换报文的软 / 硬件系统可以是企业自建或使用增值服务（Value Added Network，VAN）商通用的 EDI 平台（包括独立的软 / 硬件系统），该平台的主要功能和原理如下：

（1）从应用系统数据库中按照 EDI 标准抽取数据并严格按照标准生成固定格式的报文，这些报文实际上是用带标志的行及行中的特殊符号（如加号或星号）分隔的一个个数据，每行是一组相关的数据。

（2）按照 EDI 标准解析接收到的报文，并从中抽取符合要求的数据装入应用系统的数据库，数据的查找全靠标准中规定的数据位置，如哪一行、第几个分隔符后面的文字是什么数据。

（3）控制通信系统的报文发送与接收，包括对收发动作的监控，如发送报文后检查接收对方发来的回执，以及收到对方报文后向对方发送回执。

这种通用 EDI 平台适用于需要与很多业务伙伴或客户做 EDI 并可能采用多种不同标准的企业（往往是大中型企业）。对于仅需要与个别业务伙伴或客户做数据交换并使用单一标准的小型企业来说，只需要在该企业的应用系统中，专门为此交换需求和标准研发相应的软件模块（EDI 模块）即可，或者直接使用一些公共服务平台所提供的数据交换标准及通道服务。

三、EDI 标准

EDI 是目前为止最为成熟和使用范围最广的电子商务应用系统，其根本特征在于标准的国际化，标准化是实现 EDI 的关键。早期的 EDI 由贸易双方自行约定标准，随着使用范围的扩大，一对一的“标准”根本无法适应，于是出现了许多行业标准和国家标准，最后形成了国际标准。EDI 的各项标准是使 EDI 技术得以广泛应用的重要技术支撑，EDI 的标准化工作是 EDI 发展进程中不可缺少的一项基础性工作。

EDI 标准体系是由 EDI 应用领域范围内具有内在联系的标准组成的科学有机整体，根据通信、内容、管理和安全等不同功能的具体需求，EDI 标准体系由若干个分支体系构成，包括基础、单证、报文、代码、通信、安全、管理应用等，各分支体系之间又存在相互制约、相互作用、相互依赖和相互补充的内在联系。其中，最重要的是报文标准体系和通信标准体系。通常在建立企业间 EDI 伙伴关系时，要先商定采用的报文标准、通信标准以及报文涉及的数据代码标准。下面仅重点介绍 EDI 的基础标准体系、报文标准体系、代码标准体系和通信标准协议和网络通信协议。

（一）EDI 基础标准体系

EDI 基础标准体系是起指导作用的核心体系，主要由 UN/EDIFACT 的基础标准和开放式 EDI 基础标准两部分组成。其中，EDIFACT 有 8 项基础标准，包括 EDI 术语、EDIFACT 应用级语法规则、语法规则实施指南、报文设计指南和规则、贸易数据元目录、复合数据元目录、段目录、代码表，中国采用了这 8 项标准。开放式 EDI 基础标准是实现开放式 EDI 最重要、最基本的条件，包括业务、法律、通信、安全标准及信息技术方面的通用标准等。ISO/IEC JTC1 SC30 推出了《开放式 EDI 概念模型》和《开放式 EDI 参考模型》，规定了用于协调和制定现有的和未来的开放式 EDI 标准的总体框架，成为未来开放式 EDI 标准化工作的指南。随之推出的一大批功能服务标准和业务操作标准等将成为指导各个领域 EDI 应用的国际标准。

（二）EDI 报文标准体系

EDI 报文标准是每一个具体应用数据的结构化体现，所有的数据都以报文的形式传输出去或接收进来。目前，全球范围内最广泛使用的 EDI 报文标准是联合国的 EDIFACT 和北美的 ANSI X.12。

最早的 EDI 报文标准是 1979 年美国国家标准学会（American National Standards Institute，ANSI）为商业伙伴间（B2B）完成电子数据交换而开发的统一标准，标准代号为 X.12。最早的 ANSI X.12 支持北美的不同行业企业的数据交换，发展到今天广泛用于全球范围的数据交换，全球有超过 30 万家公司在日常业务交易中使用 X.12 的 EDI 标准，X.12 也为 EDIFACT 做出过贡献。目前，该标准主要在北美和部分亚太地区使用，特别是以美资企业为主导的供应链中。

以联合国主导开发的 EDI 国际标准最早是联合国标准报文（United Nations Standard Message，UNSM），其 1987 年正式形成时只有十几个报文，而后发展成一整套 EDIFACT 标准体系。截至 1999 年 2 月，UN/EDIFACT D.99A 版包括 247 个报文，其中有 178 个联合国标准报文、50 个草案报文（Message in Development，MiD），涉及海关、银行、保险、运输、法律、税务、统计、旅游、零售、医疗、制造业等诸多领域。最新的 ED1FACT 版本是 D11A。目前，该标准广泛用于欧洲、亚太大部分地区和除北美外的其他地区。中国的 EDI 国家标准基本上采用 EDIFACT 标准体系。

其他被使用的 EDI 报文标准主要是一些涉及部分行业或部分国家的标准，包括 RosettaNet（计算机、消费类电子产品、半导体制造商、电信和物流行业）、VDA（德国和欧洲汽车行业）、VICS（北美的一般商品零售行业，X.12 的子集）、SWIFT（银行和金融机构）、EANCOM（医疗、建筑和出版，EDIFACT 的子集）、Tradacoms（英国的零售业在 EDI 领域仍然广泛使用）等。

随着互联网和电子商务的迅猛发展，新的基于互联网 XML 技术的 ebXML 国际标准已经出现并在不断完善中。ebXML 与上述传统 EDI 报文的显著区别在于它并非是基于普通文本格式（又称为平面文件），而是具有 XML 标记特征的数据文件，每个数据段都有其特有的标签。尽管 ebXML 标准还在完善中，目前尚没有得到全面的应用，但在电子商务和公共服务平台领域已经大量采用了自定义的该类标准。

（三）EDI代码标准体系

在EDI传输的数据中，除了公司名称、地址、人名和一些自由文本内容外，几乎大多数数据以代码形式发出，为使交换各方便于理解收到的信息内容，便以代码形式把传输数据固定下来。代码标准是EDI实现过程中不可或缺的一个组成部分。EDI代码标准体系包括管理、贸易、运输、海关、银行、保险、检验等方面的代码标准。

（四）EDI通信标准协议和网络通信协议

现在最常用的EDI通信标准协议包括以下几类。

（1）AS2：采用签名AS、加密和具有MDN（送达回执）的特点，沃尔玛最先使用，目前广泛应用于金融、制造、零售、物流等全部领域。AS2需要有第三方认证的加密签名。

（2）OFTP/OFTP2.0：设计用于欧洲汽车行业，现已推广到全球的零售、大型家电、制造业、政府部门、运输、保险行业和银行业等。OFTP 2.0扩展了对超过500 GB的大文件传输的支持。

（3）SFTP、FTP/S、HTTP/S、AS1/AS3/AS4等。

计算机网络通信协议是EDI得以实现的必备条件，EDI通信标准则是顺利传输以EDI方式发送或接收的数据的基本保证。EDI使用的计算机网络通信协议体系包括ITU的X.25、X.200/ISO 7498、X.400系列/ISO 10021、X.500系列等，其中X.400系列/ISO 10021标准是一套关于电子邮政的国际标准。随着互联网技术的普及，这些老的网络通信协议已经逐渐退出，目前最普遍采用的是基于互联网技术的TCP/IP通信标准。

第二节　多式联运供应链的协同管理和控制塔技术

一、多式联运的概念及特点

由两种及以上的交通工具相互衔接、转运而共同完成的运输过程称为多式联运，这种运输使用一个单一的全程多式联运提单，由单一的联运经营人（提单签发人）对货主承担全程的运输责任和保险，而且联运经营人以单一费率向货主收取全程运费。

目前，国际上使用最为广泛的是以铁路为基本方式的海铁、公铁联运，或称为海公铁联运。它取长补短，结合了几种运输方式的优势，已成为现代物流体系中高效率和低排放的先进运输模式。

多式联运的特点可概括如下：①根据多式联运的合同进行操作，运输全程中至少使用两种运输方式，而且是不同方式的连续运输。②多式联运的货物主要是集装箱货物，具有集装箱运输的特点。③多式联运是一票到底，实行单一运费率的运输。发货人只要订立一份合同、一次付费、一次保险，通过一张单证即可完成全程运输。④多式联运是不同方式的综合组织，全程运输均是由多式联运经营人组织完成的。无论涉及几种运输方式，分为几个运输区段，都由多式联运经营人对货运全程负责。

由此可见，多式联运虽然是得到公认的先进物流模式，但对管理的要求很高，是现代物流和供应链管理的高端模式，没有先进的智慧管理体系，不可能实现高效率、低成本的目标。

多式联运近年来在中国很受重视，但总体而言尚在较低水平。在国务院 2009 年 3 月发布的《物流业调整和振兴规划》不同章节里曾 8 次提到发展多式联运，说明此种先进的运输模式需要在中国的物流业调整和振兴中得到更大的投入和发展，而采用先进的智慧供应链管理技术是发展中国多式联运的必然举措。

二、多式联运供应链管理信息系统特征

多式联运供应链管理信息系统的体系和功能结构类似在智慧供应链管理的金字塔，它具有如下特征：

（1）承接多式联运供应链物流总包的第三方物流公司（如多联货代公司）是多式联运供应链管理的主体，它承接供应链链主（如货主）的货运委托，组织和协调各种运输方式承运人的运输服务，并对整个服务过程进行监视、异常控制和量化考核管理，还需要及时向链主发送可视化的动态信息，异常处理信息和量化的供应链运行分析。因此，多式联运管理信息系统的拥有和使用人是这种物流服务的总包商。

（2）多式联运订单管理是各种运输方式管理的基础，基于订单管理的计划调度模块则是整个多式联运体系的协调指挥中心，如同智慧供应链金字塔的计划协同平台。

（3）对整个多式联运供应链进行监控管理的是控制塔。它的概念和基本功能

正如现代物流对其信息系统的基本要求，可以用 V、C、M 三个英文字母表示。

V：Visible，可视，即供应链的全程动态透明化、可视化。本项目通过各操作系统采集动态数据，集中在控制塔上做全面监控，并以 EDI 服务的方式及时传送给客户的应用系统。

C：Controllable，可控，即对供应链运行中发生的异常事件可预警，可给出应急方案，并按规则逐级报警，以避免对后续环节的影响。

M：Measurable，可量化，即对供应链运行管理和服务质量进行量化考核。

（4）铁路、公路和海运、空运承运人或分包商各自的应用系统是在多式联运管理系统协调下，接受计划模块发来的指令，独立完成多式联运的每一个环节（Leg）的服务并向总包商的系统报送执行情况和动态，直到完成本环节并移交货物给下一个 Leg 的承运人。当最后一个承运人完成整个运输链的交付任务时，需得到收货方签收后，将电子回执单发送给总包商系统。因此，这些承运人或分包商的系统都是和智慧供应链金字塔的底层（系统互联、数据交换和整合层）进行系统对接或整合，通过 EDI 或其他对接方式接受指令，返回动态。

三、重庆铁海联运国际大通道的智慧供应链

重庆铁海联运项目是重庆市政府、中远物流与美国惠普公司自 2010 年以来共同实施的多式联运项目。其目的是将该公司在重庆生产基地所生产的产品通过铁海联运的方式及时发往欧洲和世界其他地区。这是一个典型的国际多式联运供应链管理项目，也是典型的智慧供应链管理项目。

重庆铁海联运国际大通道由集装箱中心站、铁路运输线、国内港口、国际海运航线和国外港口五大部分组成，其起点为重庆制造基地的多个代工厂，经团结村集装箱中心站装铁路班列，通过渝怀线、沪昆线、京广线、广九线、平盐铁路到达深圳盐田港站，再由深圳盐田等港口集装箱码头装船运往欧洲的几个地区，包括通过 2013 年以来开辟的希腊比雷埃夫斯港向东欧、南欧和地中海地区中转货，通过比雷埃夫斯港转欧洲铁路向欧洲内地中转集装箱，以及在比雷埃夫斯港完成的转拼（Cross Docking）业务。

中远物流在惠普亚欧多式联运供应链中扮演着整合物流服务商或物流总包商（Logistics Service Provider，LLP）的角色。该多式联运供应链的服务特点和模式可概括为以下几点：

（1）具有繁多和复杂的数据交换连接，对象包括分布在中国和亚欧各地众多的代工 ODM（Original Design Manufacturer，原始设计制造商）制造厂商（其中富士康最大并有许多分布各地的分支机构，它在部分路径具有全程的货权）、物流

分包商。货主和制造商、分包商采用了不同的EDI标准和通信模式，需要数据交换平台强大的适应能力。

（2）具有最全面的多式联运运输模式，包括公路、铁路、内河、支线驳运等。

（3）具有复杂的货权转移关系，并需要根据货权转移设置更多、更准确的状态跟踪点。

（4）具有转拼操作（Cross Docking），即利用比雷埃夫斯港的仓储设施和服务作为中转枢纽，把不同地区和制造商运来的集装箱在必要时拆箱，并按照最后交付地/收货人（Pack ID）重新拼箱或直接装车转运。

该项目的实施需要满足以下智慧化需求：铁路与海运两种运输方式的信息无缝对接；与富士康等代工厂的配合，以及门对门的服务；为链主（惠普公司）提供高水平的数据对接和信息服务；全程货物运输透明化、可视化；严格的物流服务监控和非常事件处理能力。

信息时代下，多式联运供应链协同的关键在于链上所有参与方的信息交互、共享、整合以及管理者对各环节的协同控制。而跨国多式联运供应链的协同控制关键在于对全链运作的可视、可控和可量化管理，涉及的信息交换类型包括承运人的服务信息、换装作业信息、货运业务信息、集装箱运输动态等服务信息。

为保证项目顺利实施，中远物流根据公司的实际需求建立了跨国多式联运供应链管理系统，即典型的多式联运供应链管理系统，如图7-1所示。该系统的核心部分是中间的方框，类似智慧供应链管理的核心体系，即智慧供应链金字塔。

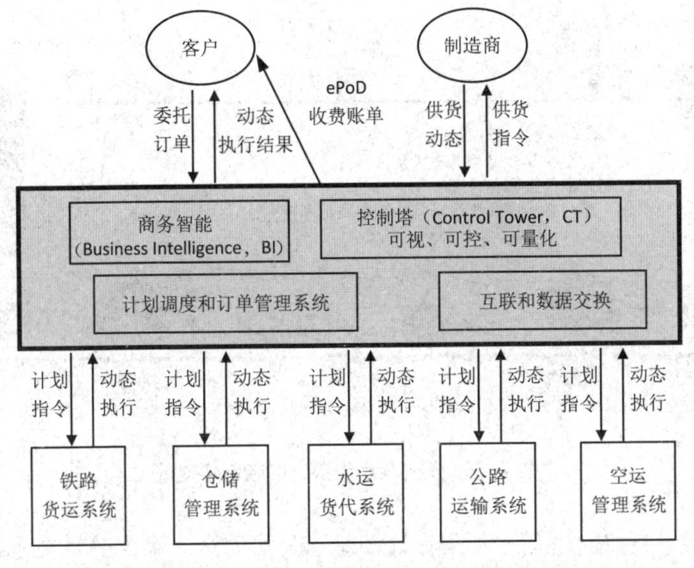

图7-1 多式联运供应链管理系统

它的主要功能包括：

（1）与各具体操作系统（如仓库系统、铁路、公路、海运、空运系统等）的互联和数据交换。这些操作系统有些是中远物流自己的，有些是其他协作（分包）单位的。

在惠普产品欧亚供应链中，数据交换对象包括惠普欧洲和亚太区、富士康及其他厂商、惠普平台服务商 GTN、中远 PCT 码头和希腊公司（统称中远希腊）、各地驳船 / 卡车 / 铁路等其他服务商，标准为 EDIFACT、X.12 及非标准 CSV 文件传输，互联协议为 AS2 和 SFTP，交换内容包括 ASN、SSM、收费凭证、订舱、报关等，报文格式包括 DESADV 和 856（ASN）、IFTSTA 和 315 及 214（SSM）、310（收费）、300（订舱）、CUSDEC/CUSRES（欧盟报关）等，因此该项目的 EDI 系统是一个多标准、多内容、多对象、非常复杂的系统，需要一个强大的通用型 EDI 平台。

（2）计划调度和订单管理。这是系统与各个操作单元或协作单位的协同作业的核心。

该系统根据客户订单，制订总体物流计划，并把它分解成针对具体操作单元的分计划，发送给这些操作单元的子系统，以协调这些计划的执行。各子系统则需要将分配给它们的分计划（指令）的执行情况及时反馈给计划调度和订单管理平台，使平台随时掌握各环节计划执行情况，必要时发出新的指令，予以协调。

（3）控制塔：对整条供应链的各环节运作实行可视、可控和可量化考核的完整的监控，如图 7-2 所示。

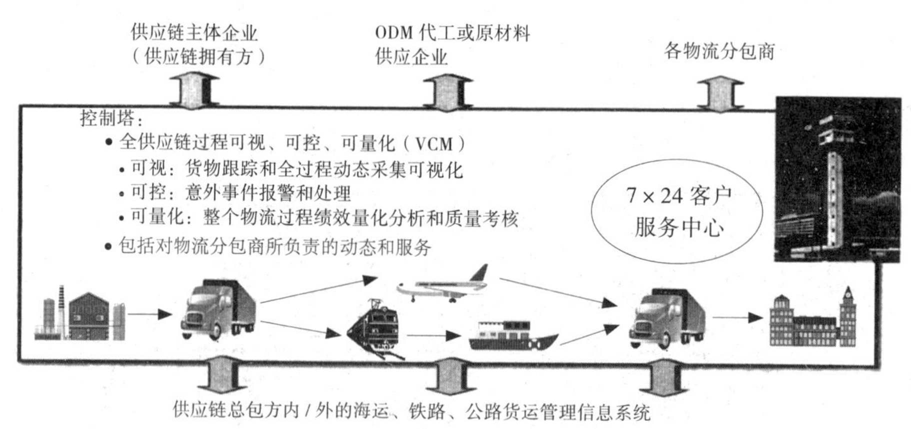

图 7-2　多式联运供应链的控制塔功能

全程供应链控制塔是近年来在许多跨国公司的全球供应链管理中提出的新需求和适应此需求而产生的新技术。供应链的链主（拥有者）往往要求负责其供应链管理的总包商负责提供整条供应链管理和监控的一站式信息服务，又称为控制塔，其名称来自机场的控制塔台，有居高临下、统揽全局的意思。该技术的提出能更好地实现供应链各环节的动态数据资源整合，达到供应链各环节的可视化、可控制和可量化，实现全程供应链和运输链上各环节的密切协同，提高整个物流体系的效率。

具体功能如下：①可视，指供应链全过程的透明化、可视化，每个环节的每个操作动态会及时从具体操作系统汇总到供应链管理总包商，并由总包商通过系统互联（EDI）提交给作为链主的惠普公司；②可控，指在物流运作过程中，对可能发生的意外事件的及时处理，包括预警、提供应对预案，逐级报警等；③可量化，指对整个供应链的物流全过程进行量化分析和指标考核，一发现问题及其症结，及时解决，提高物流服务质量，并向惠普公司提交日报表、周报表等。

本项目为满足跨国多式联运管理所建立的智慧物流信息化平台的主要功能模块和系统结构，如图 7-3 所示。

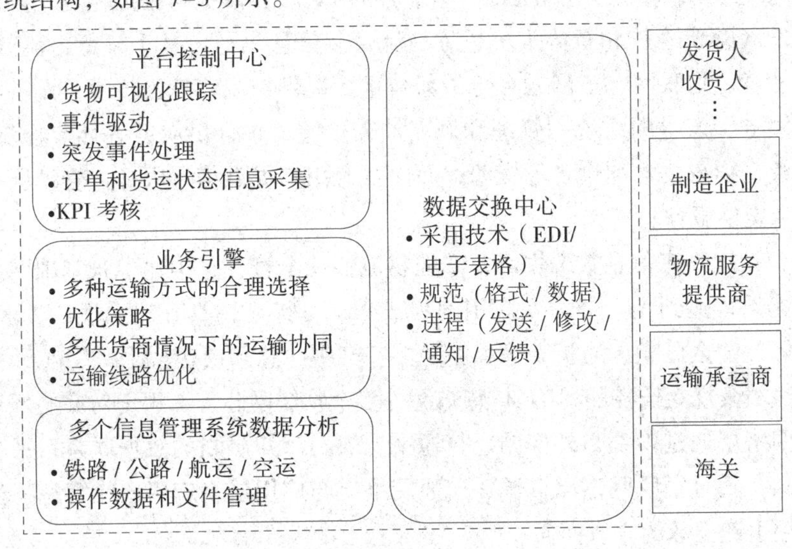

图 7-3　系统功能

此多式联运智慧供应链项目不仅能满足惠普公司重庆基地产品运输的国际物流需求，还打通了中国中西部新制造中心向海外出口的铁海联运大通道，创造了“重庆—欧洲”的铁海联运物流通道效率高于长三角海运至欧洲的奇迹。同时，支撑了中国物流企业走向国际，首次以物流服务总包商的地位承接大型跨国企业的全球供应链门到门服务，并将此服务逐步推广到其他跨国企业，进入国际多式联运供应链管理市场。

第三节　公共物流信息服务平台

一、平台概述

公共物流信息服务平台是向大范围用户提供物流应用服务的信息技术设施，是集成式的多种物流应用软件、系统架构、基础设施、基础数据、数据交换、协同设施和网络接入服务的集合。在国务院 2009 年 3 月发布的《物流业调整和振兴规划》中，曾多次提出“加快行业物流公共信息平台建设”，加快构建“政府部门的物流管理与服务公共信息平台”等具体措施。

伴随着智慧物流发展理念的出炉，智慧物流公共信息化平台破局而出，将智慧物流从理论层面推进到实际操作层面，将彻底改变传统物流运作方式，带来物流行业发展的新跨越和新势头。智慧物流公共信息化平台基于智慧物流的理念，融合云计算、物联网、三网融合等最新技术，提供物流信息、技术、设备等资源的共享服务，通过网络统一管理和调度计算资源，整合供应链各环节物流信息、物流监管、物流技术和设备等资源，面向社会用户提供信息服务、管理服务、技术服务和交易服务。

平台设立物流信息数据中心，掌控物流活动全过程，构建三张基础网络，通过分层建设，达到平台能力及应用的易成长、可扩充，具有超大规模、虚拟化、开放性好、安全可靠、易扩充等独特功能。其中，感知层包含手机、PC、摄像头等移动终端及视频监控网、RFID 感知网等多个物联网分支，用于对底层环境进行感知；网络层通过内部与外部网，打通平台层与感知层间的数据联系；平台层采用云模式，整合物联网存储资源，连通网络层与应用层；应用层将智慧物流的功能应用到生产生活的方方面面。

目前，中国的公共物流服务平台基本上有两大类：一类是由企业建设，主要以有偿方式为其他企业或个人提供物流领域的信息服务，以营利为主要目的，如一些公路运输的车、货互配的服务平台。另一类主要是由地方或中央政府牵头建设，以无偿方式为本地区或全国的企业提供物流领域的信息服务，不以营利为主要目的，如各省级或国家的物流公共服务平台。

二、平台功能

智慧物流公共信息化平台的功能主要体现在如下 7 个方面。

（一）物流资源整合功能

平台能整合各物流信息系统的信息资源，完成各系统之间的数据交换和信息传递，实现信息共享。按照物流信息化标准，将异构系统进行整合，实现分散的、不同标准的信息资源的有效整合，有效提高整个供应链的运作效率，降低供应链总成本。

（二）社会物流资源整合功能

可加强物流企业与上下游企业之间的合作，形成供应链，提高社会物流资源的利用率，优化社会供应链，理顺经济链，将产生良好的经济效益和社会效益。

（三）物流信息服务功能

主要表现为对各类物流信息提供录入、发布、组织、查询、维护等服务。例如：最新物流动态信息、公共信息、业务交易信息、车辆服务信息、货物跟踪信息、信息咨询服务等。

（四）在线交易平台

平台集网上交易、支付、监管、查询、项目招标、产品展示、推广、营销等应用为一体，支持买/卖双方完成物流服务的采购和交易，有利于规范市场运作，有效整合物流资源，并可确保B2B和B2C在互联网上的安全协作，实现网上购物、电视购物与城市配送的有机结合。

（五）物流作业管理功能

平台有力的控制技术和安全保障，应对客户的需求快速构建和集成端对端的物流管理功能，可对企业内、外部资源进行计划与管理，并能面向企业供应链的全过程，包括库存控制、国际贸易物流管理、运输工具管理、财务管理等。

（六）物流行业信用评价功能

平台利用其积累的全面、有效的数据，依据有关法律、法规、制度和科学合理的分类，建立一套完备的物流行业评估指标体系，引进第三方担保组织，对物流企业的经济实力、偿债能力、信用程度、经营效益及发展前景等做出综合评价。

（七）平台管理功能

平台规定、控制用户访问和使用信息的权限，维护整个系统的正常运行，保证数据安全。

三、国家交通运输物流公共信息平台介绍

自“十一五”以来，为了推动现代交通运输业的转型发展，贯彻国务院《物流业调整和振兴规划》，满足物流行业对信息化的需求，避免重复建设，推动物流信息互联与共享，解决物流信息孤岛问题，在交通运输部的领导下，由浙江省交通运输管理部门牵头，多省交通运输管理部门及科研单位、物流企业、IT 企业多方联合，共同建设了“国家交通运输物流公共信息共享平台”（以下简称“平台”），平台对外称“物流电子枢纽”，英文名字是 LOGINIC。

平台建设是一个系统工程，主要是构建一个公益性的物流信息交换基础网络，同时推出若干个物流企业管理通用软件、推进若干个物流公共信息服务平台共享、推动与若干个外部重要信息系统联网。项目主管单位将以上建设模式形象地称为“1+3N”。

“1”是指平台构建一个国家物流信息交换基础网络。基础网络由主服务器和若干个交换服务器组成。主服务器负责对标准、用户、路由的管理，由管理部门建设和维护；交换服务器由管理部门、协会、企业从主服务器上下载交换软件后自行部署，为供应链各环节物流信息系统提供中立、开放、免费的单据和服务交换。商业交换平台可以接入交换网络为用户提供有偿的交换转换服务。

到 2015 年，该平台实现了以下目标。①建成一个公益性的物流信息交换基础网络，到 2015 年，制定一套标准体系，在交通运输部和浙江省设立互为镜像的主服务器，在全国部署 31 个数据交换服务器。②推出 20 个免费的物流企业管理通用软件，包括通用网络、小件快运、普通运输、物流基地、集装箱、仓储、货代、堆场、配送、水运等通用软件。完成 100 家主流物流软件的接口改造，推动物流企业接入交换基础网络。③建设及整合 30 个信息发布、信用、货物跟踪、车货交易等物流公共信息服务平台，提供物流信息增值服务。④完成和 20 个供应链上下游重要物流及相关信息的系统联网，实现供应链上下游信息的互联与共享。

第四节　企业智慧供应链综合管控平台实例

随着企业改革和转型的深入，越来越多的企业认识到供应链管理是企业的核心竞争力，并在物流和供应链管理方面下了很大工夫，同时陆续在各物流环节建设了独立的信息系统，如仓储管理系统（Warehouse Management System，WMS）、运输管理系统（Transportation Management System，TMS）等。但这些独立的信息

系统无法实现对整个供应链的有效管理，更不要谈智慧化的管理了。许多大型企业开始考虑通过建立供应链综合信息管控平台的方式，实现高效率、低成本的智慧供应链运作。

某省级烟草工业公司为适应卷烟物流工作发展，以及贯彻落实国家烟草专卖局关于 2012 年工业公司建设卷烟物流综合信息管控平台的要求，以供应链一体化思想为指导，进一步提升公司物流中心对全省烟草工业物流和供应链的掌控能力、管理水平和工作效率，实现公司物流运营全过程的信息采集、监控及服务，进一步优化流程、整合资源，加快现代信息技术、管理技术与烟草物流业务的深度融合，逐步实现应用系统的集成化和管理决策的智能化。

本系统旨在建立符合公司向现代化物流企业发展的综合信息服务系统，打造属于公司自己的供应链综合信息管控平台。因此，本系统遵循“系统集成、资源整合、信息共享”及“统一标准、统一平台、统一数据库、统一网络”的总体要求，控制渠道、服务终端，提升核心竞争力和市场控制力，形成如图 7-4 所示的设计思想，分别简述如下。

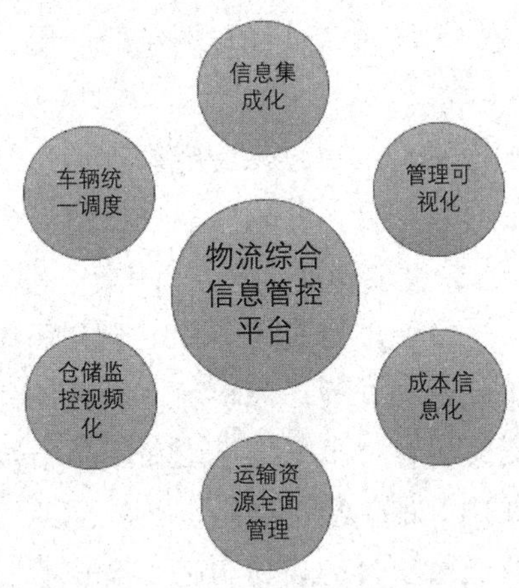

图 7-4　物流综合管控平台的设计思想

（1）信息集成化思想。通过本系统的建设，实现对原有业务系统功能的集成与完善，把一个个独立的系统连接起来，实现公司原有各子系统间的互联互通，消除公司信息孤岛现象。

（2）管理可视化思想。实现运作全程透明化，有利于对相关业务进行监控管理。在运输环节，安全是保证高效、顺畅流转的关键。随着物联网技术的不断发展，应从现状分析入手，运用信息化的成熟产品，加强各环节的安全监控，实现全过程、全方位监控，保证物流的安全、信息流的通畅和商流的稳定。

（3）成本信息化思想。运用信息化使成本可量化，从而在物流运作过程中对各种成本消耗进行计算、调节和监督，及时发现业务操作过程中的薄弱环节，挖掘内部潜力，降低物流成本。

（4）运输资源全面管理思想。通过对物流运输车辆资源的管理，实现对烟厂相关运输资源配置及使用情况的掌握，监控物流资源的使用及分布情况，达到对运输资源的全面管理。

（5）仓储监控视频化思想。作为供应链综合信息管控平台，对作业安全的管控是其重要的职能。通过仓储物流信息量化比对，提供各卷烟厂仓储管理职能人员的安全警示功能，为物流的安全运作提供量化决策依据。

（6）车辆统一调度思想。通过建立全省范围的统一运输调度系统，实现卷烟成品物流运输任务申请、审批、执行的全程运输作业管理，把各节点公司通过公司协议或联合组织等方式结成一种网络式联合体，在这一协同网络中紧密协作，对全省资源运输业务进行管理和调度。

供应链综合信息管控平台通过信息化手段辅助物流业务的管理与优化，促进管理技术与烟草物流业务的深度融合，经过两年的使用，体现出如下经济和社会效益。

（1）库存和资金占用率降低。通过供应链综合信息管控平台的应用，实现了公司整体层面物流信息的有效整合，并采用先进的物流仓储管理手段，实现成品烟平均库存的明显下降，大幅度地降低了资金占用率，带来了明显的经济效益。

（2）产品销量提升。平台通过与ERP系统、营销系统等的有效对接，实现了真实的市场信息的采集、分析和处理，为准确、及时、有效地提供物流服务提供了保障。本平台的运用提高了客户服务满意度和产品忠诚度，增强了企业产品的市场竞争能力，提高了烟草公司的整体销量。

（3）物流成本降低。通过项目的成功实施，提升了烟草公司的整体物流运行效率，提高了物流各环节之间的衔接速度和有效性。同时，通过对公司整体物流信息的有效把控，实现了整体物流资源的有效配置，进一步降低了烟草公司的整体物流费用。

（4）管理效益。智慧供应链综合管控平台的有效实施，可以使管理层实时、快速、准确地了解公司的整体物流运行情况，及时发现物流运行中存在的问题，并根据平台提供的关键监控和预警信息做出正确的物流管理决策。

同时，本平台成功实现了烟草工业公司层面的物流信息的有效集成，实现了物流的综合管控和业务的综合调度，实现了供应链管理的全程监控和可视化。

（5）社会效益。本平台响应国家烟草专卖局的号召，首次在烟草工业公司层面成功地运用了物流综合管理平台，并取得良好的效果。项目的成果在 2012 年烟草行业物流工作会议上得到国家局和其他烟草工业公司的一致认可，为其他工业公司供应链综合管控平台的建设以及其他行业的物流信息化建设提供了宝贵的经验。

第八章　智慧供应链管理相关系统构建案例

第一节　仓库管理系统——便捷穿越货物“丛林”

一、A 软件有限公司简介

A 软件有限公司（以下简称“A 公司”）是某集团旗下的全资子公司，是西南地区最大、最优秀的 IT 服务提供商，致力行业信息化和智慧城市的建设，多年来为数百家企业和单位提供了优质的 IT 服务，是行业信息化的领跑者和智慧城市的领先者。作为企业信息化一站式解决方案提供商，A 公司具备将现代管理理念与信息技术相结合、信息化总体规划与项目实施相结合、业界领先产品与自有软件相结合的核心能力，其解决方案涵盖了 ERP、PDM、WMS、SRM、应用集成、系统集成、IT 外包等多个领域。

A 公司大力推进服务能力建设与自主创新能力提升，取得了 10 余项软件著作权，通过了软件企业认定、ISO9000 认证，承担了国家科技部“863”计划、现代服务业示范工程等国家级重大项目，并于 2009 年入选国家发改委 12 家信息化外包服务试点企业，为客户提供了优秀的解决方案、全方位的专业服务。

二、A 公司智能仓储管理系统解决方案

（一）Infor WMS（仓储管理系统）介绍

Infor 是全球最大的供应链管理软件公司，Infor WMS（仓储管理系统）作为其供应链执行管理套件（Infor SCE）中的核心模块，基于完善的功能解决方案、先进的设计理念，帮助企业全面提升了仓储作业效率、库存准确率，降低物流运营

成本，满足了生产和客户需求。Infor WMS 应用范围涉及第三方物流、电子制造业、家具行业、服装行业、食品 / 药品 / 零售业等行业的仓储管理。Infor WMS 解决方案具有安全性和可扩展性，可以满足企业现在及未来的仓储管理需要。通过该解决方案可以增加仓库的存储能力、缩短订单处理时间、提高客户满意度，从而为企业创造更高的收益和管理收入。

（二）智能仓储管理系统解决方案

随着“互联网 +”时代的到来，企业信息化建设进入了新的发展阶段，企业正逐步对物流供应链进行信息化规范。物流供应链建设的核心是仓储管理，企业对仓储信息化管理的需求在解决传统“三率”（效率、准确率、利用率）的同时，需要得到运营管理能力、物流成本、客户满意提升等附加投资回报。

1. 全作业过程动态跟踪，管理全程可视化

A 公司从企业物流战略角度提出 WMS（仓储管理系统）解决方案，帮助企业完成高效收货入库、拣选客户订单，降低整体运营成本、提高运营效率和改善服务。在多层级的库位管理、灵活的收货 / 入库策略、多客户和多货主管理、同一产品多名称的管理、复杂批号的管理能力、储放和流通加工服务的账务管理、不同包装间的数量运算及其管理、全方位的报表功能等方面都具备专业的解决能力。

通过标准的仓库图形查看功能，就能以图形方式实时展现仓库中的货位布局与库存情况。通过全仓可视化可实时了解库内容积率、库位属性分布、某批次物料所在区域位置、任务情况、作业具体动线等，系统自动绘制刷新图形。通过仓库图形的可视化功能，将极大提高仓库货位优化能力与管理效率。此外，通过自定义的批属性管理，系统将根据批属性组合自动在系统中产生唯一的批号，批号会贯穿整个作业的全过程，并在系统中全程追溯。

2. 多种智能设备作业方式全面支持，保证仓库作业操作的规范化

WMS 仓储管理系统配合电子标签、手持终端或其他自动化仓储设备，实现高效的日常库房业务作业，淘汰过去的出入库、盘点等业务所需的纸质单据，采用电子清单，节约了大量的人力、物力、时间及耗材费用，减少了错误率。配合无线网络环境，实现仓储业务操作的实时账务处理，在库房管理的入库、拣货、盘点、出库等环节，使用条码采集设备，及时准确地记录库存商品的流转情况，确保账面信息与实物信息的统一。

3. 强大高效的集成平台，协同周边系统资源实时共享，杜绝信息孤岛

现在，越来越多的企业选择采用 ERP 来管理企业的财务、人力、生产、物资和销售等环节。虽然，目前市面上的 ERP 系统的功能都很强大，但是因其并不

是专业的 WMS 系统（ERP 强调的是结果管理，WMS 强调的是过程管理，专业的 WMS 更多的是专注物流过程的控制），因此很多企业往往选择 ERP 来进行物料的统筹管理，而采用专业的 WMS 系统来进行仓储中物资的精细化管理，对仓储内整个业务过程进行监控。通过专业的接口平台，WMS 能方便地集成 ERP 等平台，并可扩展与 MES、SCM 等供应链平台的集成，还可以通过与 SRM 平台的集成扩展，整合企业的供应商资源并与其协同，准确把握供应商对每个计划的响应情况，并通过在途分析进行准确的原料备货，以降低企业原材料成本。

4. 灵活的仓库策略设定，高效应对快速作业

在库房管理中，根据企业对出入库需求的不同，WMS 可以定义适用于本企业的出入库策略，在收货上架策略中，可以根据商品的尺寸大小、重量、销售情况合理安排库位。针对不同的货主定义不同的出库策略，以满足不同客户的个性化出货要求。此外，还可以通过对拣货订单进行合并组合，以形成波次的方式来大幅提高拣货效率。

5. 对物流企业和企业物流管理模式进行全面覆盖，支持各行业的仓库管理需求

制造型企业物流仓储与物流企业有很大的区别。物流企业具有一次出库批量大、品种少等特点，其关注的是多货主的管理以及与客户的信息及时交互、客户费用的结算，收、发货的及时率和准确率；而制造型企业仓储则大多服务于生产和销售部门，具有一次出库数量少、频率高、品种多甚至拆零发货等特点。制造型企业通常都具有较为复杂且非常严格的 BOM 数据管理，BOM 的准确性对 WMS 系统中产成品配套的日常业务起到至关重要的作用。此外，制造型企业对仓储物料具有物料批次、产品的质量状态以及有效期的严格管理，通过这些有效的产品属性及批次管理，可实现对产成品的批次或单品的跟踪功能。对制造型企业物流来说，引入 WMS 后会使其物流管理从传统的管账、管结果向管过程转变；对物流企业来说，WMS 的引入可以极大地提高现场作业效率，加快作业周转率，提高客户满意度。此外，仓储管理系统也会给仓库提供非常好的现场管理工具，如精细化的货位管理及现场监控。WMS 还提供了更为灵活的库位规划功能，其可以通过库位、区域来映射整个仓库现场。

三、A 公司仓储管理系统典型应用案例介绍

（一）B 电器股份公司 WMS 项目

B 电器股份有限公司（以下简称“B 公司”）始建于 1958 年，是集数字电视、

空调、冰箱、IT、通信、数码、网络、电源、商用系统电子、小家电等产品研发、生产、销售为一体的多元化、综合型大型跨国企业集团。从 1999 年起，B 公司开始着手 ERP 的实施，并先后应用了 SAPERP 的 SD、F1、MM、PP/CO 五大模块。公司在完善了所有的业务运作环节后，发现仓储供应链通过这种信息系统进行管理，已经越来越不能满足经营的需要。

在早期 B 公司的仓储管理中，存在以下问题：①仓储作业处理结果进入系统达半天甚至一天，时效性差，纸质单据传递效率低且易丢失；②库存数据不实时，库房内“短缺”和“积压”的矛盾并存，MRP 无法有效地指导生产和采购；③批次管理模糊，很难做到真正的先进先出和质量管理；④严重依赖人工经验，所以人员的流动极大地影响着业务操作；⑤人为错误严重，增加了仓储运营成本，对客户造成了不良影响；⑥账实不符现象严重，库房疲于在“系统账”“实物账”间盘点、核查；⑦库存居高不下、库存结构不合理，占用企业大量资金；⑧无法与供应商及时协调库存信息和需求信息，不能调动供应商的积极性，也不能提高供应链的效率；⑨成品运输难以根据计划安排运力；⑩成品窜货现象严重，无法进行有效的跟踪与追溯。

基于以上情况，B 公司于 2005 年和 2006 年分别启动并实施了原材料仓储以及 WMS 系统和成品仓储 WMS 系统两大管理系统，管理 B 公司及其下属子公司的所有原材料和成品仓储业务，此外还包括遍布全国的成品基地仓 CDC（中央配送中心）、外地分库 RDC 的所有仓储业务，以达到提升供应链效率，降低管理成本的目的。

2005 年年底针对 B 公司原材料仓储管理的需求进行 WMS 项目建设，引入批次管理及货位管理，对库房内部进行区域、货位的分区和划分，将相同物料进行集中存放，以便于现场人员快速查找和定位。引入批次及批属性管理，将库内物料及产品的关键信息纳入批属性的管理中，以便于对物料及成品的追溯和查询，并严格执行物料先进先出的规定，由系统引导现场人员进行业务操作，杜绝对现场人工经验的依赖。

B 公司通过在库房内部搭建先进的无线网络环境，采用电子条码识别等技术手段，对其 10 多个原材料仓库进行了 WMS 系统建设，并于 2006 年 5 月上线完毕。WMS 系统覆盖了该公司收、发、存等所有仓储管理范畴，并通过 BAP 接口平台实现了 WMS 系统与 B 公司的 SAP、ERP 系统在业务上、数据上的集成，使库存准确率达到了 99.99% 以上。

在原材料仓储管理实施完成以后，B 公司于 2006 年开始着手对成品 WMS 系统的实施，针对 B 公司对产成品提出的窜货追溯、物流环节跟踪的需求，A 公司从2006年年底开始制定该方面的解决方案。在生产环节，对重要工位的条码化信息进行收集，实现生产管理控制，并对关键部件的唯一编码和成品整机单品进行赋码，规范整机码单品规则，为成品与零部件实现关联和追溯，为物流跟踪提供依据优化；在系统实现中，创新性地引入消息中间件技术、手持条码扫描枪的嵌入式开发技术，保证各种网络环境下的数据安全和完整传输，并通过成熟的BAP接口平台与ERP系统集成，实现账务的及时处理。目前，平台每天处理报文22 000条左右，而且数据量还在不断增长，稳定性较高。目前，B公司在该平台上能跟踪单台产成品的物流情况，为完善产成品的生命周期管理提供了重要支撑。

（二）家具成品WMS项目

C家具（集团）有限公司（以下简称“C公司”）始创于1989年，是中国家具领导品牌、中国航天事业合作伙伴、中国十大家具品牌、中国500强最具价值品牌。集团拥有成都营销服务总部、明珠工业园A区基地、明珠工业园B区基地，主要生产板式套房家具、沙发、餐桌椅、床垫、软床等系列产品，并分别在意大利米兰和中国成都设立了两大研发中心。

不同于其他制造型企业，家具制造业有着特殊的仓储物流管理模式，如产品的部件和零配件繁多且不规则，BOM层次和工艺路线规划较为复杂，同时其时效性和成套性要求非常高。在传统的家具行业中，保证成品的齐套往往通过人工来进行核对，效率低下且出错率极高，A公司通过引入无线RF手持和二维码技术来彻底打破对人工经验依赖较高的人工操作模式。

通过本项目建设，A公司把世界先进的仓储管理理念引入C公司，提高其仓储、物流的运作效率，并作为供应链的有效组成部分，逐步强化整个供应链的服务水平，提高企业整体竞争力，使明珠家具库存和业务透明化，解决多年来产品积压严重的现象，库内产品的库存及齐套情况一目了然，账实相符率大幅提升，进一步梳理并优化了仓储作业流程，将传统的纸质单据传递变为电子数据传递模式，有效节省了耗材的浪费；在系统集成方面，A公司使用自主知识产权的系统集成接口平台（BAP）将WMS系统与ERP系统实现无缝集成，使业务流自动在两个系统间交互，并且保证数据流相对实时交互，实现财务业务一体化；最后通过对关键数据的准确把握和分析来改善库存结构，提升物料周转率，全面降低资金占用，并建立科学完善的物流仓储作业人员的绩效评估体系。

四、仓库管理系统智慧化主要效益分析与评估

（1）仓储业务的规范化操作使内部运作井井有条，打破了对人工经验的依赖，

解决了混乱局面。

（2）大幅提高仓储作业效率，增加仓库的存储能力，提升周转效率，使管理流程清晰明了。

（3）实时账务处理，实现业务流和数据流同步。

（4）货品的实时跟踪，从供应商到消费者的全程掌控。

（5）物流企业仓储计费策略多样化，高效核算仓储和作业成本。

（6）合理优化库存结构，科学规划仓库，降低企业库存资金占用及关联成本，提高企业资金良性运作。

（7）实时作业及库存可视化、透明化，并可集成周边系统，使实时库存信息真正为各个系统使用并受益。

（8）与供应商信息协同，缩短订单处理时间，优化供应链各环节运作，使企业真正达到共赢。

（9）批次 / 单品管理，使企业的产品能满足国家提出的监管要求，严格进行品质管理。

第二节　运输管理系统——提前规避“车水马龙”

一、D 物流股份有限公司简介

D 物流股份有限公司（以下简称“D 公司”）是吉林省某实业集团有限公司的核心子公司，是国内规模最大的汽车物流民营企业之一，业务涵盖汽车供应链中的整车物流、零部件物流、进出口物流及物流增值服务等多个领域，可为客户提供汽车行业专业的物流规划、运输、仓储、配送等服务。D 公司在全国设有多家全资、控股子公司，业务网络达 40 余处，形成了以华北、东北、华东、华南、西北、西南为基地的全国大循环汽车物流资源网络布局。D 公司的乘用车和商用车达 150 万辆，服务团队数千人，每年创造的产值超过 20 亿元。经过 20 年的专业积累，D 公司通过一整套严谨、科学的物流管理体系和运营流程，在业内赢得了高度赞誉。

随着我国人民生活水平的提高，国内汽车消费呈现多元化的趋势，高端国际品牌汽车的消费日趋增长。面对国内消费市场高端国际品牌整车进口旺盛的物流需求，D 公司深感责任与压力，决心要做进口高端汽车物流服务的专业汽车物流服务提供商，并希望通过自主研发新型高端运输设备增强自身的核心竞争力，实现运输车的批量化升级优化，快速顺应目标市场的需求，形成与竞争对手相抗衡的实力。为解决进口高端汽车运输业务运营中的问题，D公司自主研发了高端车3G可视化运输管理系统（以下简称可视化系统）。

二、可视化系统的主要解决方案

（一）可视化系统的技术应用

1. 多种技术融合的无线车载可视化传输

可视化系统利用公共TDSCDMA/WCDMA/CDMA2000无线数字移动通信网络完成视频图像的实时传输，同时将本地地理信息系统、无线移动通信、本地视频监控和计算机网络有机地融合为一个整体，构建成一套集应急联动、视频监控以及指挥调度等功能于一体的微型可移动无线监控指挥管理系统。

车载3G视频服务器采用嵌入式实时多任务操作系统和高性能凌动CPU处理器，提高了系统调度效率，使系统运行更加稳定可靠。产品集成GPS模块、3G模块、视频采集编码模块，具有友好的人机界面。车载3G视频服务器采用H.264视频编码，确保实现流畅的视频效果。

2. 车载3G视频服务器实现功能

在流动车体内、车体周边安装可控制的视频监控，并利用TDSCDMA/WCDMA/CDMA20003G公网传输；本地存储图像；对摄像机云台进行控制；远程调用图像；远程流媒体服务器存储图像。

（二）信息技术的推进

1. 在途车辆跟踪监控

D公司采用GPS和GIS技术的结合对发运过程中商品车的状态信息进行实时跟踪，以便及时掌握运输车辆的运行状况，从而对运输车辆进行监控与动态调度。GPS、GIS系统主要有这样几点功能：一是车辆实时跟踪和历史行程跟踪；二是车辆监控，报警受理；三是车辆指挥调度。

2. 运输车辆动态路径调度

借助GPS和GIS技术实时显示运输车辆所处的位置。当运输车辆发生故障、路况变化或车辆位置变化时采用动态的路径优化策略，实现对运输工具的实时导航和调度。

（三）信息系统优化

1.TFS 系统升级为 TMS 系统

为了提高工作效率，优化现有信息管理系统，D 公司借鉴国内外先进理念及技术，结合自身业务特点，在原有 TFS 系统基础上开发适合自身特征的 TMS 系统，从而提高了物流的生产效率，降低了物流成本。TMS 功能对标与 TFS 功能对标比较，如图 8-1 所示。

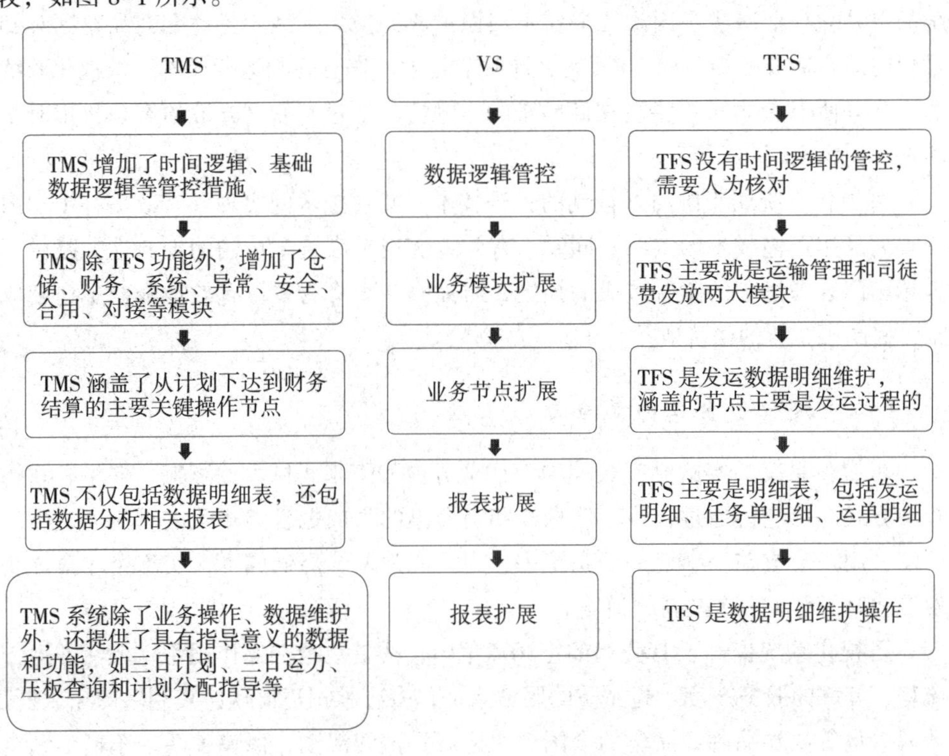

图 8-1　TMS 功能对标与 TFS 功能对标比较

2.GPS 系统升级为 3G 可视视频监控系统

现有 GPS 系统和无线手持移动数据终端等高科技配套设施，在信息平台的统一调配管理下，可实现实时高端车起运及交付信息传输，充分满足了客户各项高品质的物流需求。D 公司为了进一步提升现有的物流服务质量，避免高端车在装车过程中的剐蹭及划伤，实时查看司机是否疲劳驾驶和商品车的车况监控等细节问题。通过反复测试，采用设备技术较先进的 3G 可视视频监控系统，让客户能实时在系统中看到车辆的在途情况，大大提升了客户的满意度。

三、效益评估

（一）提高了工作效率、降低了运营成本

可视化系统的实施有效地提高了商品车司机及管理人员的工作效率，降低了工作强度，有利于实现高端车运输的安全性，并将质损率降到接近零。可视化系统的自动化作业减少了因人为操作不当而造成的损失，减少了高端商品车因装卸过程的磕碰造成的损失约 10 万元，同时节省了操作时间和运营成本。可视化系统的实施，使 D 公司可以将高端商品车的运输情况通过互联网开放给客户，提升了客户的满意度。

可视化系统属于国内外首创的先进技术。此项技术的实现，有效填补了国内高端商品车运输技术的空白。同时，有效地实现了高端车运输的安全性，减少了高端车因装卸过程的磕碰造成的损失，质损率几乎降为零，有效地降低了运营成本，提高了企业的经济效益。

（二）提升了企业的竞争力

可视化系统的实施对 D 公司原有的业务流程带来了巨大的影响，催生了新的管理方式。供应链通过物流、信息流和资金流的集成把各类相关的供应商、生产厂家、用户集成在一个统一的系统中，为提高效率、降低成本、实施企业全球化发展战略开辟了一个全新的道路。

可视化系统提升了 D 公司的市场竞争力，凭借规范的操作规程、灵活的运作流程、良好的服务态度、高品质的服务水平，多次承担迈巴赫、宾利、劳斯莱斯、兰博基尼等高端品牌商品车的全国销售巡展、试驾活动，保障了活动车辆运输全程的安全、快速、及时。

综上所述，D 公司在利用基础设施和信息平台提高企业运营效率、降低成本、增进客户服务质量的同时，对行业内智慧供应链的构建起到了极大的推动作用。

对物流行业而言，可视化系统可大大降低制造业、物流业等各行业的物流成本，提高了企业的赢利。可视化系统的关键技术，诸如物体标识及标识追踪、无线定位等新型信息技术应用，能有效实现物流的智能调度管理、整合物流核心业务流程，加强物流管理的合理化，降低物流消耗和物流成本。

对生产企业而言，可视化系统将为企业的物流系统、生产系统、采购系统与销售系统的智能整合打下了基础，而网络的整合必将产生智慧供应链的融合。企业物流完全智慧地融入企业经营之中，打破了工序、流程的界限，进而打造了智慧企业。

对消费者而言，可视化系统提供的货物源头自助查询和跟踪等多种服务，尤其是对奢侈品牌商品车的实时跟踪与查询服务，能让消费者随时掌握车辆位置及状态，在让消费者放心的同时增加消费信心、促进消费，最终对整体市场产生良性影响。

第三节　采购管理系统——准确把握货物状态

一、E 制药股份有限公司简介

截至 2012 年年底，E 制药股份有限公司（以下简称“E 公司”）在必联网上累计成交金额达 20 多亿元，网上采购物资品种也从最初的两大类 80 多个品种扩大到现在的六大类约 1 万个品种，供应商用户从 120 家发展到 1 000 多家。

E 公司的前身是 1943 年成立于胶东抗日根据地的某制药厂。公司占地 300 多万平方米，现有职工 5 000 多人，是我国重点骨干大型制药企业，是亚洲最大的解热镇痛类药物生产与出口基地以及国内重要的心脑血管类、抗感染类及中枢神经类药物生产企业，在我国化工及医药行业具有较高的企业地位和影响力。公司是 H 股、A 股合股上市公司，是中国医药工业十佳技术创新企业，是中国制药工业 50 强企业。目前，旗下有 9 家控股子公司。“新华牌”商标是中国驰名商标，是商务部重点培育和发展的出口品牌。

目前，E 公司年产化学原料药总量 2.5 万吨以上，是全球最大的安乃近、布洛芬、阿司匹林、咖啡因、左旋多巴等药物生产企业，拥有乙氧苯柳胺等 10 个原料药独家品种，8 个原料药主导品种，市场占有率居国内第一位。制剂的年生产能力为片剂 80 亿片、针剂 3 亿支、胶囊 2 亿粒。E 公司从创业之初，始终坚持技术第一、质量第一，奉行“产品质量关系企业生命，药品质量关系人的生命”的质量理念，在生产上严把质量关，精益求精。E 公司是国内首家通过 ISO 9001、ISO 14001、ISO 10012 三项认证的医药化工企业，所有在产原料药产品、制剂剂型均已通过 GMP 认证，茶碱、布洛芬等 8 个产品通过了美国 FDA 认证，茶碱、阿司匹林等 10 个产品获得了欧洲 COS 证书，咖啡因产品通过了美国用户的社会责任认证、环境认证以及中国食品安全体系（HACCP）认证。同时，有多个产品在俄罗斯、印度等国家完成了注册，大部分主导品种居国内领先地位，高于国内、国际认证标准。

二、实施项目前的现状及实施效果

在实施电子化采购之前，E 公司一直秉承传统采购模式，靠供应商主动推销或通过媒介获知供应商信息，以电话联络、供需见面会等为采购洽谈的主要方式。

另外，在库存信息管理方面依赖各种统计和财务报表的阶段汇总，因此需要花费大量的人力、财力、物力。

2006 年 9 月实施必联电子采购管理系统以后，E 公司采购部采取有力措施持续推进网上采购。多年来，在各供应商的大力支持和密切配合下，E 公司在采购电子领域获得了大量的市场资源，采购电子化业务发展迅猛（图 8–2）。

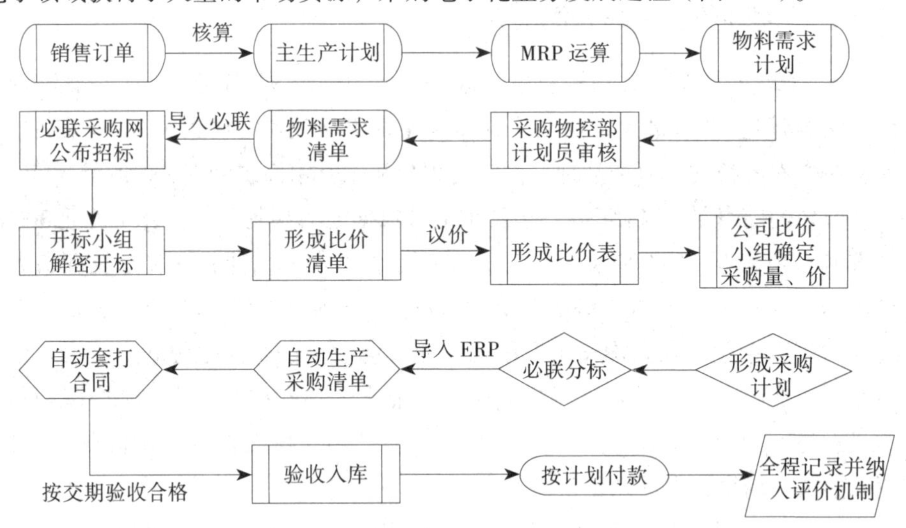

图 8–2　目前 E 公司化工原料采购流程

经过坚持不懈的努力，E 公司的采购业务从医药行业的医药药材采购逐渐发展到整个医药行业产业链的电子采购。电子采购业务的迅猛发展，对电子采购的管理提出了更高的要求，原来的电子采购业务的运作管理模式已经满足不了庞大的市场电子采购作业，该公司通过进行管理模式的创新、改革，整合升级了电子采购系统，对电子商务、核心数据、办公传输进行了合理的布局，使电子采购的运作更加高效，实现应用信息化手段助力企业健康、快速发展。E 公司相关负责人表示，信息革命使电子采购替代了传统的采购模式。通过数字化管理，减少了采购的工序，减少了人力成本、运输成本，缩短了采购周期，使分工更加精细化，提高了企业的运营效率。今后还将进一步推进电子采购管理工作。E 公司对电子采购业务进行了创新与深化，占据了电子采购业的大部分市场，竞争力不断增强，最终将会迈入国际电子采购市场。E 公司利用必联采购网进行采购的流程，如图 8-3 所示。

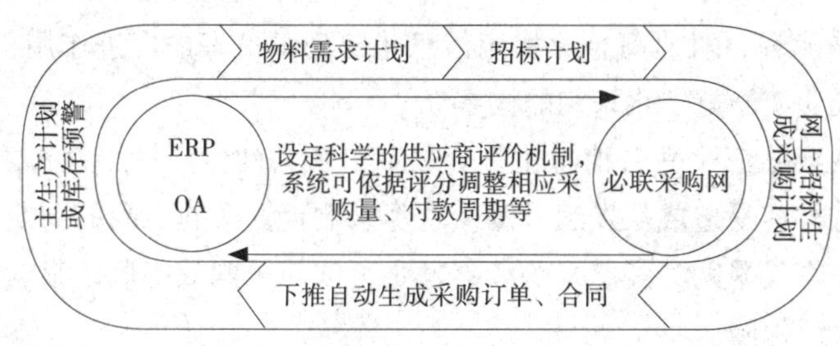

图 8-3 利用必联采购网进行采购流程

三、项目实施中遇到的主要困难、问题与解决措施

E 公司在生产运营过程中运用不同的管理软件，形成了多平台的不同编码接口开发及后续工作流匹配的相关问题。

E 公司的信息化部门积极协调必联网及金蝶的技术人员，最终确定以采购物料编码为唯一识别身份的方案，并在 OA、ERP、必联网平台中固化相应信息，实现不同软件在同一个平台形成高效的数据流交互，打造出内外部高度协同的工作信息流，进一步加强了采购部对数据和资源的统筹管理，大幅降低了工作强度。

四、主要效益分析与评估

（1）平台整合，最终实现主生产计划按照物控部的 MRP 方案自动运算生产物料需求计划，导出后直接上传必联网，进行发布及招标。经评标小组讨论后，按结果在必联网分标后引出月度采购计划，经 OA 审批流程后引入 ERP，进而实现自动生成采购订单，自动套打合同，这就大幅提升了环节效率。初步评估，从车间物料需求至采购合同环节的效率提升了 80%。

（2）新的流程进一步约束和规范了招标采购的环节，流程的再造最大限度地减少了人为因素对整个采购过程计划下达、合同签订等环节的影响。

（3）此项目大幅提高了采购需求至交期管理整个采购物流链的效率，加强了技术手段的控制和监管，提升了信息汇总和决策分析的数据管控能力，为公司采购的快速反应和公司决策提供了有力支持。

五、电子采购管理系统的应用反思

当今经济形势严峻、市场竞争激烈，在医药利润空间不断压缩的情况下，生产企业更应该注重管理运营方面的能力提升，有效地实施信息化和精细化管理。E公司利用必联网招标平台与公司内部ERP等信息平台进行整合，打造了完整、规范的招标采购流程，对提高企业物流信息化起到了良好的促进作用，是值得医药企业借鉴的成功实施电子化采购的样本。

E公司在实施三个平台信息化整合之前，重大的生产计划是不能与采购信息关联，因为这样容易造成从发起采购需求至采购计划实施之间的周期过长；同时，信息不畅导致零星采购、紧急采购频繁发生，致使采购效率低，影响了采购成本，甚至威胁到生产保障。

经过多方调研考察，E公司最终选定了招投标全程服务商必联公司，经过双方沟通后，必联工作人员多次深入调研E公司的采购业务与管理流程，在充分考察实际情况和发展需求后，认为传统的电子采购模式已经满足不了日益增长的采购业务量，而且传统的采购模式运转效率低、成本高、责任划分模糊。在数字信息时代，采购加互联网的采购模式解决了很多传统采购模式的问题，降低了公司采购业务的成本，提高了公司的经营效率。电子采购平台的主要功能包括，线上招标比价、供应商管理、采购目录维护以及便捷的历史价格和盘外价格查询等，并建立了以E公司为代表的具备强大功能和技术保障的医药领域采购系统，为推动医药行业的信息化采购工作提供了强有力的保障。

未来，E公司将进一步完善三系统整合后的物流平台应用。维护安全库存、供应商管理、评价规则模块，以期全面掌控供应商的相关情况，并将其转换为效率，大幅减少采购仓储人员的工作量，以信息化助推采购、仓储管理，增强自身核心竞争力。

（1）加强对采购全流程的数字化监控。业务人员根据订单跟踪采购物料的需求提请、招标方案、采购计划、合同、清验、检验、入库、发票审核、付款、价格分析等全流程的实时信息。

（2）供应商电子证照的维护。要求供应商提供（上传）电子证照，实现供应商档案的电子化管理。

（3）进一步完善供应商综合评价管理。可根据维护评价方案制定考核方案，依据交期、质量、价格等指标对供应商进行综合评价，然后依据考核方案在评级、计划量、付款单等方面予以考核。

（4）科学设置维护安全库存和产品的综合交货期，紧缺物料自动提示并生成应急采购订单，最大限度地保证生产供应。

（5）供应商证照自动提醒管理。可设定供应商资质超过一定期限后无法请验、入库或付款的标准。

（6）实际到货与计划的偏差幅度管理。可控制业务人员必须严格按采购计划执行到货，超出的部分则无法入库。价格控制方面可对采购价格进行控制，如超出计划价一定幅度则必须经领导审批后方可入库。

建议以物流网大力发展为契机，整合规模化物流企业信息，打造统一的物流监管平台，对企业客户开放接口，使供需双方可以全程掌控物流信息，准确把握货物状态。

第四节　供应链服务系统——轻松实现智慧管理

一、F 航空工业集团公司简介

F 航空工业集团公司（以下简称“F 公司”）是由中央管理的国有特大型企业，是国家授权投资的机构，于 2008 年 11 月 6 日由原中国航空工业第一、第二集团公司重组整合而成立。集团公司设有航空装备、运输机、发动机、直升机、机载设备与系统、通用飞机、航空研究、飞行试验、贸易物流、资产管理、工程规划建设、汽车等产业板块，下辖 200 余家成员单位、有 20 多家上市公司，员工约 40 万人。2009 年 7 月 8 日，美国《财富》杂志公布世界 500 强企业最新排名，F 公司首次申报并成功入选，排名第 426 位，成为首家进入世界 500 强的中国航空制造企业和中国军工企业。2013 年，F 公司第五次入围《财富》世界 500 强企业，排名跃升至第 212 位。

二、系统建设之前存在的问题

航空制造企业由于自身的行业特点，和其他行业的竞争方式存在差异性。航空制造业产品的生产者、消费者相对于其他行业的消费者和生产者来说较为固定，航空工业产品的生产过程，从原材料到产品的生产，再到产品的销售，这些生产环节的参与者一般都是固定的，所以说航空制造企业的竞争就是供应链的竞争。和其他欧美国家相比，我国的供应链仍有差距。随着金融全球化的发展，为了使我国的航空工业在全球形成强大的竞争优势，必须加强我国的供应链管理水平。目前，我国航空制造业供应链的基本现状如下。

（一）物流成本高，库存调剂难以实现

航空制造业生产的产品由于其重量、体积过大，运输成本在航空企业的经营

成本中占据很大的比重。随着我国航空制造业的迅猛发展，其国际竞争力也不断加强，我国的航空制造产品势必会销售到全球，巨大的时空距离也势必会加大航空制造业的运输成本。另外，由于航空工业产品的生产成本高，有的航空工业产品的价值甚至达到数亿美金，这势必会导致航空制造业产品的存货成本远远高于其他行业的存货成本；同时由于航空工业产品的耐用性，在和平时期势必会导致航空工业产品的销售难度增加。如果某航空公司的大量存货无法得到及时出售，势必会导致资金链的断裂，甚至造成产品的报废。

（二）资产效率低，缺乏金融服务

物流服务落后，直接影响到航空制造企业的资产效率。从财务指标来看，F公司的资产周转速度较慢，净资产周转率仅为欧洲宇航防务集团的50%。存货周转方面，F公司存货周转周期达到波音公司的两倍。因此，航空制造企业的资产效率与国际标杆企业相比还存在较大差距，需要借助物流和金融服务加以提升。

（三）供应链敏捷性不高

1. 供应商管理

在航空工业领域内，航空工业的供应体系在该行业尚未得到统一，如果没有固定的规章制度势必会造成航空工业的供应效率低下。供应体系主要包括原材料的供应、零部件的供应、产品的组装和试飞等，这些环节的效率低下势必会导致企业生产效率的低下，增加企业的经营成本。

2. 生产制造环节

在航空工业产品的生产制造环节也存在着问题，其中最主要的是生产环节响应速度慢的问题。由于飞机零部件生产的各个厂商的生产时间与预期的生产时间差异性大，导致飞机零部件的总装效率低，因此应该提高各个生产环节之间的协同程度。

3. 销售与售后服务支持

和波音公司的销售和售后服务相比，我国的航空工业公司还是有一些差距的。航空制造业和航空航天发动机制造公司为了降低物流成本，往往选择自己建立物流公司，但是由于这些物流公司主要是为航空工业产品进行运输，其运输规模小、运输次数多，导致这些物流公司不具备竞争优势。由于航空工业产业的分散，物流公司也发挥不出规模效应，成本也较高。一方面，物流公司的物流运输时间相对于其他行业产品的物流时间长，满足不了航空工业消费者的时间需求；另一方面，由于军工企业产品的保密性，运输没有监控环节，若发生航空工业产品的丢失，势必会给航空工业消费者带来损失。

三、供应链物流服务系统推进进程

（一）项目概要

F公司自2012年开始组织G电子商务有限公司（以下简称“G公司”）规划和建设全集团统一的电子化采购平台——F公司电子采购平台，采用上海博科资讯股份有限公司Yi-go基础技术平台，项目建设过程中与上海博科深入合作。G公司负责业务需求分析与功能架构规划，上海博科提供技术支持服务。2013年年末，F公司电子采购平台正式上线运行，2014年在线采购额超过200亿元。

随着电子采购平台的深入应用，航空供应链的上下游企业——采购单位、供应商、专业物流服务商之间的物流配套协同机制的建立显得尤为重要。为此，G公司在电子采购平台上线运营后，引入先进的物流管理理念，综合运用现代物流技术和信息化手段，面向航空制造供应链，建立了供应链物流服务系统。通过该物流服务系统，为电子采购业务提供了全方位、专业化的综合物流服务。同时，将结合F公司自身优势，逐步向其他行业拓展和延伸物流服务。

（二）项目建设内容

全力推进应用信息技术，提升物流业务与市场运作效率，提高物流生产力，实现跨组织和跨区域的业务处理手段，实现物流信息的实时管理，实现物流服务过程的数字化和网络化。充分利用现代化的信息技术，整合供应链信息资源，提升供应链成员企业之间的信息传递效率。

1.“采购—物流”一体化的商业模式

“采购—物流”一体化商业模式运营的出发点是实现航空工业企业和航空工业产品客户双赢的局面。通过将航空工业产品原材料的采购、材料的运输、零部件的运输一体化，降低了材料供应商的经营成本，提高了航空工业各节点之间的协同效率，提高了航空工业产品的生产速度。这种生产经营模式一方面提高了航空企业的生产效率，降低了经营成本；另一方面，提高了客户的服务价值，最终实现共赢的局面。

2. 供应链物流业务系统

（1）物流业务管理子系统。物流业务管理子系统提供的主要功能如下。

第一，配送管理。由于航空工业企业产品的特点，导致航空工业企业的运输成本高，运输时间长，这就降低了航空产品消费者的消费体验价值，造成了企业的生产时间协调问题，造成航空企业一些资源的闲置，造成资源浪费。为了提高航空企业之间的生产效率，需要进行配送管理。配送模式的升级是当务之急，应使其达到更高的配送效率，如通过引进互联网技术、GPS定位技术等，由传统的配送模式过渡到智能化的配送模式。

第二，货代管理。建立一站式服务的物流模式，整合物流资源，淘汰效率低的物流环节，进行资源的集中，优化物流产业链，提高物流效率，实现全程化管理，为客户提供一站式服务，提高消费者的使用体验，降低物流公司的成本。

第三，仓储管理。技术的升级势必会带来产业的升级，传统的仓储管理功能已经解决不了高速流通的物流带来的一系列问题。传统的分散式仓库管理方法，其管理程序多且重复，信息传递效率低。随着技术的升级，仓储管理引进先进的条码、射频技术，将仓储管理集中化，减少了人力成本，升级了管理模式，减少了管理程序，提高了管理效率。

第四，运输管理。GPS、GIS技术的应用，弥补了传统物流运输不能进行定位的缺陷，防止了产品的丢失，使航空工业产品的客户利益得到了保障。通过互联网技术可以随时对交通运输工具进行调度，合理地分配、设计运输路线。

第五，客户管理。传统的客户管理存在一些问题，客户资料庞大，客户资料统计无序混乱。大数据技术的发展和云计算的应用，将庞大的客户资料进行了合理的分类，对每一类客户的资料进行了科学的分析，了解了客户的潜在需求，为客户提供了更好的服务，带给了客户更好的消费体验，更合理地解决了客户在消费过程中存在的问题，提高了消费者黏性，维持了消费者和企业之间的联系。

第六，报关管理。兼备报关、检查职能的现代化信息管理技术，实现了跨境物流的便捷化，实现了报关管理的智能化。应用智能化设备，优化管理程序，降低人力成本，提高报关、跨境运输的效率，为客户提供高质量、高速度的跨境物流服务，使客户获得良好的体验，培养忠诚的客户群体。

第七，数据交换。可以电子支付的电子交易时代已经到来，将这种高效率、低成本的支付方式引进物流行业是必然趋势，物流行业系统通过电子商务化数据交换服务，使供应链上下游合作伙伴之间的数据交换成为可能，为未来电子支付的发展提供了可能。

第八，合同管理。合同是信用的载体，商业合作伙伴通过制定合同进行交易，可以防止信用违约。系统通过对合同进行合理的规范，统一了交易规则，使物流交易更加规范化、合理化。

第九，调度管理。用于大型物流企业的业务集中调度管理，适用于网状物流、多址仓库、多式联运等。

（2）物流电子商务子系统。物流电子商务子系统包括以下几个方面的服务。

实时查询：客户在网上实时查询库存情况、运输情况和账单。

清单录入：客户可以直接录入作业指令单、订车单、订舱单等。

网上下单：客户可以直接输入物流服务的需求。

信息反馈：客户对物流服务提出建议或投诉。

网上报价：客户可以在线发出询价请求并得到报价回复。

网上交易：物流服务项目的在线查询、交易撮合和电子签约。

网上联盟：通过联盟的形式整合社会物流资源。

数据交换：通过 EDI 方式实现异构信息系统的数据对接。

信息外包：以 ASP 方式实现远程物流信息系统功能外包。

项目招标：通过电子招标的形式获得最佳的供货方。

（3）客户服务子系统。系统实现的客户服务内容包括以下几个方面。

流程查询：查询有关作业的流程状态。

在库查询：查询有关的库存状况。

在途查询：查询货物运输途中状况。

定制查询：按照客户的要求选择查询内容。

实施跟踪：查询有关货物的地理位置图形。

定制信息：按照需要发出客户所指定的专业信息。

咨询服务：在线解答客户在物流活动中的疑难问题。

四、电子采购平台的主要效益

（一）信息化效益分析

根据专业测算，物流服务和供应链管理的实施，能将行业存货量平均减少 25%，将仓储和货运成本减少 25%，将信息交流环节的成本削减 20%。通过电子采购平台供应链服务系统，可以节约 20% ～ 25% 的物流成本。受世界经济和国际供需关系的影响，航空制造业中的材料、人工、能源、财务等成本均处于上升趋势，因此专业化物流服务将成为航空制造企业寻求降本增效的主要途径。

目前，航空制造物流成本约占销售额的 20%，未来通过综合物流平台的建设和应用，将使该比重逐步降低为 15%。到 2020 年将实现资金节省近千亿元，并可产生巨大的经济效益。

根据首批上线试用反馈，依托于电子采购一体化的供应链物流服务系统，实现采购成本下降 5% ～ 10%，物流成本下降 5% ～ 10%，效率提高 20%。

（二）信息化实施对提高企业竞争力的作用

通过建立航空制造业供应链物流综合服务平台，可为航空制造业提供物资采购、仓储、配送、余缺调剂等一体化的集成服务，打造敏捷高效的航空制造业供应链。通过协同采购平台与配送网络，缩短配送时间，有效提升采购效率；利用集成服务网络，优化航空主机厂、配套厂、供应商之间的生产协作效率；推动供应商管理库存（VMI）与准时制（JIT）在线服务，降低库存成本，提高库存周转率；加强仓储与运输优化管理，加快响应速度。

五、供应链物流服务系统建设反思

（一）设计和优化供应链网络

航空制造业应用智慧供应链思想进行产业改造，其面对的首要问题就是供应链的设计问题。围绕核心企业进行供应链设计时应坚持流程简洁性、资源互补性、运行协调性、响应敏捷性的原则，既要尽可能吸收原有模式的合理结构，又要有利于新模式下企业综合实力的发挥和核心竞争力的提升。

（二）充分利用现有信息化平台

1. 采购管理

在一些航空制造厂中，器材采购与实际生产需求之间的脱节现象较为突出。一方面，器材有大量的库存，造成了成本的居高不下；另一方面，器材缺件不断出现，影响了生产均衡。由此，在供应链协调管理方面提出的要求是采购活动应以订单驱动方式进行，改变目前企业采购职能单位过于分散的局面，整合采购管理职能，实施“大采购”战略，将原材料、成品、半成品、零部件的采购统一起来进行管理。

2. 仓储管理

库存成本一直是困扰企业经济效益提高的重要问题。在供应链协调管理方面提出的要求是尽可能将生产厂的仓库管理职能集中到企业有关职能部门进行统一管理；针对产品库存，通过客户关系管理系统加强与客户的沟通，加快转场速度，降低库存维护费用等。

3. 信息化平台的建设

信息化平台的建设是企业实施供应链协调管理的关键。供应链中信息流的传递以电子采购信息为依托，无缝集成、即时共享，从而实现采购业务与物流服务的优化匹配。

（三）建设物流标准体系

建立与国际先进行业标准接轨的标准体系，主要包括技术标准、服务标准、信息管理标准和综合管理标准。本标准体系不仅要满足F公司内部业务的要求，还要具有一定前瞻性、市场性、可拓展性，以更好地支持业务发展。

围绕航空制造核心企业构建集成服务网络，打造区域中心，建立供应链物流服务系统。在服务航空企业的同时，有效提高区域内公路、铁路、港口等物流资源的利用效率，带动这些基础设施的建设与功能发挥。同时，借助开放性的供应链物流信息化系统，还可以逐步整合利用社会上闲散的物流资源，促进社会物流服务水平的提升，从而实现航空制造业与相关产业的良性互动，对区域经济发展起到积极的推动作用。

此外，航空制造供应链物流服务系统的建设，对大型制造企业建设高效物流服务体系具有良好的示范作用和借鉴意义。

（四）下一步改进方案和设想

1. 由物流功能服务向管理服务延伸

未来，项目将在物流管理层面进行创新，包括物流系统优化、物流业务流程再造、订单管理、库存管理、供应商协调、最终用户服务等，从而为客户提供一体化物流解决方案，实现对客户的“一站式”服务。

2. 由物流服务向信息流、资金流服务延伸

未来将通过物流向信息流和资金流的延伸实现服务内容的创新，即在提供物流服务的同时提供信息流和资金流服务。信息流服务主要包括预先发货通知、送达签收反馈、订单跟踪查询、库存状态查询、货物在途跟踪、运行绩效（KPI）监测、管理报告等内容。资金流服务主要包括金融配套服务，即结算服务、融资服务、保险服务等。

第九章　智慧供应链绩效评价

第一节　智慧供应链绩效评价概述

一、智慧供应链绩效评价的重要性

随着工业 4.0 和“互联网 +”时代的到来，供应链对企业战略的影响作用日益增长，信息技术也开始广泛融入物流业。在物流行业，智慧供应链管理模式已经成为必然趋势，将给传统的物流行业带来一场革命。相对于发达国家的物流行业，智慧链管理在我国应用的时间比较短，理论研究也有限。另外，各行各业对智慧供应链管理的了解不够，没有产生足够重视，我国物流行业的智慧供应链管理体系尚不成熟。各行各业在供应链管理模式的运用过程中，只一味学习智慧供应链的管理模式，忽视了智慧供应链管理技术带来的绩效，对智慧供应链技术发挥的效果无法及时评价以及了解，导致公司管理水平原地踏步，企业的经营效率得不到提高，长此以往，企业的竞争力势必会下降。这种情况下，智慧供应链管理的绩效测评研究势必会成为国内外学者的研究热点。

企业的信息管理者通过成熟的供应链绩效评价，能了解供应链管理过程中存在的问题，也能发现公司企业运转过程中本身存在的问题，从而及时解决问题，提高公司的管理水平，运转效率，同时促进供应链管理技术在人工智能时代的快速发展。与传统的管理绩效评价相比，供应链绩效评价有很大的不同之处。供应链绩效评价具有整体性，不仅是对一个企业节点进行评价，还要考虑这个企业节点在供应链体系中与之相联系的企业节点的绩效，在进行绩效评价时，要考虑该企业节点对上下游企业产生的效应。智慧供应链绩效评价主要有以下 4 个方面的作用。

（1）对整个供应链在企业的管理过程中发挥的作用进行评价。通过对整个智慧供应链进行评价，得出供应链管理给企业带来的效益，以此为评价原则反映出供应链管理模式之间的竞争，制定应对策略，促进供应链管理的发展，找出供应链管理模式的缺点进行优化升级，更好地为企业管理服务。

（2）用于对智慧供应链上各个成员企业做出评价。建立评价体系，促进供应链内的企业竞争，优胜劣汰，促进企业质量升级。

（3）用于对智慧供应链内企业与企业之间的合作关系做出评价。评价供应链内企业间的合作关系，促进企业提供更好的服务质量，改善企业之间的经营环境，实现共赢。

（4）促进企业发展，激励企业发展，开展良性竞争。

二、智慧供应链绩效评价遵循的原则和步骤

（一）原则

进入“互联网+”时代，智慧供应链管理技术在公司管理上不断发展、深入，为了保证智慧供应链管理技术的科学性、客观性，更好地应用在公司管理上，必须建立完善的智慧供应链绩效评价体系，促进智慧供应链管理体系的优化升级。和传统的企业评价指标相比，智慧供应链评价体系的评价内容范围更大，评价绩效更加科学、客观，更能反映出实际问题。同时，还可以对企业进行预测，判断上游企业的业务能力，下游企业的消费能力，更好地匹配企业之间的合作，发挥出合作的最大效用。建立完善的供应链绩效评价体系，需要遵守一定的原则：

（1）分层次对绩效进行评价，重点在前，次要在后；

（2）建立整体性的绩效评价体系，包含供应链管理的全部流程；

（3）评价体系要有连接性，避免仅对个别的企业节点进行评价；

（4）对供应链的评价要有时效性，及时发现问题并及时解决；

（5）在对供应链管理进行评价的过程中，要采用相关性原则，对节点企业上下游的评价也要涵盖其中，客观地反映出企业之间合作的效应结果。

（二）步骤

1. 分析目前智慧供应链营运的流程和现状

我国进入改革开放的深入发展时代，市场经济体面临的风险增多，市场处处在变化，这就要求供应链绩效评价体系也要变化，否则供应链绩效评价体系将会制约公司的发展，降低市场效率，得不偿失。我们要不断分析变化因素对绩效评

价体系的影响，不断完善可适应这一变化的企业经营模式。

2. 确认影响公司业绩的重要因素

在企业的管理过程中，最重要的是关注影响企业业绩的因素，将这些因素具体化、形象化，并与评价绩效目标挂钩，通过供应链评价，客观地反映出因素的影响程度，发现问题所在。重点关注企业产品的质量，企业的生产成本，企业的销售效益。企业的信息管理者在每个阶段都要确认企业战略目标的方向性，重点关注和企业战略目标相关联的因素。

3. 确定衡量指标

衡量指标的合理性有助于企业的信息管理者进行企业的战略决策，也有助于企业各阶层人员之间的协调沟通，增加企业的经营效率，因此衡量指标的选择必须根据市价情况进行客观选择。选择了合理的衡量指标后，供应链管理模式就可以根据评价管理绩效进行相应的调整，提高管理效率，企业的运转速度也随之提高。主要的衡量指标有以下几种。

（1）经营性衡量指标。经营性衡量指标的评价目的是客观地反映基层生产厂商生产产品的质量。举例来说，判断一个企业生产产品的效益，可以通过企业每日生产产品的订单进行评价。由于企业的生产无时无刻不在进行，为了检测企业的生产质量，防止企业的生产出现问题，就需要取较短的时间间隔对企业的生产经营指标进行评价。

（2）战术性衡量指标。为了判断企业信息决策者的经营能力，就要对供应链企业的战略方案进行评价，判断企业的信息决策者是否完成了预期的计划目标，所选取的衡量时间间隔较经营性衡量指标长。战术性衡量指标的目的是衡量一个企业一段时间内总的生产能力水平而不是单一的生产人员。

（3）战略性衡量指标。战略性衡量指标是长期的衡量指标，在长期内企业的生产能力会因为科技的进步、产业的升级发生很大的变化。

三、智慧供应链绩效评价方法

供应链绩效反映公司管理的客观性，受供应链评价体系的影响，因此供应链评价体系要保证科学性、客观性。比较著名的供应链管理方法有层次分析法和因子分析法。层次分析法是将供应链管理进行分层，对每一层进行分析，分析者都是具有专业知识的行业专家。因子分析法是对供应链管理过程中统计的信息进行数学建模，然后进行计算分析，排除人的主观因素评价，更具客观性。

1. 因子分析模型

因子分析是通过 m 个样本数据将 n 个变量提取出 r 个因子，F 代表解释因子。

每个变量都是 r 个因子的线性组合，即：$X_i = \sum_{j=1}^{r}(a_{ji}F_j)$ ，通过计算得出各因子的特征值和方差贡献率，为确保数据分析的科学性，通常还要对因子进行正交旋转得出最终的因子特征值和方差贡献率。这里需要说明的是并不需要把 r 个解释因子都纳入最后的分析中，通常情况下选择特征值大于 1，累计方差贡献率在 70% 以上的因子即可。

方差贡献率是衡量一个因子贡献程度的指标，许多研究都是将方差贡献率看作衡量因子重要度的关键指标。因此，研究决定将方差贡献率作为二级指标的客观权重。假设 F_i 因子的方差贡献率为 V_i，则 F_i 对 F 的客观权重为 $r_i = v_i / \sum v_i$ 。

2. 层次分析模型

层次分析法最大的特点是利用比较矩阵进行权重判断。在应用层次分析法的过程中，运用数字标记的方法表示权重大小之间的关系。如果两个供应链衡量指标的重要性在信息决策者眼里的重要性是相同的用数字 1 表示，2 后面的数字表示前者比后者重要，数字越大表示前者比后者的重要程度越大，以此类推，9 表示最大。矩阵进行一致性检验时，先计算一致性指标 $CI = \frac{\lambda_{\max} - n}{n-1}$ ，然后根据平均随机一致性指标查找相应的 RI，如表 9-1 所示，再计算出一致性比例 $CR = \frac{CI}{RI}$ ，只有当 $CR < 0.1$ 时，矩阵的一致性才算通过检验，否则要对比较矩阵进行进一步修订。然后根据判断矩阵计算同层次指标的权重。判断矩阵确定权重的方法有特征根法、和法、根法、最小二乘法以及对数最小二乘法。本书将利用特征根法确定指标权重。将矩阵最大特征值对应的特征向量归一化后得到 $W=(w_1, w_2, \cdots, w_i)T$，$Wi$ 即为第 i 个指标的主观权重。

表9-1　1阶 ～ 10阶平均随机一致性指标表

阶　数	1	2	3	4	5	6	7	8	9	10
RI	0	0	0.52	0.89	1.12	1.26	1.36	1.41	1.46	1.49

第二节　智慧供应链绩效考核指标的选择

和传统的绩效评价体系相比，供应链绩效评价体系有很多不同之处。供应链绩效评价体系具有整体性，是围绕供应链的目标，对供应链整体、各环节，尤其是核心企业运营状况以及各环节之间的运营关系等所进行的事前、事中和事后的分析评价。供应链绩效评价是对整个供应链的整体运行绩效、供应链节点企业、供应链上的节点企业之间的合作关系做出的评价，以避免资源的浪费或效率低下，创造更大的价值。供应链绩效评价有以下几个原则。

（1）科学性。在企业管理的过程中，供应链管理模式具有科学性，因此供应链绩效评价也必须具有科学性，否则会导致在企业管理的过程中出现问题，影响企业的运转。

（2）可操作性。只有供应链绩效评价指标具备可操作性，才能对企业管理的好坏及企业决策的正确性进行判断。

（3）系统性。由于企业供应链管理模式是整体性的，相应的企业供应链绩效评价也必须是整体性的，只有这样才能客观地反映供应链模式管理的合理性以及在管理过程中存在的问题，及时发现问题并解决。

和传统供应链相比，智慧供应链有很大的不同之处。智慧供应链技术运用了更多的互联网技术，更加智能化，统计性更强，使企业之间的协调能力更加强大。依据智慧供应链的特征，选取的一级指标主要包括 5 个：供应链运营可视化、供应链精敏化、信息治理、客户管理、供应链预警。

一、供应链运营可视化

进入工业 4.0 时代，互联网技术快速发展，供应链运营技术结合互联网技术、人工智能、大数据、云计算、区块技术等，克服了传统供应链技术管理的一些困难。比如，智慧供应链技术使公司的治理更加科学化，供应链运营可视化。再如，供应链的运转过程中，企业的各个流程透明化，可以及时地发现供应链的各个节点存在的问题，有效地调控各个企业节点之间的合作能力，提升企业的运营效率，解决各种在运营过程中出现的问题。

二、供应链精敏化

智能化时代的到来使企业有能力也有条件提升企业运营管理的效率，通过高效率、低成本的企业经营理念增强企业的竞争能力。供应链的精敏化，包括智能敏捷化、高效精益化以及柔性化。通过提高客户附着物质的量增加客户黏性，有助于企业占领市场份额。通过精益化的控制降低总成本，提高资源分配效率，降低了整个社会企业的运转成本，加快了运转效率。

三、信息治理

进入互联网时代，数字信息爆发式发展，企业的信息决策者需要准确实时的信息，哪个企业具备信息优势，哪个企业就具备更强大的竞争力。在供应链智慧管理的公司治理过程中，信息治理也扮演着核心的角色，发挥着举足轻重的作用。

（1）信息获取能力：信息获取能力是指获取准确、实时信息的能力，如果企业的信息获取能力差，那么很容易产生信息不对称，产生道德风险，信息优势的一方会侵占信息弱势一方的资源。

（2）信息可控性：是指确保信息真实性的能力。

四、客户管理

企业生产经营的最终目的是服务社会，生产的产品最终被消费者购买，如果维持良好的客户关系，势必会解决企业产品的销售问题，提高企业的竞争力和企业的综合能力。

（1）客户忠诚度：客户忠诚度是指客户对公司品牌的好感度，客户忠诚度反映了企业的经营、服务、产品质量与同业产品质量间的对比。

（2）新客户争取率：新客户争取率是指增加的客户占全部客户的比率，反映了企业占领市场的能力。

五、供应链预警

供应链预警体系的作用是及时发现供应链管理模式在公司治理过程中存在的问题，减少供应链管理模式的错误性带来的成本损失。供应链预警体系是公司治理的维稳器，保证公司的平稳无差错运转，降低企业的意外损失，提高公司的经营效率。

（1）风险控制：企业对未来可能发生的风险进行预防、转移、分散的过程。

（2）成本可控：成本可控是指对企业未来风险进行量化分析，为企业未来的风险进行风险保障。

第三节　智慧供应链绩效评价实践案例

一、确定智慧供应链绩效评级指标集及评语集

进入工业 4.0 时代，中国成为世界第二大经济体，中国的制造业拥有完整的工业体系和强大的制造能力，下面选择某智能制造企业（以下简称“M 企业”）进行供应链绩效评价。通过模糊层次分析法对 M 企业的供应链绩效进行评估，以此评判其供应链绩效水平的高低。

智慧供应链绩效评价指标集用 U 来表示，$U=$（U_1，U_2，U_3，U_4，U_5）。U_1: 供应链运营可视化；U_2：供应链精敏化；U_3：信息治理；U_4: 客户管理；U_5: 供应链预警。智慧供应链绩效评语集用 V 表示，$V=$（V_1，V_2，V_3，V_4，V_5），为 5 个评价等级，分别代表的意思为很好，较好，一般，差，较差。

二、确定智慧供应链绩效评价指标权重

绩效评价指标已确立，通过构建优先关系矩阵，计算得到的模糊一致矩阵如下：

$$\boldsymbol{A}=\begin{bmatrix} 0.5 & 0.25 & 0.55 & 0.6 & 0.45 \\ 0.75 & 0.5 & 0.8 & 0.85 & 0.6 \\ 0.45 & 0.2 & 0.5 & 0.55 & 0.3 \\ 0.4 & 0.15 & 0.45 & 0.5 & 0.475 \\ 0.55 & 0.4 & 0.7 & 0.525 & 0.5 \end{bmatrix}$$

通过 MATLAB 软件计算权向量。

程序如下：

```
A=[0.5 0.25 0.55 0.6 0.45；0.75 0.5 0.8 0.85 0.6；0.45 0.2 0.5；0.55 0.3；0.4 0.15 0.45 0.5 0.475；0.55 0.4 0.7 0.525 0.5]
[x,y]=eig(A);
[m m]=find(y==max(max(y)))；
w=A(:,m)/sum(A(:,m))
wA=(0.18870.2830.16980.15090.2075)
```

因此，得到模糊一致矩阵的权重为 0.1887，0.283，0.1698，0.1509，0.2075，再构建二级指标的优先关系矩阵，通过计算得到模糊一致矩阵，利用 MATLAB 软

件计算权重，权重综合汇总如表 9-2 所示。

表9-2　权重汇总表

一级指标 B	权　重	二级指标 C	权　重
供应链运营可视化 B_1	0.1887	流程处理可视化 C_1	0.4286
		仓库可视化 C_2	0.2857
		物流追踪管理可视化 C_3	0.2857
供应链精敏化 B_2	0.283	智能敏捷化 C_4	0.25
		高效精益化 C_5	0.3335
		柔性化 C_6	0.4165
信息治理 B_3	0.1698	信息获取力 C_7	0.25
		信息可控性 C_8	0.3335
		信息持续性 C_9	0.4165
客户管理 B_4	0.1509	客户满意度 C_{10}	0.25
		客户忠诚度 C_{11}	0.375
		新顾客争取率 C_{12}	0.375
供应链预警 B_5	0.2076	风险管理 C_{13}	0.4
		成本可控 C_{14}	0.2
		质量管理 C_{15}	0.4

三、单因素评判

单因素评判是通过对一个因素进行单独的评判确定评判对象对评判集元素的隶属度。根据专家的打分得到单因素评判矩阵，计算其对应的各自权重。

首先建立单因素评价矩阵，用 $\boldsymbol{R}_{11}$ 表示，表示 u_1 隶属于 v_1 的程度，一般通过专家评判确定 $\boldsymbol{r}_{11}$，如由 m 个专家根据评语集评判 k 个方案分别属于何种程度，若对于指标 u_1，有 m_1 个专家认为“较好”，则 $\boldsymbol{r}_{11}=m_1/m$，以此类推，便可求得单因素评判矩阵 $\boldsymbol{R}_{11}$。

选取 30 位企业专家进行投票，根据专家对 M 企业的了解以及智慧供应链的特征进行评判，评判结果如表 9-3 所示。

表9-3 专家评判表

因素	等级				
	很好	较好	一般	较差	极差
流程处理可视化 C_1	5	10	10	5	0
仓库可视化 C_2	5	20	5	0	0
物流追踪管理可视化 C_3	10	10	5	5	0
智能敏捷化 C_4	15	5	5	5	0
高效精益化 C_5	10	5	5	5	5
柔性化 C_6	5	15	5	0	5
信息获取力 C_7	5	15	10	0	0
信息可控性 C_8	0	10	10	5	5
信息持续性 C_9	5	15	10	0	0
客户满意度 C_{10}	10	10	10	0	0
客户忠诚度 C_{11}	5	15	10	0	0
新顾客争取率 C_{12}	20	5	5	0	0
风险管理 C_{13}	10	5	10	5	0
成本可控 C_{14}	0	15	10	5	0
质量管理 C_{15}	10	5	5	5	5

根据企业专家的投票，可得出各因素的隶属度。例如，C_1，30 位专家中有 5 位认为流程处理可视化等级为“很好”，10 位认为“较好”，10 位认为“一般”，5 位认为“较差”，没有人认为“极差”。则流程处理可视化的 5 个等级隶属度分别为 1/6，1/3，1/3，1/6，0。则 C_1 单因素评判矩阵为：$\boldsymbol{R}_{C1}$=（1/6 1/3 1/3 1/6 0）

同理，可得其他各因素的评价矩阵为

$\boldsymbol{R}_{C2}$=（1/6 2/3 1/6 0 0） $\boldsymbol{R}_{C3}$=（1/3 1/3 1/6 1/6 0）

$\boldsymbol{R}_{C4}$=（1/2 1/6 1/6 1/6 0） $\boldsymbol{R}_{C5}$=（1/3 1/6 1/6 1/6 1/6）

$\boldsymbol{R}_{C6}$=（1/6 1/2 1/6 0 1/6） $\boldsymbol{R}_{C7}$=（1/6 1/2 1/3 0 0）

$\boldsymbol{R}_{C8}$=（0 1/3 1/3 1/6 1/6） $\boldsymbol{R}_{C9}$=（1/6 1/2 1/3 0 0）

$\boldsymbol{R}_{C10}$=（1/3 1/3 1/3 0 0） $\boldsymbol{R}_{C11}$=（1/6 1/2 1/3 0 0）

$\boldsymbol{R}_{C12}$=（2/3 1/6 1/6 0 0） $\boldsymbol{R}_{C13}$=（1/3 1/6 1/3 1/6 0）

$\boldsymbol{R}_{C14}$=（0 1/2 1/3 1/6 0） $\boldsymbol{R}_{C15}$=（1/3 1/6 1/6 1/6 1/6）

四、模糊综合评判

（一）第二层模糊评价

第二层模糊评价为二级指标对应的权重乘以单因素评判矩阵。

$$\boldsymbol{R}_{B1} = w_{C1} w_{C2} w_{C3} \times \begin{Bmatrix} \boldsymbol{R}_{C1} \\ \boldsymbol{R}_{C2} \\ \boldsymbol{R}_{C3} \end{Bmatrix} = (0.4286\ 0.2857\ 0.2857) \times \begin{Bmatrix} \frac{1}{6} & \frac{1}{3} & \frac{1}{3} & 0 & 0 \\ \frac{1}{6} & \frac{2}{3} & \frac{1}{6} & 0 & 0 \\ \frac{1}{3} & \frac{1}{3} & \frac{1}{6} & \frac{1}{6} & 0 \end{Bmatrix}$$

$$= (0.2143\ 0.4286\ 0.2381\ 0.0476\ 0)$$

同理可得：

$\boldsymbol{R}_{B2}$=（0.3506 0.3055 0.1667 0.0973 0.1250）

$\boldsymbol{R}_{B3}$=（0.1111 0.4444 0.3333 0.0556 0.0556）

$\boldsymbol{R}_{B4}$=（0.3958 0.3333 0.2708 0 0）

$\boldsymbol{R}_{B5}$=（0.2667 0.2333 0.2667 0.1667 0.0667）

（二）第一层模糊评价

第一层模糊评价为一级指标对应的权重乘以第二层模糊评价值。

一级指标对应的权重分别为

$\boldsymbol{B}$=（0.1887 0.283 0.1698 0.1509 0.2076）

则综合评判向量为

$$\boldsymbol{F} = \boldsymbol{B} \cdot \boldsymbol{R} = \begin{Bmatrix} 0.1887 \\ 0.283 \\ 0.1698 \\ 0.1509 \\ 0.2076 \end{Bmatrix}^T \times \begin{Bmatrix} \boldsymbol{R}_{B1} \\ \boldsymbol{R}_{B2} \\ \boldsymbol{R}_{B3} \\ \boldsymbol{R}_{B4} \\ \boldsymbol{R}_{B5} \end{Bmatrix} = \begin{Bmatrix} 0.1887 \\ 0.283 \\ 0.1698 \\ 0.1509 \\ 0.2076 \end{Bmatrix}^T \times \begin{Bmatrix} 0.2143 & 0.4286 & 0.2381 & 0.0467 & 0 \\ 0.3506 & 0.3055 & 0.1667 & 0.0973 & 0.1250 \\ 0.1111 & 0.4444 & 0.3333 & 0.0556 & 0.0556 \\ 0.3958 & 0.3333 & 0.2708 & 0 & 0 \\ 0.2667 & 0.2333 & 0.2667 & 0.1667 & 0.0667 \end{Bmatrix}$$

$$=(0.2609\ \ 0.3415\ \ 0.2449\ \ 0.0806\ \ 0.0587)$$

（三）综合评分值

评价结果应该通过评分值确定，但综合评判向量仍为向量，难以反映评价结果，所以运用评分原则给评语集中的各个等级分别赋值打分。

评语集 $V=(V_1, V_2, V_3, V_4, V_5)$，分别代表{很好，较好，一般，差，较差}，将其赋值为 $V=(V_1, V_2, V_3, V_4, V_5)=(9, 7, 5, 3, 1)$。最终评分设为 H，当 $H\in[7, 9]$ 时，智慧供应链绩效水平高；当 $H\in[5, 7]$ 时，智慧供应链绩效水平较高；当 $H\in[3, 5]$ 时，智慧供应链绩效水平一般；当 $H\in[1, 3]$ 时，智慧供应链绩效水平较低；当 $H\in[0, 1]$ 时，智慧供应链绩效水平低。

最终综合评分值为

$$H=\sum_{i=1}^{5} f_i{*}v_i=0.2609\times9+0.3415\times7+0.2449\times5+0.0806\times3+0.0587\times1=6.2636$$

$H=6.2636\in[5, 7]$，可见 M 企业的供应链绩效水平较高。

第四节　绩效审计在智慧供应链中的应用探讨

一、智慧供应链绩效审计

智慧供应链管理技术模式克服了传统管理模式的很多缺陷，应用互联网技术，管理更加智能化。但是智慧供应链技术也有一定的缺陷，如对成本的计量和控制手段欠缺；由于是创新性技术，系统风险的可控性和保障性存在问题，对风险的管理欠缺；等等。这些都是供应链管理技术需要不断完善的部分，也是供应链管理技术的首要任务。

为了解决智慧供应链的成本控制、风险识别等问题，需要建立完善的智慧供应链审计体系。智慧供应链绩效审计是对智慧供应链管理对象的经济审计、效率审计，以此保证智慧供应链管理技术的高效性以及公司运转的高效性。绩效审计的标准是为了公司低成本、高效率的运转，智慧供应链技术管理审计的目标包括管理目标资源的利用率、可持续性。

智慧供应链审计是为了评估智慧供应链技术在管理公司的过程中，对智慧供应链管理技术和服务对象之间协调效果的评估，通过评估智慧供应链服务对象的运行情况和运行效果，找出智慧供应链管理技术存在的缺点，进行分析改正。智慧供应链技术可以挖掘供应链条企业之间合作发展的价值最大化，宏观调控上下游企业的资源配置、合作规划，做到资源利用最大化，营造合作共赢的局面，不断优化智慧供应链技术，优化上下游企业的运作模式，实现企业的管理升级，降低经营成本，提高企业的竞争力。

随着互联网技术的发展，智慧供应链技术的绩效审计方法发生了变化，通过大数据、数理统计、数学建模进行智慧供应链技术审计更加科学、客观，减少了大量的工作量。智慧供应链绩效审计的目的是为了了解供应链企业之间的供求问题，避免资源的浪费，提高资源的分配效率。智慧供应链绩效审计是为了找出智慧供应链管理技术存在的问题，优化升级智慧供应链管理技术，使供应链企业低成本、高效率运营。智慧供应链绩效审计的途径是通过对智慧供应链上下游企业的控制，企业资源的流转速度，企业的成本控制，企业的风险评估进行审计，以此发现智慧供应链管理技术和智慧供应链上下游企业存在的问题，达到企业升级的目的，避免资源浪费，提高整个社会的资源利用率。

二、绩效审计在智慧供应链中的应用

（一）智慧供应链绩效审计流程

智慧供应链绩效审计过程是覆盖智慧供应链技术管理的全过程主要包括三个阶段，即前期的审计分析、中期的跟踪、后期的评价与分析，发现智慧供应链管理技术存在的问题然后根据这些问题，总结分析，完善智慧供应链管理技术（图9-1）。

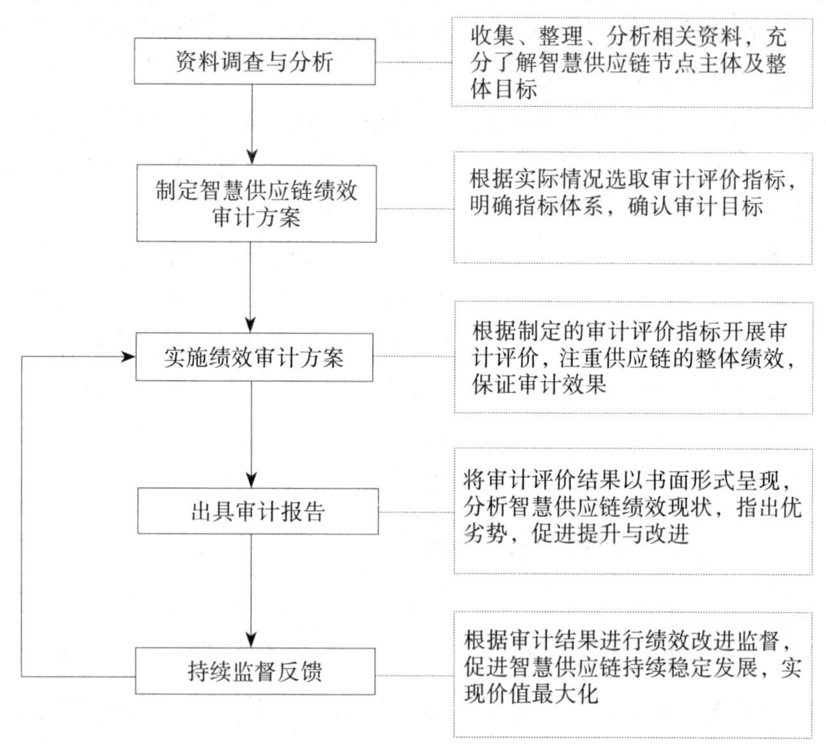

图 9-1　智慧供应链绩效审计流程

（二）智慧供应链绩效审计的应用

由于智慧供应链技术在我国引入的时间较短，智慧供应链技术发展的时间较短，相关的理论也不完善，我国对智慧供应链管理技术的研究焦点集中于绿色低碳智慧供应链。绩效审计在智慧供应链的应用评价指标体系中主要可分为以下几个方面。

1. 基于 SCOR 模型的绩效审计评价指标体系

SCOR 模型是智慧供应链管理技术的评价模型，它是根据智慧供应链管理技术的流程建立的评价模型。该评价模型由 4 个流程构成：流程的一般定义，与流程绩效对应的指标标准，供应链价值最大化的描述和所选择供应链软件产品的信息描述。SCOR 模型被业内理解为是辨别、评价、监管智慧供应链绩效较为系统的一种方法。

SCOR 模型以业务流程为依据，对企业按程序进行规范的供应链绩效审计提供了帮助。其绩效评价体系可以分为以下几种：供应链配送的可靠性、反应能力、柔性、成本、资产利用率。该指标体系以业务流程为导向，有利于智慧供应链绩效审计评价工作的正规化和程序化，因其系统考虑了计划、采购、生产/组装、销售、配送、售后服务等流程。

刑淋淋（2015）专题研究了基于SCOR模型的智慧供应链绩效审计指标，文章构建了智慧供应链绩效审计模型。将选取计划、采购、生产3个指标用于供应链绩效审计指标的构建，针对供应链的智能技术应用又增加了管理意识和智慧度属性，将以上5个属性具体细化，建立了一套完整的智慧供应链绩效审计评价体系。指标从3个层面分类：一级指标是智慧供应链绩效；二级指标包括供应链柔性、企业采购、企业生产柔性、企业计划、供应链智慧度及供应链管理意识5类；三级指标基于模型选取了21个执行层指标，用于衡量企业供应链管理绩效，内容包括企业从计划到产品产出的全部过程，同时包括智慧供应链管理意识以及企业在智慧供应链管理中对现代技术的应用程度指标。

智慧供应链绩效审计指标建立后，当前以调查问卷的方式进行统计评价的较多。通过对我国不同城市各个行业的企业进行实证应用分析后，发现企业智慧供应链的绩效水平普遍偏低，并且供应链智慧度指标绩效评分最低。虽然供应链管理意识在企业中已成型，但大部分企业对智慧供应链的管理还有成长空间。从绩效审计结果可以看出，汽车及制造业的绩效审计评分最高，其次是农业和医药行业，而物流及快消品行业低于平均水平，这跟物流快消品行业准入门槛低，品牌认知度低而忽略与上下游企业关系有关。

2. 基于模糊综合评价法的绩效审计评价指标系统

模糊层次分析法是一种定性和定量相结合的系统分析方法，其基本思想是根据多目标评价问题的性质和总目标，将问题按层次分解，形成由下而上的层次结构。徐新新和郭唤唤（2017）认为智慧供应链绩效审计具有整体性，应全面反映整条供应链的运行状况，因此智慧供应链绩效审计指标须反映供应链运营状况的各个方面。与传统供应链的区别是，智慧供应链具有可视化和智慧化等特点，具有较强的信息整合和成员协同性。因此，可以选取5个一级指标，分别是供应链运营可视化、精敏化、信息治理、客户管理及供应链预警。

运营可视化是智慧供应链具有的显著特点，该流程的完善能更有效监控供应链各环节的运营情况，提升管理效率。可视化可细分为三类：流程处理可视化，即对订单处置、订单查收、到账等实现全流程监控；仓库可视化，即对仓库存储的物品进行监控管理；物流追踪管理可视化，即对产品物流信息进行实时追踪。精敏化是精益化和敏捷化的结合，智能敏捷化使供应链快速响应并服务顾客，追求服务和速度；高效精益化追求总成本最优，强调效率和成本。信息治理指标是指利用网络将最有效的整合共享到整条供应链，使供应链成员的合作更加默契，其评价指标包括：信息获取能力，即借助某种技术手段获取有效信息的能力；信息可控性，即确保信息可靠的能力；信息持续性，即持续、高质量运用和产生信息的能力。客户管理指标是指评价客户满意度、忠诚度及对新客户的争取率，注重企业满足核心顾客的需求及偏好，建立长期稳定的客户关系。供应链预警审计指标是通过建立涵盖供应链各环节、主体及各层次的预警体系进行风险管控、成本控制和质量管理，利用智能化工具管控供应链活动的持续进行、质量稳定和成本可控。通过模糊平均法对这五个方面进行打分，得出绩效审计结果。

利用模糊综合评价法，结合智慧供应链全面评价指标在智能制造业的应用，得出了智能制造业绩效水平普遍较高的结果。智慧经济的运用使制造业取得了飞跃式的发展。采用全面评价指标对智慧供应链绩效审计具有可行性，有较强的客观性和可操作性。

3. 基于战略平衡计分卡（BSC）的绩效审计评价指标体系

目前应用的平衡计分卡模型使用指标分财务层面和非财务层面两个层面以及四个维度，分别是用于衡量企业完成股东利益的程度的财务维度，用于考核对顾客要求的满意度的顾客维度，用于审计企业内部运营情况的内部业务流程维度，用于评价衡量企业发展潜力的学习与成长维度。使用 BSC 模型能体现四个方面的平衡，即长期与短期目标的平衡，财务与非财务指标的平衡，滞后与超前指标的平衡，内部与外部绩效。该指标以战略为导向，评价范围较广。目前，BSC 模型较多运用于供应链绩效审计评价。马士华等（2002）运用平衡计分卡模型，从客户维度、供应链运营、发展潜力、财务价值角度构建了供应链绩效审计评价指标体系。客户维度包括供应链中订单完成总周期、客户保有等，供应链运营角度指标包括供应链生产时间柔性、持有成本和目标成本的比率等，发展潜力角度指标包括新品开发循环期、销售比率等，财务价值角度包括资本收益率、现金周转率等。从四个维度的财务和非财务层面，设计审计评价指标。

三、智慧供应链绩效审计存在的问题

（一）智慧供应链绩效的概念缺乏明确界定

因当前学界对智慧供应链绩效的定义模糊，使相关研究较混乱。虽然部分研究人员对供应链绩效审计给予了高度关注，从不同角度对绩效审计评价指标进行了研究，提出了多种智慧供应链绩效审计评价指标，但仍没有一个确定的、被广泛认可的智慧供应链绩效定义。当前总结的智慧供应链绩效定义仍有待完善。对智慧供应链绩效应包含的内容尚未有清楚界定，使当前研究指标散乱。虽然已有的评价指标既包括财务方面，又包括运营方面，将定性与定量指标结合起来，以成本为主同时以顾客满意度为核心，但仍缺乏质量管控、未来发展、环境友好性等方面的绩效评价指标。

（二）智慧供应链绩效审计评价指标有待完善

已有的绩效审计模型中，基于SCOR模型的评价指标，通过供应链整体视角分析，指标已考虑到内部结构、供应商关系、客户关系、信息共享和质量等维度，但这些因素间的关系、其信息共享情况未有深入挖掘，缺少与供应链管理实质的结合，没有说明绩效审计评价指标各维度的因果关系。另外，该指标体系对企业智慧供应链应用的可持续发展能力的关注度尚不够，同时审计指标数据基本来自企业内部流程，与同行间比对较困难。利用模糊综合评价法建立的模型，在战略整体上考虑了物流、信息流、工作流、风险管理及客户管理，指标体系已较为全面，但在与分销商的绩效关系和智慧供应链对企业的可持续发展影响度上，有待提升。基于BSC模型的审计指标体系兼顾了企业的长期目标和短期目标，兼顾了影响企业发展的内、外部因素，但是企业战略不是单一的，与此对应的企业目标也是多样的，使该模型在审计评价结果上具有的可行性不强。企业在对自身指标进行审计的同时，需综合考虑核心供应商和与客户的关系等因素，平衡企业内、外部的多重因素，在每个战略维度上审计绩效。同时，该指标模型对智慧信息流的关注度缺乏，在智慧技术广泛应用的背景下，智慧供应链绩效审计应将影响信息流的实质性因素纳入。

（三）供应链整体绩效与各成员绩效关系的研究有待深入

当前智慧供应链绩效审计的应用虽已综合考虑供应链的整体绩效，但缺少供应链整体绩效与各成员绩效关系的研究，供应链的各成员如供应商、制造商、分销商和零售商等各子系统对供应链的整体绩效也存在一定影响。目前，研究未对此方面有深入探讨，也很少考虑组建供应商、分销商等对以后运行绩效的影响及对综合绩效审计评价的影响。智慧供应链绩效审计评价指标模型，一方面应考虑和解决整体绩效及各子系统绩效的评价，另一方面供应链各关系网间的关系也应被纳入评价体系。

四、未来应用展望

近年来，随着供应链上下游企业间的联系越来越紧密，供应链管理不断发展，同时随着现代信息技术的发展，很多智能系统和决策支持系统不断被应用到供应链中，企业开始步入智慧供应链阶段。由于发展较晚，绩效审计在智慧供应链中的应用尚处于探索阶段，供应链的绩效还处在较低水平，特别是物流、农业等行业。因此，必须建立科学合理的供应链绩效审计评价机制，进一步建设和发展智慧供应链，同时加强物流管理，运用现代科学技术，建立信息共享机制和客户管理机制，提升产业链效率。智慧供应链绩效审计已越来越受重视，绩效审计被当作衡量企业智慧供应链运用的检测石，未来绩效审计在智慧供应链中的应用可从如下几方面展望。

（一）开展智慧供应链环境绩效审计

随着人们环保意识逐渐增强，相关专家开始将环保问题作为现代智慧供应链管理的一部分加入绩效审计中作为重要的一环来考虑。在供应链绩效审计中，环境绩效在美国早有开展，美国国家科学基金在密歇根大学进行了一项名为“环境负责制造”的研究项目，将供应链管理中随之而来的环境问题作为重点进行研究。通过改变或增加一些评价指标，包括资源回收率、核心回报率、废物比、生态有效性等，形成环境审计指标，这些指标为供应链的可持续发展提供支持，供应链环境绩效评价将成为后期研究的重点。

（二）开展智慧供应链发展潜力审计

供应链的特点是组成企业众多，与各成员企业的长远发展直接决定了智慧供应链的发展潜力，企业不断形成的收入、减少开支而节约的资金以及企业的利润都能形成企业的未来发展能力。一个企业若只有很强的盈利能力，但是不注意资本的积累，而是把所有利润都通过各种形式转化为消费，造成的结果是虽然企业的绩效审计指标很高，但也不能因此定义该企业的发展潜力大。因此，将长远发展潜力指标应用到智慧供应链及各成员企业绩效审计中有重要价值，从宏观角度可刺激国有经济总量不断增长；从微观角度可促使管理人员重视供应链及各成员的企业经营，促使企业经济实力不断增强。

（三）深化供应链绩效评价模型与方法的研究

未来的智慧供应链将充分利用信息技术提高系统的管理与运营效率，合理并有效的绩效审计评价指标模型对企业的运营管理至关重要。智慧供应链绩效审计指标应包括供应链各个方面的情况，充分反映供应链绩效，考虑企业可持续发展，研究、建立综合、全面的供应链绩效审计指标。评价模型应具有清晰的结构层次，明确评价内容、评价要素和评价指标。智慧供应链绩效审计评价体系不仅要考虑供应链整体绩效，还需评价与各子系统绩效的关系，将整体绩效与供应链各成员关系的指标纳入进来，使用定量与定性分析相结合的方法指挥供应链绩效审计，使审计指标体系更具综合性与针对性，注重指标的全面性、重点性和可定义性。在设计上应综合吸收现有模型的优点，构建涵盖较全面、针对性较强的智慧供应链绩效审计评价体系。

第十章　智慧供应链构建的相关案例分析

第一节　某公司供应链现状与现存问题

某公司是一家生产笔记本和手机的企业，并对生产的笔记本进行销售，这种经营方式就是将销售、生产结合起来的模式。这家公司有着雄厚的实力，公司涉及的业务范围十分广泛，在市场上占有的份额是很大的，还有一些长期合作的上下游企业。该企业有几万家供应商，在世界各地都有笔记本电脑的客户，在北美洲、欧洲、非洲各个地区都在进行销售，企业生产的笔记本电脑在国内的销量也比较高。现在的市场竞争十分激烈，使公司在管理供应链方面十分困难。因此，公司对区域进行了划分，分成几个销售区域，在不同的经销区域，根据不同的地区特点制定适合区域的销售方式，各个区域有自己的定价和布局。在中部，主要城市是重庆，以重庆为中心进行生产；在东部，广东是主要的生产基地。在目前的形势下，供应链系统还是有一些问题的。下面将公司的情况体现在表格里，如表 10-1 所示。

表10-1　公司基本情况

企业总部驻地	四川成都		
主营业务	电脑生产、销售	注册资本	500 亿
近 3 年年均销售件	3 000 万台	近 3 年年均利润率	5%
销售模式	划分经销区域	主要供应商	2 万多家
生产基地	重庆、广东广州	主要客户	国内客户（30%）、国外客户（70%）

一、成本问题

案例公司供应链中的成本包括采购前期物资、生产产品、供应链运转过程中产生的物料成本，提供给人力资源的成本，在运输过程中产生的费用成本，为生产设备而产生的成本。

掌握对供应链中的成本控制是十分重要的，企业要知道如何控制供应链的成本，这对企业的发展有着重大意义，可以使企业在与其他企业的比较中有明显优势。企业如果想要建立更有效的智慧供应链，可以通过减少人力资源成本、减少运输的费用输出、减少在时间上的浪费缩减企业的成本。我们之前举例说明的这个企业跟其他同类型的企业的供应链基本是一致的，供应链环节如下：第一步是计划；第二步是采购；第三步是生产；第四步是配送。这种普遍的供应链存在很大的问题，会增加人力成本，物资成本也会增加，在时间上也有诸多浪费。我们通过对案例公司的分析，发现了一些缺点，通过下面的内容加以说明。

（一）人力及物料成本

案例公司在每个供应链环节中都会有人员参与其中，导致每个环节都会产生人员成本，也是因为人员在各个环节中都会出现，所以时间成本也会很高，从而增加了企业供应链的成本。案例公司的采购流程是由使用部门 / 工厂提交采购计划，在提交计划前应该向供应商询价，然后在采购系统中提交申请，审批之后即可进入采购的流程，由物流中心汇总所有的采购信息，完成采购入库的任务。

备注：笔记本的主要部件有显卡、屏幕、CPU、内存条。这些部件都是需要采购的，而键盘、外壳、主板、电池这些都由代工厂加工，笔记本商家负责开发，具体流程如图 10-1 所示。

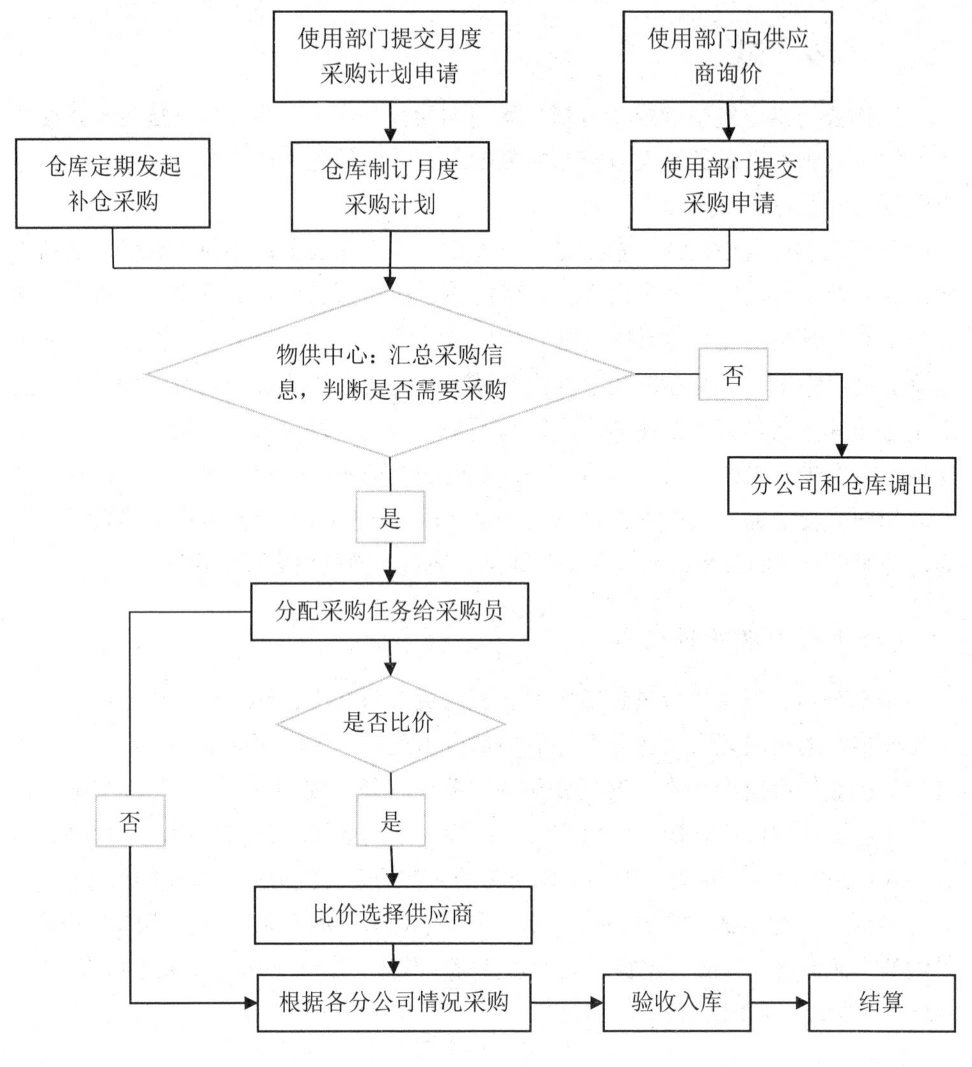

图 10-1 采购流程

案例公司的管理者常遇到下面几个问题：

（1）一个企业的采购经理是没有办法对各个子公司仓库中的库存进行监控的，如果其他下属公司需要调货，会产生各种拒绝的理由。

（2）还有一种情况，每个子公司都有不同的生产计划，没有办法做到集中采购，要想把成本降低，其中一个方法就是进行各个子公司的集中采购。

（3）因为每个公司对采购物资的需求不同，损耗的原材料也是不同的，所以无法控制原材料的损耗。

（4）不同部门在决策时使用的时间是不同的，沟通确认的时间很长。跟供应商询价和议价都会占用大量的时间，采购之后对货物的追踪也是十分消耗时间的。

（5）在企业盘点库存的时候，时间和人力都损耗很大，即使耗费很多人力、很长时间，也会出现很多问题。

备注说明：案例公司本身是采购系统和库管系统，这个系统在处理业务中起的作用是十分重要的，但需要在系统中手工输入一些数据。在案例公司中，每个部门的系统是不同的，每个部门都有各自独特的系统，企业采购部门的系统包括采购系统和库存管理系统，但是这种系统不是特别智能化的。京东商城在这方面就做得十分到位、十分全面，企业采用了物联网系统。在整个物流过程中，这种供应链管理的智能程度比较高。案例公司可以在整个供应链的管理系统中加入BI，或加入更先进的管理工具。BI项目成功实施的前提是工作人员要对企业的业务需求进行十分充分的了解，要有十分丰富的管理经验；要有十分明确的目标；这个项目还要保证企业的高层亲自参与；可靠的合作伙伴也是十分重要的。

（二）物流成本

企业的供应链中占有很大比重的是物流成本，影响企业物流成本的最重要的一点是运输成本。因为目前的行业竞争是十分激烈的，很多企业都使用更专业的物流服务企业解决自己公司的物流问题。因此，出现了大量服务于此的物流企业，这些物流企业有十分专业的物流服务，可以帮助企业降低物流成本。因为运输成本在物流成本中占据了大部分的比重，所以可以通过更好地控制运输成本降低企业的物流成本。物流成本包括变动成本和固定成本。

变动成本就是在每一次运输过程中产生的直接费用。这种费用分为多种，包括人力成本、运输工具使用的汽油的费用、运输工具产生的损耗以及其他的一些运营费用。

固定成本指的是非直接产生的相关费用，如一些在管理上产生的费用。

（三）时间成本

企业全球化和分布式的供应链越来越强调运作的协同管理，市场需求对时间的敏感度越来越高，供应链的快速响应能力已成为供应链以及企业生存和发展的重要因素。因此，探索企业成本收益背后的合作与协同机制，减少响应时间，提高供应链竞争力，是有十分重要的意义的，可以提高供应链的效率，从而减少资金流动的时间。

案例公司在供应链中会有一些耽误的时候，这种情况下出现的延迟可能是因为顾客的缘故，还有可能是因为零售商、批发商、制造商或供应商的缘故。整个供应链系统可以通过完成订单将信息在各个单元中进行传递，它的作用是十分强大的，主要作用是推动供应链中的各个环节。有些情况会导致消息延迟：①有的信息是十分不对称的，导致信息传输过程中出现问题，会浪费很多时间纠正存在的错误，这种因为信息错误导致的消息延迟会给企业造成很大损失；②在制定订单的时候有很多不方便的情况，因此会出现浪费时间的情况；③延迟处理订单，有时候没有及时处理订单，还有一种情况就是遗漏了订单，导致浪费时间；④没有及时反馈信息，整个供应链环节里，如果不及时反馈信息，可能就丢掉了一次很好的机会，造成没必要的损失。

综上所述，案例公司存在的问题如表 10–2 所示。

表10–2　案例企业存在的主要问题和对策

存在问题环节	存在的问题	治理建议
人力及物料成本	采购环节全部人工、电子化程度极其落后	BI 系统
	原材料入库登记手工登记、记录	BI 系统 + 条形码扫描
	各生产基地、车间缺乏协同	开发统一的公司内部生产平台
物流成本	物流体系采用外包形式，花费昂贵	区分地域选择物流服务商
	服务质量差，客户投诉多，产品很难无损配送	增强客户与公司之间的互动，建立问责机制
	经销商成本过高	改进与经销商的货物配送方式
时间成本	第三方物流出错导致货物错配	逐步培养自身的配送团队，加快货物可视化网络建设
	订单处理不及时	加快开发电子订单系统
	信息反馈不及时	
财务	货款经销商代收，经常滞留经销商	配送员自身携带 POS 机
人事	平台的信息化程度不够	加快公司整体网络平台的开发
	个人信息	将各环节的网络纳入其中

续 表

存在问题环节	存在的问题	治理建议
客服	官网信息更新不及时	人事部要增强信息更新意识
	客户与公司、公司与经销商和供应商之间互动性差，经济往来难以可视化	加快开发公司对客户、经销商、供应商的网站平台

二、供应链的可视性

（一）供应链的可视性和控制

这个世界的竞争越来越激烈，管理企业供应链是十分具有挑战性的。如果没有很好的供应链可视性，就会在市场中存在风险，就可能在市场中失去机会。假如企业的市场信息是不准确的，就不能掌握市场发展趋势以及不断变化的顾客的喜好，这条供应链就不会进入新的细分市场，因为无法根据新的市场需求对产品进行更改，这样做最后只会导致因为不能满足客户的需求而丧失市场机会。

因为供应链是不可视的，所以成员之间缺少信任，成员的行动受到了制约，最后的结果就是使供应链风险大大增加。可以通过一个例子说明这个问题，一个销售团队在选择了相信订单周转率，不相信订单履行时间的情况下，为了满足客户需求，就会选择将库存提高，为了保证供应，还会动用虚拟订单，这样做的结果是降低了供应链效率。这些风险很容易出现，只有提高供应链的可视性，才能避免这些风险出现。

除了可视性外，供应链信任还来源于管理者对供应链运营的可控制性。例如，即使一个供应链管理者能看到供应渠道的部分情况，他在短时间内也难以做出改变；即使可以获得需求改变或降低产能的信息，供应链管理者也很有可能对此束手无策，因为供应商无法根据变化而做出相应的调整，或难以得到可行的解决方案，或存在其产品线缺乏灵活性、生产进度表无法更改等原因。在这一过程中，制造商常会面临缺乏控制的问题。

如果缺乏供应链信任和控制，供应链成员之间很容易产生混乱和决策风险。在销售人员没有及时获得正确的需求信息的情况下，如果销售人员没有充足的经验，开始超量订货，使生产增加，快速增加企业的库存，大量的流动资金被占用，就会造成不必要的浪费，给企业造成不必要的风险。

因此，提高供应链的可视性是重要的问题，这个问题可以放到公司首要解决的问题中。

（二）供应链的可追溯性

企业的体系应是一整套可以追溯的体系，可以把控每一个生产环节，可以随时检查产品的质量，方便企业找到存在的问题并及时解决。

我们可以看出案例公司的可追溯性主要包括两个方面。

（1）案例公司的产品分为两个部分：一类是笔记本电脑；一类是手机。根据不同的电脑和手机划分了不同的销售地区，每个销售地区都根据不同的特性制定自己的布局和不同的销售价格，可能会出现窜货的情况，如果出现这样的情况，经销商的利益就会受到严重的影响。

（2）一些笔记本电脑或手机都会进行返修，返修的原因一般都是零部件不合格，没有按照规范组装产品。案例公司在因为一个零部件的损坏而导致进行返修的时候，可以找到这个零部件的生产厂家，还可以找到生产这个零部件的批次。

三、供应链预警与风险控制

复杂的供应链联系着各个环节，由于外部环境的不稳定性和供应链管理者过于精益求精、忽视风险管理等因素，供应链越来越容易遭受各类风险的侵袭。许多事实表明，如果某种风险一旦发生，往往会给供应链造成不可逆转的损害，甚至造成供应链在某段时期断裂。因此，有效地对供应链风险进行管理与控制是有必要的，能够使供应链更有弹性，在各类风险出现时，有更好的抵抗力和应对能力，从而减少或避免企业因供应链而造成的损失。良好的风险预警机制和协调管理还能提高供应链的运作效率，降低供应链的成本，有助于企业的持续发展。

四、与用户的互联

案例公司欠缺与客户的交流，没有特别多的直接跟客户交流的情况，因为该企业将销售和维护外包，让其他专业的公司进行操作，公司也请了著名的设计师进行了专业的设计。企业面临的一个很大的难题就是跟客户建立关系，例如，在如何研发产品等方面与客户交流。

美的公司将完全公开企业的相关代码协议，进行开源设计，实现在多平台上共享合作。此外，美的使用了智慧管家这样一种管理系统，这种系统是全球范围内最开放的一种智慧家居的应用系统，可以让客户与产品、公司有更多的互动。

第二节　某公司智慧供应链系统构建的相关因素分析

一、信息流、物流、资金流分析

（一）信息流分析

供应链的成败取决于信息，企业的决策者通过信息进行决策，一个决策是否正确取决于信息的质量、信息的及时性以及信息是否完整。

（1）提高了信息传输速度。将传统环境的供应链与电子商务环境下的供应链进行对比会发现，企业可以通过使用物联网技术加快公司内部信息的传输速度，实现在销售、仓储、物流过程中的信息自动采集。

（2）拓宽了得到信息的来源。案例公司可以通过先进技术更好地获取信息，让管理供应链的人员做出的决策更完美，没有任何疏漏。

（3）提升了信息的可靠性。物联网系统能够自动采集物联网中存在的信息，将人工采集信息的误差降到最低，降低了因为人为的修改造成的损失，将信息进行加密处理，最后得到的信息就是最准确的。

（4）更好地实现信息处理的智慧化。运用一些先进技术，如云计算，可以智能处理案例公司供应链中的信息。

（二）物流分析

供应链管理的最重要的一个环节就是物流分析，智慧供应链优化了案例公司的物流管理，主要表现在以下几个方面：一是敏捷化；二是可视化；三是柔性化；四是经济化；五是智慧化。物联网使供应商、零售商、顾客等一体化得以实现，将供应链中传统环境下各参与企业的信息之间存在的间隔缩小了，使各参与者之间的关系更加密切，使供应链的反应速度加快，参与了供应链的人会发现其他参与者的行动更迅速，并能根据其他人的行动及时做出相应的行动。

在一些制造电子产品的企业中，IBM 在智慧供应链方面做得十分成功。IBM 是一个全球性的公司，在将近 200 个国家都有该公司的业务，一年有将近 1 000 亿美元的销售额。像这样的企业，供应链必须做到高效运作，以满足多变的客户需求，将成本和风险进行有效控制，使企业的发展更灵活、更迅速。

IBM 供应链可以分成四部分：第一部分是采购；第二部分是制造；第三部分

是物流；第四部分是客户的支持。为了满足 IBM 在运营中的各种生产需求，在全球范围内通过企业的采购部门进行采购，企业的制造部门就可以通过在全世界各个不同国家的工厂对 IBM 的硬件和软件产品进行生产制造。

企业的物流部门负责的主要工作是根据不同的订单要求将各个不同地区需要的产品如期送到客户手中。

在 IBM 供应链转型过程中，变革可以分为三种情况：

一是将组织和流程进行重新建立，重新规划的主要内容是高层次组织结构的重组，重组流程，以前的流程效率很低，组织冗余，应该进行优化。

二是在集成和优化上提供更好的服务。因为供应链不只是企业内部的事情，也关系着 IBM 上下游的供应商和合作伙伴，只有将他们全部纳入供应链集成和优化的全盘规划，才能把整个供应链推向一个更高的层次。

三是协作。与 IBM 的供应商更好地合作，并做到供应链可视化。

IBM 的一些做法是十分值得其他企业借鉴和学习的。

中国的京东商城就是供应链管理很成功的公司。在物流智慧化方面其他企业也可以多多借鉴京东商城。

物流可视化。例如，京东商城通过广泛使用物联网技术提升物流的可视化程度，这种可视化体现在仓储运输中。物流可视化使整个供应链管理者能更好地实时监督物流，可以根据当下的情况立刻做出正确、即时的决策。

物流柔性化。在物联网技术的帮助下，京东商城有效满足了现在消费者“品类多、批量小、批次繁、周期短”等需求，可以灵活地进行物流作业。

物流经济化。案例公司在前期会投入很多应用于智慧供应链中，这些投入可以提升物流的速度，还可以加速资金周转。这种投资是案例公司提高自身的竞争力重要的一项，还可以提高环节中合作伙伴的竞争力，使公司在整个环节中的竞争力都得到提高。

物流智慧化。正是因为智能传感设备以及云计算等技术的使用，一些需要人工的环节都可以使用机器进行工作了。

（三）资金流分析

案例公司应用了智慧供应链技术，可以将资金周转的速度加快，还可以预防企业财务风险，最重要的是使流通资金的透明度提高。案例公司应用智慧供应链技术加快了供应链中合作企业的物流速度，提高了资金流速度，还降低了合作伙伴的流动风险。案例公司可以通过智慧供应链得到十分全面、真实的信息，再通过运用云计算等智能处理技术，可以把自采购风险降低，还可以降低投资风险。

智慧供应链技术可以让环节中的企业合作得更紧密，使各环节中的企业信任度更高，还能提高信息共享程度，增强投资者和客户的信心，提高投资者增加投资额度的可能性，减小企业的融资风险。案例公司拥有长期合作的企业伙伴，可以使利润分配风险降低。

案例公司应用智慧供应链技术建设的强大信息系统将上下游合作伙伴紧密联系在一起，相互之间的决策和行动更加协调，其可以通过有效的协同合作抵御外部财务风险。

二、成本管理

信息流、物流和资金流三个方面达到统一，可以使案例公司在管理成本上更加灵活。借助智慧供应链逐步让机器代替信息一直由工人填写的传统模式。自传感器、RFID 标签、仪表、执行器、GPS 等自动化设备是信息的来源，可以自动对库存进行盘点，对集装箱内部的货物也能做到自行监测；如果出现托盘被送错地方的情况，系统就会自动报错；等等。

未来的趋势是将全部的供应链链接到一起。除了大众客户、供应商和 IT 系统外，还有每个部件、产品和其他可以起到监控供应链作用的智能工具。这些程序之间的密切联系在全球范围内使供应链网络可协同规划以及决策。

供应链的决策也会往智能化的方向发展。分析和建模技术越先进，越可以在决策者面对极其复杂且变化多端的风险方面给予直接的帮助，制定最佳方案，同时对各种备选的方案及时进行有效的评估。系统更加智能化不仅可以自动制定决策，还可以减少人工的直接干预，响应速度也得到了提高。

负责公司采购的经理使用运行库存自动盘点系统可以对每个网点的具体情况有大致的了解。全部数据的采集都必须是自动的，才能对库存的实际情况进行时地掌控、实时跟踪，库存的实际情况未来将对财务人员、库存管理员、销售人员、相关管理人员等所有具有权限的人开放。

假设手机应用也开始掌握库存的管理情况，销售人员将不再需要询问货物情况，只要通过手机软件就一目了然，可以及时掌握存货位置以及存货的数量，这些情况会更准确、及时地反馈给销售商，然后销售商再传达给二级销售商；在外办公，销售人员很多情况下没带电脑或平板，只要拿着手机，就可以第一时间了解库存情况，销售商或用户所需要的货品也可以及时调整发货。此外，采购经理对每个网点的缺货情况、哪个网点货品充足有整体的掌握，可以协调各个网点之间的货品调取。

利用先进技术建立智慧供应链，如在采购过程中，对于采购企业库存的数量信息供货商也具有查看的权利。信息共享机制建立的优势在于便于双方企业做出相对有前瞻性的决策，同时对双方降低库存也是有利的。例如，VMI、联合库存等。此外，在运输过程中，需要平衡运输的时间和成本，选择合理的运输工具和装卸设备等。

三、供应链的可视性

引入库存自动盘点系统可以加强案例公司的采购部门、生产部门对库存的精确掌控，使管理者对库存的控制力大幅提升。管理者可以清晰地了解本企业及下属企业的库存情况，可以提高由上至下的掌控性。

智慧供应链在商品配送环节将大量应用 GPS 技术、RFID 技术、图形技术。在一定程度上，智慧供应链对企业的管理以及销售起到帮助作用。智慧供应链系统主要利用 RFID 和信息系统技术，经过手机 App 的扫描，可以追溯产品的各个部件组成部分以及生产厂家。

产品供应链上的外部追溯体系是整个产品供应链追溯体系的关键部分，外部追溯体系的建立是以产品供应链各个企业的内部追溯体系的建立为基础的，这就要求案例公司和其相关企业都要在同一个标准和要求下建立各自的追溯体系，同时进行产品信息的传递，从而使流通与信息无缝对接，将产品供应链的上游和下游有机联系起来。

四、供应链预警与风险控制

大数据时代，企业的发展只有借助本身的数据库，才能实现相对完善的供应链预警以及风险的掌控。所以，案例公司可以把风险控制、库存预警与云计算三者结合，从而实时掌握员工人数、现金流以及销售的情况等信息。供应链的管理层可以充分与财务经理、销售经理针对企业自身情况设定一个基础值。这一部分在第五章有比较详细的论述。

惠普供应链库存管理对库存量的降低是直接有效的，同时使库存成本减少。惠普供应链的形成要求优化组成供应链的每一个环节，建立良好的协作关系，这种关系的建立对产品的快速流通是极其有利的，同时避免出现库存浪费以及资金被占用的情况，有效地降低了社会库存量，对于优化库存控制来说，这种意义和价值是长远的。

惠普供应链库存管理有利于实现从“库存实物控制”向“库存信息控制”的转变，实现信息化库存控制的目标。惠普供应链库存管理是建立在信息畅通、资源共享的基础上的，库存通过先进的信息技术得到控制，这种方式只有在供应链的最终环节才能知道实物库存。这种方式精简了流通环节，静态库存明显减少，库存的控制难度和级数也降低了。

五、与用户的互联

在市场和销售环节，用户和商家都在互联网平台上，案例公司完全可以借鉴京东商城使用的手机客户端和扫描二维码的方式。因为相对于其他物流企业，分销环节京东做得很成功。购买的用户使用手机上所装的客户端软件，用手机摄像头扫描产品的条形码或二维码，在商城的网站就能直接下订单，这种操作把网站选购平台的限制打破了。换个角度来看，以价值创新的信息价值为切入点，商品信息数不胜数，消费者选择起来非常困难，这种方式使消费者一目了然，直接购买自己需要的商品。从客户价值角度来看，原先网站展示的商品图片和信息有诸多限制，而如今可更直观地了解商品，也不用货比三家，可以直接购买。从成本管理角度分析，用户通过此种方式购买到自己心仪的商品，直接效果就是退货率下降了，属于作业成本的物流成本和交易成本都降低了。

在订单管理环节上，京东商城在包裹上使用了先进的定位技术，十分方便用户查询包裹的具体位置，在收货地址有出入时还可以进行修改。这一技术的采用使京东商城自身的配送计划更加合理，配送的成功率也可以得到提升，属于作业成本范畴的物流成本也直接降低。但是，这种技术的成本过高，不适合普遍采用。案例公司若考虑成本，可以使用第三方或第四方的物流方式，智能改进自己的订单。

案例公司的智慧供应链在支付环节上可以使用移动的 POS 机。从价值创新角度分析，公司对货款信息可以实时掌握，同时客户使用银行卡、信用卡，除了便利以外，还对自身资金的使用情况有所了解。从成本管理角度分析，资金的周转效率得到了提高，节约了属于作业成本的管理成本和财务成本，同时交易成本也降低了。

在客户服务环节，案例公司可以采用一定的云计算技术。从价值创新的信息价值角度来看，这一技术有助于公司具备处理超巨量产品销售信息的能力，从而更好地发现用户需求，推出更好的特色服务；从顾客价值角度来看，可以减少用户购物高峰期的等待时间，带来更好的顾客体验。从成本管理角度来看，云计算技术可以减少公司的作业成本和交易成本。

第三节　某公司智慧供应链的构建与实施

案例公司在供应链中存在诸多问题，构建智慧的供应链，帮助公司摆脱困境显得尤为重要。构建智慧供应链可主要从以下几个方面进行：①互连性。通过智慧供应链的构建强化企业内部系统的相互联通、企业之间系统的相互联通、系统与人之间的相互联通，实现公司、客户、供应商、销售商之间的ERP到ERP的整合。②智能性。实现智能预警、智能决策等。③先进性。主要是利用先进的IT技术和传感器技术构建智慧供应链，帮助公司实现物流状态的动态可视性和绩效管控，提高整个供应链的透明度。

一、更智能的成本控制

（一）人力成本和原料成本控制

案例公司可以开发库存自动盘点系统，此系统是基于RFID技术的动态监控系统来实现的。RFID技术是无线射频技术，主要应用于短距离的识别和定位。这类系统效率非常高，远远高于人工盘点，几乎不会有出错的情况，同时可以对库存进行实时监控。应答器主要附于物体上，每一个标签就是一个应答器，有唯一的电子编码，这样可以确保每一件物品都能被精确识别和定位。

应用系统主要是应用层软件，用于对所收集的数据做进一步处理。库存管理系统可以实时监控各个网点的库存，使管理者了解原材料与产品的详细信息以及库存数量等情况。

1. 集中采购

如果能够准确、及时地了解库存信息，采购经理就可以根据各个生产网点的具体情况制订采购计划，而不需要逐个给生产网点打电话，询问库存情况、库存的消耗速度等信息，再集中汇总，根据具体的情况制订采购计划。如果库存的信息是实时的、全方位公开和透明的，采购经理就可以掌控库存的消耗情况和消耗速度，制订的采购计划会有更强的说服力和更高的可信度。所以，将来集中采购将会取代分批采购，并成为一种常态。

2. 产品及原材料详情

RFID技术可以获取原材料的详情，如生产场地、生产时间、生产批次、物流情况、入库情况等，可以准确地定位原材料在仓库的哪个货点或货架上，可以使管理者的管理更加深入和具体，如使用哪批原料、哪个地方的原料生产出来的产品合格率高。每个批次的产品所需要的原料信息也可以得到跟踪，如笔记本的返修率高，可以追溯到组成笔记本的所有原材料（塑料、键盘、摄像头、内存、主板、显示器等），这样更有利于企业管理供货商，使企业溯源变成一种可能。

3. 采购系统与供应商生产系统互联

如何使供应链更加高效？企业之间的系统互连是一种趋势，只有实现了企业间的系统互连，才能实现企业之间信息的共享。如果企业间的信息得到了有效的共享，企业对供应链的反应速度就会提升。对于经销商来说，询价和出货跟踪、物流跟踪一直是比较头疼的问题，多数经销商都只有通过电话询问的方式获取所需要的信息。生产商和供应商之间往往也存在询价、库存咨询、物流咨询等情况，因此信息的共享会非常迫切。

企业在向供应商下订单时，先会询价，在什么样的采购范围内价格是多少，如果确定下单，又涉及财务、税务、具体的标准等问题，过去往往通过电话沟通，在沟通时，往往由于信息不对称以及企业文化、区域文化的差异，出现很多问题。采购企业也希望知道自己采购的原料还有多少库存，若供应商需重新生产，企业希望能跟进生产的进度、订单状态等。在生产完之后，对于采购企业来说，物流情况相当重要，因为原材料如果迟迟不到，将会影响到企业的生产。对于供应商来说，其希望知道采购企业的库存消耗情况，从而有前瞻性地制订生产计划，也希望能跟踪到采购企业产品的终端销售计划，对市场有更好的把握和掌控。同时，物流情况也是原材料生产商所需要了解和跟踪的。信息的共享在很多时候会有弊端，如果企业机密信息泄露，特别是让竞争对手所掌握，会使企业处于不利的地位。因此，在企业互联时应该共享哪部分信息，企业之间的保密协议就显得非常重要。经过测算，通过统一的电子化平台，平均订货时间将会节省 3 ～ 4 小时，同时可以减少供应商、经销商和客户的损失约 2%。

（二）物流成本

在现代企业中，物流多数采用外包的方式。因此，选定合理的物流服务提供商就显得尤为重要。在现在多数的企业中，物流过程大多进行了优化。智慧型供应链是否可以进一步优化呢？答案是肯定的。下面将介绍现代化技术的应用与软件系统结合的应用。

空间高效利用系统能帮助航空公司有效地解决这一问题。货品进机舱之前，它的位置就已经很清楚，引入此系统可以帮助飞机平均多运送 15% 的货物，带来的利润将远高于 15%，从而提高了航空公司的竞争力。

最优物流服务提供商选择。在这个系统中，企业应该优选出一批物流服务企业，从物流企业的企业规模、物流能力、管理能力、业内口碑等方面选择出 5 ～ 10 个物流服务提供商。通过与这些企业合作，对这些企业进一步评级。评级系统的标准包括以下几个方面：

（1）送货时间。对每一次货物送达时间进行评级，分数的界定范围为 1 ～ 5 分，5 分为最高，1 分为最低。

（2）破损率和遗失率。每一次货物送达后，检查是否出现破损和遗失的情况，并对其进行评级。分数界定范围为 1 ～ 5 分，5 分最高，1 分最低。

（3）服务态度。对物流企业全程的服务态度进行评分，分数界定范围为 1 ～ 5 分，5 分最高，1 分最低。

对这些企业每一次物流情况进行评分。评分的计算公式如下：

准时度分数 = 所有送货时间的分数总和 / 次数

完整度分数 = 所有破损率和遗失率分数总和 / 次数

服务度分数 = 所有服务态度分数总和 / 次数

最终得分 =（准时度分数 + 完整度分数 + 服务度分数）/3

如果物流企业的最终得分在 3 ～ 3.5 分，则物流企业评定为 C。

如果物流企业的最终得分在 3.5 ～ 4 分，则物流企业评定为 B。

如果物流企业的最终得分在 4 ～ 4.5 分，则物流企业评定为 A。

如果物流企业的最终得分在 4.5 ～ 5 分，则物流企业评定为 S。

对上述进行数学建模，并开发或嵌入对应的软件系统，企业的软件系统将与物流企业的报价系统相互联通，从而获取从 A 地到 B 地的报价信息。企业管理人员把运输货物的数量信息、批次信息输入管理信息系统，可以得到各个物流服务供应商的总体报价信息。具体信息如表 10–3 所示。

表10–3 报价表

企业	评级	运输方式	运输单价（吨）	预计送达时间	总数（吨）	运输总价
企业 A	S	汽运	20 元 / 吨	2015/4/3	10 000	200 000 元
企业 A	S	铁运	12 元 / 吨	2015/4/6	10 000	120 000 元
企业 B	A	空运	400 元 / 吨	2015/3/31	10 000	4000 000 元
企业 B	A	汽运	19.5 元 / 吨	2015/4/3	10 000	195 000 元
企业 C	A	汽运	19.2 元 / 吨	2015/4/3	10 000	192 000 元
企业 C	A	铁运	11.8 元 / 吨	2015/4/5	10 000	118 000 元

如果对应的系统得以建立并使用，对于管理者来说，他只需要输入要运输的货物种类、货物的总数，就可以很快得到各个企业的报价，从而选择最优的方式进行运输。

最佳运输路线选择。在公路运输中，常常会遇到下面的问题，从起点到终点，如何选择才能使费用最低。如图 10–2 所示，开始为起点，结束为终点，图中 A、B、C、D、E、F、G、H 是可能经过的站点，数字为每条线路的最低费用。

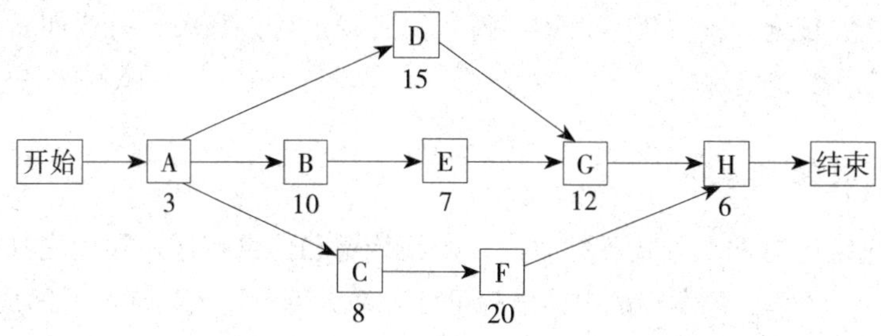

图 10–2 最优路线图

在上述案例中，可以通过建立模型，并用计算机求解，得出的结论如下：A → D → G → H 的路线费用最低，总费用是 36。如果不进行优化，得到的总费用是 38 或 37，节省费用 2.6%，这样可以节省运输成本约 2.6%。

在实际应用中，我们可以对所遇到的问题进行计算机建模，从而得出最优化的运输路线。

在现实中，我们也常常会遇到下述问题。例如，B 企业是案例公司在四川最大的分销企业，它的网点遍布四川省的各个城市，在四川省成都市建有一个中心仓库，在其他市区建立有各个分仓库，中心仓库负责成都市所需所有商品的集中存储，也负责运往四川省其他所需商品的临时仓储。由于企业采用的是集中采购的战略，所有采购计划都是由成都市所在总部制订并实施。采购的货物经过铁路运输先运抵成都，再由成都总部根据各个地级市网点的销售和库存情况，由中心仓库通过公路运输到各个网点。

案例公司在构建智慧供应链后，在企业总部下达采购命令之后，管理者就已经掌握了各个网点的实时库存和销售情况，供货企业收到订单和付款单后，联系中铁集团，把销售的货物转车，并把出货信息、物流信息发送给采购企业。每一件货品中附上单独 RFID 标签，采购系统根据 RFID 的信息、物流提供给企业的运输车的车牌以及汽车 RFID 标签记录到信息系统中。

管理者可根据系统提醒选择自动分配，把单件货物分配到运输车辆上，每一辆车的货物都确定了，装车人员只需要拿着 RFID 的接收器，便可以知道哪一件货物该分配到哪辆车上，哪一辆车该运送至哪个仓库。这样，企业将不再需要把货物运输到中心仓库，再由中心仓库运送至各个城市的销售仓库。在智慧型的供应链中，只要供货商一发货装车，便可把货物分配至各个网点。在这个过程中，节约了从铁运站到中心仓库的运输费用，同时减少了两次货品的装车费用。如果企业成功实施了智慧供应链，不仅可以节约这部分运输费用和所投入的人力，还能缩短供应链的长度，减少资金占用，每一件货物也可以溯源，有任何质量问题都可以联系供应商直接解决。

（三）时间成本

在供应链中有两个方式压缩时间：产品传递和信息传递。利用先进技术建立智慧供应链，持续优化供应链中的步骤可以帮助案例公司大幅降低时间成本。

（1）压缩物流时间。首先，优化管理流程，消除作业中的无用工序，更多地采用并行工序；其次，控制关键步骤的时间，合理地利用时间完成非关键步骤，压缩工序中冗余的时间和无效的时间，避免返工的时间和停工等待的时间。

（2）整体供应链的快速响应能力。快速响应是指利用现代信息技术、IT技术和管理技术所定制的智慧型供应链系统。快速响应主要包含下述信息技术：库存控制、信息共享、RFID/条形码技术和分拣技术。实际上，供应链对库存的管理、运输成本的管理是提高效率的有效手段，它能使供应链更为高效、快捷。

（3）供应链伙伴之间的时间压缩。要做到供应链伙伴之间的时间压缩，需要先考虑供应链伙伴之间的信息共享。信息共享是一种非常亲密的关系，因此供应链的伙伴必须建立战略同盟。事实上，通过现代管理技术和信息技术所建立的智慧供应链的优势体现在供应链的高效性上，各个环节的衔接性都要远远优于普通的供应链。

二、更为智能的可视性

根据供应链的概念，供应链的主要活动涵盖从原材料供应商开始，经过工厂的开发、加工、生产至批发、零售等过程，到最后与用户之间有关最终产品或服务的形成及交付的每一项业务活动。因此，供应链的内容涵盖生产理论、物流理论和营销理论三大理论。供应链的主要活动如下：

（一）商品的开发和制造

在这个环节上，智慧供应链主要是对开发和制造环节的所有信息进行数字化管理，通过系统集成的方式，对产品和制造环节的信息进行共享，从而提高在管理层生产环节的控制力和可视性。

1. 商品的规划、设计、商品化

在进行商品的规划、设计时，各个行业有与之相关的专用系统，这些系统目前与企业系统的集成度并不高，导致管理者对商品规划、设计的进度掌控力不足。在智慧供应链中，这些系统应与企业管理系统更好地集成起来，这样既能使管理者更好地掌控进度，也能使整个环节的可视性大大增强。

2. 需求预测和生产计划

对需求的预测一直是国内外学术研究的重点，对于很多企业来说，企业的历史生产计划都可以查询出来，企业可以利用这些数据和需求预测系统，根据行业目前环境、经济环境和企业自身状况以及历史情况来进行推演。需求预测和生产计划的信息化以及与企业管理系统的集成既有利于管理者对其进行控制，也有利于管理者根据生产计划和对比企业生产进度做出更好的决策。

3. 商品生产和质量管理

商品生产和质量管理对订货企业、生产企业、分销企业都非常重要，他们都希望能参与进来，因为这个环节关乎他们的切身利益。对于订货企业来说，如果所订的产品是其企业的生产原料，该原料产品能否按时交付以及原料的质量直接关乎着本企业的生产能否按时进行、产品质量能否合格等；对于供货商来说，直接关乎其货源能否支撑各个卖场。因此，整个环节的信息共享显得尤为重要。整个环节信息和数据的共享在很多时候会涉及两个或者多个企业，因此企业间建立长期的合作机制尤为重要。生产环节的可视化可以帮助企业之间跟踪订单的状况，可以增加相互了解，既便于企业跟踪产品生产的进度，也便于企业更好地监督产品质量，防止偷工减料等情况的发生。

（二）商品的配送

智慧供应链在商品配送环节将大量应用 GPS 技术、RFID 技术、图形技术。这些技术可以帮助企业了解在配送途中各个环节是否出现堵塞，提高对应急事件的处理能力，如由于天气原因导致的航班延误、货轮无法进入港口、高速路被封闭等。

1. 确保配送途径

在这个环节，案例公司将建立全球数字定位系统，采用图形技术，把企业所有的物流环节全部数字化和图形化，并且实现每一台物流车辆、飞机、轮船都与系统相连，这样可以保证每一个物流单元都被实时掌控。当运输通道顺畅时，在地图中这一条通道将是绿色的；如果这条通道压力开始出现，将慢慢地加深颜色，由绿色变成黄色；如果压力没有减轻，则黄色继续加深，变成红色。作为管理者，他将对自己职责范围内的物流情况一览无遗，可以根据实时情况调配相应的资源，保证企业快速应对物流环节问题，从而保证物流的畅通。事实上，国内有一些企业在物流领域可视化和智能化方面处于领先地位。企业可以建立类似阿里巴巴集团的物流管理系统。

2. 准时配送

在实现了 GPS 定位的基础上，货运车辆从出发装载货物到目的地卸载货物，企业在这条线路的路程是确定的，汽车每小时的公里数也是可以确定的，因此预计到达时间可以被自动计算出来。

耗时 = 到达时间 – 出发时间

平均耗时 = 所有耗时相加 / 总次数

企业可以利用平均耗时，建立这条线路的标准运抵时间。在具体运输过程中，企业可以利用 GPS 系统和物流管理系统，实时掌控运输工具在每一条运输路线上的情况。例如，运输路线是重庆市→内江市→资阳市→成都市。如果 GPS 系统显示货运汽车正在内江市，企业就可以根据公里数与货运汽车规定时速，计算出汽车到达成都仓库的时间，从而调配对应资源。同时，同城货运车辆可以根据 GPS 系统提供的交通拥堵状况，选择合适的路线，从而保证准时配送。

（三）商品的销售和售后服务

对于企业来说，销售环节非常重要，因此整个环节的可视性和控制力对企业来说是不可或缺的。智慧供应链将在一定程度上能帮助企业管理和控制销售过程。

1. 销售

对于案例公司来说，越到销售末端，企业就越难以追踪，特别是销售员直接面对顾客销售的环节，企业的控制力是非常弱的。因此，企业与分销商的系统集成非常重要。它能帮助企业及时了解销售的具体情况以及同比、环比，而不是最终等到订单开始慢慢萎缩，企业才意识到产品出现问题。

2. 及时的商品补充

与下游销售商之间的系统整合可以帮助销售商和生产商共同管理库存，使企业很快地察觉到某种商品在哪个供应商那里比较热销，当销售商的库存出现预警或者某种商品脱销时，迅速地做出决策。

3. 销售数据和销售额的管理

在实现了销售数据互连的基础上，企业对销售的控制力将会更强，对各个网点销售额掌握得会更加精确。企业可以知道何种类型的商品更受哪类人群欢迎，哪类商品在哪个区域更加热销，并据此对供应链的各个模块进行调整，同时制定更加科学和合理的销售额。经测算，经过智慧供应链的改进，平均物流配送时间可以节省 1 ～ 2 天，费用可以节省每件大概 40 ～ 50 元，估计约占总成本的 1%。

三、构建可追溯性供应链

案例公司将构建可追溯的供应链系统，此系统主要利用 RFID 和信息系统技术，通过手机 App 的扫描，追溯产品各个组成部分以及生产厂家。因为在智慧供应链中各个环节已经实现数字化，如原材料生产地、运输环节、采购环节、生产环节、销售环节等都将全部记录到信息系统中，这个过程中使用的技术主要是 RFID 和信息系统技术。RFID 可以实现一物一码。附在产品上的 RFID 标签记录着产品的原材料、运输、加工、销售等信息。与 RFID 标签所配合使用的必定有一套信息系统，这套信息系统将提供写入 RFID 标签的一些基础数据，同时将与生产系统和销售系统互联，以便跟踪产品状态。可追溯性供应链主要分为外部追溯体系和内部追溯体系。

对于外部追溯系统来说，要想追溯到产品的信息，就要明确产品供应链上的参与者。产品供应链是由各个方面的参与者构成的，产品供应链的参与者是追溯体系的具体操作者。各个环节的参与者应对其责任范围内的产品逐一进行信息记录、存储、传递以及管理。外部追溯体系想要运行，需要建立信息系统。企业应利用相关信息技术对产品进行标识，借助产品供应链各参与方的信息管理系统实时交换产品信息。

对于内部追溯系统来说，为了实现产品供应的可追溯性，产品供应链的案例公司需要建立自己的内部可追溯体系。这要求在产品供应链每一个加工点上的公司对自己加工的产品进行产品标识，并采集原材料上的已有标识信息，将全部信息载入数据库，以备下一个加工者或消费者使用。所以，在产品供应链上，每个企业作为整个供应链上的子节点，它们彼此之间相互连接、环环相扣、不可分割，一旦某个环节发生脱节，就会使整个产品供应链瘫痪。因此，产品供应链上每个节点的生产经营者都应将自己生产加工产品的标识信息和使用过的原材料的标识信息加以记录，形成一个完备的信息记录数据库，以供追溯时查询使用。

四、智慧预警和智能决策系统

案例公司在运营过程中每年、每月、每天都会产生大量的数据，这些数据具有潜在的价值，如何更好地利用这些数据是智慧供应链的价值所在，能很好地减少企业在供应链的危机次数，也能在危机出现时有所准备，降低危机带来的风险。

（一）合理范围值

一些产品在生产时需要规定特定的温度、湿度等，在某个值或某个范围，正品率最高，超出这个范围次品率就会大大提升。在企业管理和企业的供应链中也一样，原材料库存控制在多少最为合理，对于运输企业来说应该保有多少辆运输车辆最为合理，对于销售商来说应该备多少销售商品最为合适，这些值具体应该是多少，该处于什么样的范围，企业又该如何界定呢？在智慧供应链中，由于供应链中各个环节都信息化了，生产企业可以很好地查阅到企业同比、环比的数据。

（二）阈值预警系统

在企业中的各个环节，我们可以根据上述讨论获取到合理范围值，在这个范围值内，可以认为企业处于正常的生产运营之中；如果超出这个范围，表示企业开始面临危险，应该引起重视。如果数据已经远远偏离我们设置的合理范围值，那企业可能已经处于高度的危机之中，应给予高度的重视。我们可以为远超出范围设定一个阈值，如果系统监控数据表明某一环节已经超出阈值，则表明供应链的该环节已经处于高度危机中。可以用三种颜色表示这些状态。

1. 绿色

企业处于合理范围值之中，企业生产运营一切都是正常的。

2. 黄色

企业处于合理范围值之外、阈值以内，表明企业已经处于危机之中，应给予管理者提示，信息系统可以通过短信、邮件方式引起供应链中该环节直接管理者的注意。

3. 红色

企业处于阈值以外，表明危机已经发生或者即将爆发。这时，信息系统可以拨出自动语音电话到供应链该环节的直接管理者，并以短信、邮件方式通知供应链的最高管理者。

（三）预警和风险控制机制的应用

在智慧供应链中，供应链的绝大多数环节都可以引入预警和风险控制机制。

1. 库存预警和风险控制

生产企业有原材料库存，利用原材料进行生产之后，企业就有产品，产品生产之后，有时候会储存在仓库，而有些企业是根据订单生产，它们可以把产品库存控制在零。案例公司不可能完全将产品库存控制在零或者极低的状态。因此，制定合理的库存对企业来说是非常有必要的，它能使企业流动资金的利用更加合理。那么，在智慧供应链中如何设定预警值呢？

预警值来源于对现有数据的分析，由于各个环节都已经信息化，企业可以拿到各种库存状态下企业现金流、员工数、销售情况各个方面的信息。供应链的管理层可以充分与财务经理、销售经理针一起针对企业自身情况，设定一个基础值。

2. 物流预警和风险控制

物流环节是企业供应链中不可或缺的一部分，在这一环节，如果处理不及时，有可能导致大量的货物积压，或者导致原材料迟迟不能运抵生产工厂，使企业因原料不足而无法开工。对于与案例公司长期合作的L物流企业来说，如果用户所需的订单迟迟没有送达，除了造成财务损失外，还会对公司的名誉产生极大的负面影响。因此，如何在危机出现之前让管理者快速地察觉到风险并调配资源释放物流压力就成了物流企业所必须解决的问题。

在L物流企业中，中心管理者如何知道所有城市在每一个时刻的情况呢？如何为各个分点调配资源呢？这就有必要为各个城市物流点建立智慧监控和风险控制系统。对于一个城市的单个物流点或物流仓库来说，这个点每天的吞吐量在智慧供应链中已经数字化，同时这个点的存货能力和运输能力在一定的时期内是不会改变的。由于所有点已经长期运营，因此可以根据这些具体信息，建立物流监控平台。例如，快递企业主要业务是收单和送单，处理的效能越高，企业就越赚钱。如果每小时的收单数大于送单数，包裹和邮件将堆积在配送网点。当包裹堆积过量时，企业将无法继续接收包裹，因为没有地方临时存放。对此，供应链的管理者可制定以下规则。

（1）绿色：0% ～ 30% 时，表示该配送点处于正常的运营状态。

（2）黄色：30% ～ 50% 时，表示该配送点压力开始增大，收包裹的速率远远高于送包裹的速率。

（3）红色：>50% 时，表示该配送点如果不增加补仓人员和车辆，可能无法接收新的包裹，导致客户的不满和流失。

对于物流管理者来说，他只需登录物流配送系统，就可以非常清晰地看到每个城市配送点的情况，哪些配送点已经处于危机发酵的阶段，哪些配送点已经处于危机之中，等等。届时，他可以利用手头的资源，协助这些配送点逐步恢复正常运营。

在运输环节，物流预警和风险控制系统可以监控到每一辆车的具体位置、车上运有什么货物、司机是谁等信息。如果运管员监控到某一辆车停在不允许停的位置，如车辆故障导致汽车停在高速路上，该系统会向运管员发送警报，运管员会立刻联系司机了解情况，并帮助司机联系修理或托运车辆，及时地解决问题，保证物流环节的畅通。

对于案例公司来说，案例公司可以与L企业的物流系统进行互联，这样可以观察到自己企业的订单运行状态，是否可能延期抵达客户那里，因此这个将成为案例公司考评 L 企业的一个标准。

五、智能的用户互联“互联网 +”

（一）用户参与到产品的设计中

案例公司要建立企业的门户网站和论坛，利用论坛与门户网站，让用户参与到产品的设计中。案例公司的产品主要为笔记本电脑和手机，其可以设计几款不同外形的手机让用户评分，还可以让用户选择对应的电脑配置和价格，以使案例公司的产品受到多数用户的青睐。

（二）开放式的电子商务平台

用户可以在平台上直接购买企业的笔记本电脑、手机以及周边产品。在平台上购买的产品享受同样的三包服务。

（三）建立企业微信服务号

企业要推广自己的文化和核心价值，让用户认可自己的产品和核心文化。案例公司通过构建智慧供应链可以提高供应链的效率和可视性，同时可以增加用户的黏性，帮助企业在供应链领域获得优势，从而提高整个企业的竞争力。

通过实施阶段的测算，智慧供应链节省成本的测算结果如表 10–4 所示。

表10–4　案例公司智慧供应链带来的收益测算

存在问题的环节	优化措施	优化措施收益
人力及物料成本	库存自动盘点系统带来的议价能力	节省生产成本 2.8% 左右
	库存自动盘点系统带来的资金占用减少	节省财务费用 500 000 ～ 800 000 元
	RFID 技术带来的客户满意度提高	减少客户损失 1%
	统一的公司对客户、供应商、经销商订单平台	节省订货时间 3 ～ 4 小时
物流成本	航空公司运输空间的优化利用	提高运力 15% 以上
	最优物流服务商选择	节约运输成本 2.6% 左右
	RFID 技术带来的物流准确度提高	客户满意度提高

（续　表）

存在问题的环节	优化措施	优化措施收益
时间成本	压缩物流时间，优化管理流程	未测算
	智慧供应链采用 QR 技术、条形码技术和分拣技术	未测算
可视化	应用 GPS 技术、RFID 技术、图形技术	未测算
	物流可视化模型	未测算
	可视化程度提高带来的客户销售和售后满意度提高	未测算
	销售数据对销售策略的修正	减少配送时间 1 ～ 2 天，节省费用 40 ～ 50 元
可追溯的供应链	手机 App	未测算
	内部追溯系统	加强公司内部控制
	外部追溯系统	未测算
智慧预警和智慧决策系统	合理范围值	未测算
	阈值预警系统	未测算

通过以上测算，智慧供应链可以为案例公司节省生产成本约 2.8% 和每年 500 000 ～ 800 000 元，减少客户损失约 1%，平均送货时间减少 1.5 ~ 2.5 天，节省运输成本 8.6% 左右。上述结果是根据文中的例子进行的简单估算，虽然不是很准确，但是具有一定的参考价值。

第十一章　智慧供应链的构建途径与策略

第一节　智慧供应链构建的途径

一、智慧供应链构建的三大目标

（一）可视化（眼）

供应链管理中有个概念叫作端到端（End to End），上端延伸到原材料的采购，一级、二级、三级、N 级供应商，直至大地母亲，下端延伸到一级、二级、三级、N 级分销商，直至最终用户。这个长链条上的企业存在着所谓的“神龙效应”：犹如一条神龙穿梭在云中，要不就是神龙见头不见尾，要不就是神龙见尾不见头，根本看不清全貌，即可视化程度不高。如果连供应链的全貌都看不清楚，智慧更是遥不可及。因此，智慧供应链先要做到可视。可视化不仅指的是实物流的可视，还包括信息流和资金流的可视，并且对三流的互动匹配关系要可视。

不要小看了这个可视化。毫不夸张地说，即便是当今世界 500 强顶尖企业，也无法做到 100% 的可视化。这里面有人的问题、流程的问题以及 IT 系统的问题，这些问题往往交织在一起，人（people）、流程（process）和系统（tool），可以称为供应链管理的 PPT。在可视化设计的时候，需要考虑如何把 PPT 进行合理区隔，以便后续问题的跟踪和改善。

（二）可感知（脑）

可感知是指企业是否有能力快速捕捉到供应链体系中出现的问题，并为下一步行动发出信号和预警。可感知不同于可视化，却建立在可视化的基础之上。可视化就像商场里安装的摄像头，它的覆盖面有多宽、清晰度有多高，就表示其可视化程度有多高，但是仅有全面覆盖的摄像头不能保证商场不丢东西，还需要可感知。可感知好比在摄像头上增加了动态图像捕捉系统，能够对可疑事件进行分析，并及时对风险进行预警和报告。

在供应链架构中，可感知意味着一系列由事件激发的管理流程，即当 A 事件发生时，触发了 B 动作以及后续一系列相应的动作。例如，全球某处原材料产地发生了地震，触发了供应链的应急响应机制，供应链危机处理团队会迅速在企业内部发布供应链危机预警。

因此，可感知的前提是企业必须有一套健全的考核和监控指标体系。这就好比我们在供应链上构建了一套神经网络，让供应链具备了感知能力。

（三）可调节（身）

智慧供应链不仅要做到可视、可感知，还要可调节。简单来说，就是看见了（可视），也感受到了（可感知），但如果没有办法做出及时的反应和调整（可调节），前面的可视、可感知就失去了意义。

可调节也被称为供应链的柔性（flexibility）。好的供应链架构设计应遵循结构化或模块化的设计原则，体系内部逻辑清晰，具备可拓展性。当客户的需求、市场条件等发生变化时，供应链体系能够快速进行响应和调整。例如，地震发生被感知后，应急响应小组会通知相关部门组成专案组，小组成员将按照相关应急流程进行处理，或者启用备用供应商，或者使用备用原材料，甚至迅速组织团队在市场上购买并囤积现货原材料，等等。

缺乏可调节能力（柔性）的供应链在此时会面临巨大的危机，即便知道了危机所在，也没有能力做任何调整，或者调整的难度巨大、成本太高，企业在危机面前只能被动挨打，无能为力。

二、智慧供应链构建原则

随着市场消费观念以及消费方式的多元化发展，消费行为日益朝着个性化的方向发展，消费者越来越注重所购商品的差异化。为了进一步满足消费者越来越多元化的消费需求，企业对商品的原材料以及产品在流通环节的各项要求越来越严格，企业之间互相竞争的关键开始转变为供应链管理模式的创新发展。在这种竞争形势下，供应链是否敏捷和智慧在很大程度上决定了企业能否在市场竞争中占据优势地位。信息技术的发展以及互联网技术的普及促使电子商务得到快速发展，广大消费者对网络购物时限的要求不断提高，传统的供应链越来越不能满足市场需求。因此，充分运用各种先进的信息技术并构建起大数据网络系统的智慧供应链就成了企业寻求创新发展并提高效益的发展方向。

国家在2014年颁布的《关于促进智慧城市健康发展的意见》(简称《意见》)中提出，到2020年建成一批有鲜明特色的智慧城市。《意见》中明确表示要建立现代化产业发展体系，推进城市工业化与信息化的结合，加快建设城市配送系统，推进大型工业企业信息集成的应用，加快小企业对信息平台的建设和应用，加快信息服务业的发展。智慧城市建设的相关政策为智慧供应链的发展提供了清晰的政策导向和政策支持。未来10年内，政府将加大对现代化信息技术、物联网以及大数据的支持力度和政策倾斜。智慧供应链是智慧城市重要的一环，它能够在一定程度上帮助企业实现大数据和云计算，优化企业运作流程，稳定企业间战略伙伴的合作关系，实现企业间资源共享。

为了满足国家及市场环境的具体需求，智慧供应链的构建需要遵循一定的原则，从而切实实现智慧供应链的良好运行。

（一）整体性原则

智慧供应链是一个产业链条，是众多节点企业实现资源共享，降低企业成本的动态联合体，因此必须遵循整体性原则。把智慧供应链当成一个整体进行考虑是在构建智慧供应链模型中首要考虑的因素。智慧供应链是在充分利用节点企业资源的前提下打造的一个整体链条模型。

（二）稳定性原则

运行良好的供应链一定能够满足稳定性原则。只有稳定的供应链才能发挥其优化业务流程，降低节点企业成本的作用。因此，在构建智慧供应链模型的过程中，必须使其能够自我修复，处于一种动态稳定的结构状态。

（三）流程化原则

所谓供应链，其实质是企业上下游业务间的动态链接，是业务流程间的衔接和优化。供应链必须满足流程化原则才能够有效降低企业之间的合作成本，进一步优化企业业务之间的流程，最终降低企业管理成本。因此，必须在遵循流程化原则的前提下构建智慧供应链模型。

（四）效益化原则

开展供应链管理的目的是为了提高节点企业效益。充分利用现代化技术和信息更是为了进一步降低节点企业成本，提高企业收益。因此，效益化原则是构建智慧供应链模型的根本原则。

三、智慧供应链如何落地

（一）协同化是智慧供应链落地的根本

协同是指打破层层壁垒，提升核心企业与上下游企业合作的效率和水平。例如，戴尔的直销打破了企业与客户的沟通壁垒，实现了客户需求的精准预测ZARA 的极速供应链打破了服装企业与时尚对接的时间壁垒，实现了潮流变化与快速制造的完美结合；亚马逊的智慧物流打破了线上线下的流通壁垒，通过海量信息处理与先进物流的结合满足了多样化的长尾客户需求；UPS 的供应链金融打破了现金拥有者与使用者的资源壁垒，通过资金和资源的合理调配实现了智慧供应链的平安落地。

（二）技术革新是智慧供应链落地的关键

从目前中国的供应链角度看，较为棘手的问题之一就是企业各信息平台的信息端口不一致，极大地降低了数据的传递效率，加大了供应链的信息安全隐患。因此，创新信息传递技术，统一信息接口是推动智慧供应链安稳落地的关键。

（三）供应链金融将为智慧供应链的落地保驾护航

传统供应链金融业务的不足主要体现在授信不足和不良资产处置乏力等方面。近年来，B2B 平台和垂直行业 SaaS 如雨后春笋般涌现，如若供应链金融能够借力B2B，或许是解决当前难题的有力途径。供应链金融跨行业难度系数极高，所以在一个行业进行深入挖掘是助力当前中国供应链金融站稳脚跟的明智选择。

（四）智慧物流是实现智慧供应链落地的必经之路

智慧物流可以打通整个供应链链条，在运输的过程中既可以将信息全面地记录下来，又可以实现运输的总成本最低，这个数据可以返回给供应链环节上的每一个使用者，这样数据的共享就产生了价值的创造。智慧物流可以有效地缩短供应链的反应时间，提高供应链的反应能力，提升智慧供应链的抗风险能力和柔性机制，智慧物流是整个供应链链条降本增效的必要手段。智慧物流能大大降低供应链上各个企业的成本，提高企业的利润，供应链上的各个企业通过智慧物流相互协作，信息共享，便能更节省成本。智慧物流是协同的、智能的，是智慧供应链下的产物，是各个行业所必需的。

（五）转变观念是智慧供应链落地的先决条件

从观念角度看，目前中国大部分供应链上的企业主体之间仍然心存芥蒂，企业间的合作仅停留在利益需求层面。“市场上只有供应链而没有企业”，华为、海尔等大型国产企业已深谙供应链之道，也因此获益匪浅。我国中小型企业占市场份额的90%左右，是中国经济发展的中流砥柱，从在市场上单打独斗集合成企业“狼群”，形成一条强大的供应网络，是中小型企业在市场竞争中得以生存的唯一途径。

四、智慧供应链构建的切入点

智慧供应链管理是一个复杂、动态、多变的过程，未来将更多地应用于物联网、互联网、人工智能、大数据等新一代信息技术，更倾向于使用可视化（而不是此前精益生产通用的信息展示板）的手段显示数据，采用移动化的手段访问数据，也更重视人机系统的协调性。

企业可以通过全过程管理、信息集中化管理、系统动态化管理实现整个智慧供应链的可持续发展，进而提高生产效率，提升价值链的协同效率，缩短满足客户订单的时间，从而提高客户满意度和忠诚度，使全球范围的供应链管理更具效率。本书认为构建智慧供应链的切入点包括以下几个方面：

（一）重构企业个性化的智能战略，梳理战略达成逻辑

政府为企业提供了构建智能制造、智慧供应链的环境和大平台。因为不同企业的产品、服务方式和客户不同，核心竞争力也不同，所以他们需要具有个性化的供应链发展方向，如智慧化等级、优化的重心、产品的流转效率设计、客户服务的响应等级、不同环节的数据敏感度设定等。所以，不可能让所有的企业都盲目追求“一样的智慧供应链”，也就是说未来的智慧供应链只有趋势，没有定式。

既然如此，企业就必须由领导层授权提出能够支撑其核心竞争力的智慧供应链发展战略，作为引领其智能化迭代升级的有效路径，并适时做出战略组织调整，在这之后才有采购策略、库存策略、制造策略、交付策略、成本策略等，进而在技术选择上做出精准的判断和导入，从而达到最终的战略绩效。

（二）分析市场和产品流转趋势，提纯智慧供应链差异化竞争能力

随着产品和服务的个性化需求的不断具体化，不同产品具有不同的制造、流

转方式，其经历的智能化环节也有所不同，企业势必要分析消费者需求、市场变化、产品 / 服务模式的变化，从而提纯企业需要的智慧供应链的差异化竞争能力。

（三）智慧供应链平台重构，协同大数据战略，最终决定信息平台的有效性

传统的供应链平台大部分是链式而且是断点、分散的，没有强调端到端的服务机制，无法保证有效的 OTD（订单到交付）；在广度上没有考虑合作伙伴的横向联系，所以订单只是单纯地以单个交付为目的，信息是零散的、单向的，没有考虑多个订单的协同排序以及资源的同步利用和分配。智慧供应链平台需要将产品、客户、供应商、技术、服务，订单、物料、工厂、产能、库存、仓库、门店、计划等都整合到一起，服从和服务于企业供应链大数据的逻辑要求，从而保证供应链在运营过程中能够适时抓取标准—计划—执行之间的数据差异，进行自我反馈、自我补偿、自我优化和自我调整，形成智慧的行动。

（四）建立仿真能力与供应链预警

由于供应链过程的复杂性，影响因素过多，传统供应链强调应急解决方案，优秀的供应链则更加强调具有过程瓶颈的早期识别和预警，从而进行自我调整和预防，避免紧急情况的出现。一般而言，传统供应链的早期预警采用的是流程模式。但是，智能化的供应链将采取仿真模式，针对任何一个特定的订单，都率先将该订单在供应链平台系统中“跑”一遍，在虚拟订单流程中过一遍，在过程中快速发现瓶颈，提出预警，从而在生产之前解决瓶颈问题，保证供应链过程的稳定、可靠，从而提供生产智能化的基础和可得性。

（五）合理的过程可视化

传统的供应链过程也提倡可视化，主要表现在现场的打印、书写表单和指标标识上，先进一点的用上了显示屏，但主要还是人工输入相关数据。这种可视化体现的数据特点是静态的，或者说是滞后的，无法实时显示供应链过程中的动态变化，更无法体现数据之间的逻辑关系和联动、协同关系，其中很多还是无效数据。智慧供应链不但需要将所有的有效数据显示出来，而且必须是同时、同一频率、同一事件、同一逻辑、可追溯地显示出来，同时不仅是方便管理者（人）监控，还是形成自我分析、自我反馈、自我调整、自我优化的过程。此时，管理者更多的是“看”，而不是干涉，由此企业大数据管理也就水到渠成了。

总之，供应链上的企业（尤其是链主企业）是通过虚拟网络—实体物理系统

整合智能机器、数据储存与显示—决策系统和生产设施的。通过物联网、服务计算、云计算等信息技术与制造技术的融合构成智慧供应链平台，实现软硬件制造资源和能力的全系统、全生命周期、全方位透彻的感知、互联、决策、控制、执行和服务化。

五、智慧供应链构建的具体方法

智慧供应链是结合物联网技术和现代供应链管理的理论、方法和技术，在企业中和企业间构建的实现供应链的智能化、网络化和自动化的技术与管理综合集成系统。未来的智慧供应链不仅能够实现供应链运作更高效，还可以保证供应链运作更可靠。

（一）基于客户个性化需求的供应链可靠性设计

不断扩大的客户需求已经成为供应链管理中的第三大难题。虽然迫切需要与客户进行沟通，但是企业还是倾向于将工作重心放在与供应商的沟通上，而不是客户身上。大多数企业是与供应商合作完成产品设计的，只有少数企业是与客户合作完成的。

智慧供应链管理将与客户关系管理紧密融合，在智慧供应链中，客户将成为供应链系统中不可分割的一部分。一方面，供应链管理人员需要站在客户的角度思考问题，将客户需求融入供应链管理的方方面面；另一方面，鼓励和促进客户参与供应链系统的运行和管理是智慧供应链的另一重要特征。

普通供应链通过与客户互动提供及时、准确的交付物，智慧供应链则是在整个产品的生命周期（从产品研发、日常使用到产品寿命结束）都与客户紧密联系。通过大量的信息交互，智慧供应链对客户进行详细的分类，并为他们量身定做产品。

从供应链可靠性角度看，客户需求是另一种需要关注与管理的资源，它将有助于平衡供求关系，确保供应链系统的供应可靠性；从客户角度看，客户购买消费产品是一种经济性选择，通过参与供应链的运行和管理修正自身订购和购买产品的方式，从而获得实实在在的好处。考虑到并非所有的客户都需要相同等级的供应可靠性，因此可以从“标准”到“优质”对供应可靠性进行分级。智慧供应链将通过不同的价格水平提供不同等级的供应可靠性，以满足客户对不同供应可靠性水平的需求，同时将优质优价写入供应服务的合同中。

（二）智慧供应链是自愈供应链

“自愈”指的是把有问题的成员企业从供应链系统中隔离出来，并且在很少或没有人为干预的情况下，使供应链系统迅速恢复到正常运行状态，在这个过程中几乎不会中断对最终客户的产品供应服务。从本质上讲，“自愈”就是智慧供应链的“免疫系统”。这是智慧供应链的最主要特征。

自愈供应链通过连续不断的在线运行状态进行自我评估，以预测供应链运行过程中可能出现的问题，发现已经存在的或正在产生的问题，并立即采取措施加以控制或纠正。为减少生产供应与服务中断的现象，自愈供应链需要充分应用数据获取技术，执行决策支持算法，从而降低产品供应的中断频率及持续时间，并且在中断发生后迅速恢复生产供应服务。

自愈供应链可以采用多个可以相互替代的供应链网络来设计，当供应链出现运行故障或发生其他问题时，能够通过信息系统确定故障企业，同时与备用成员企业进行通信，并切除故障成员企业或将生产任务迅速地切换到备用的同类生产企业上，从而确保供应链运行的可靠性、产品质量以及交付效率。

（三）持续改进产品并构建完善的生产计划

企业获得利润依靠的是产品的持续改进。在智慧供应链的大环境下，企业要实现产品的持续改进，必须借助产品生命周期管理（PLM）方面的信息化技术增强产品的数据集成性和协同性。在持续改进的过程中建立集成的产品研发、生产体系，规范执行的业务流程，实现产品研发管理集中化，并控制生产工艺，制定合理的生产标准。每一个计划在不同生产基地实施，以增强供应链成员在集成技术下的一致性和协同性。

作为供应链的成员，企业需要从整体出发，努力构建完整的生产计划管理体系，使不同产品能够与相对应的计划模式、物料需求及配送模式相匹配，从而拉动物料需求，实现 ERP 系统与 SCM 系统的完美对接，增强销售过程的可视化和规范化。打造集执行客户交易流程与监控功能为一体的平台，对交易过程进行动态控制，及时掌握相关重要信息，以便对可能出现的问题进行预测。

（四）实现财务管理体系标准化和一体化

在现代企业管理制度中，标准化管理是提升企业核心竞争力的重要手段之一。财务管理工作历来是企业管理的核心，更需要标准化。处于供应链中的成员迫切需要建立标准化的财务管理体系。在日常工作中，供应链中的企业可以通过查看财务数据来及时了解企业的运营状况。在具体实现过程中，企业需要运用 ERP 系统实现企业的财务业务的一体化，从传统记账财务业务分析转向价值创造财务分析，通过 ERP 系统构建基于数据仓库平台的数据分析及商业智能应用体系，通过财务管理的标准化和统一化增强供应链的可视性和共享性。

（五）借助标尺竞争实现供应链可靠性的提升

标尺竞争理论的中心思想是通过引入相同类型的企业，并以此作为参照对象，促进成员企业的进步，监管企业的成本投入。在标尺竞争监管制度下，由于价格取决于同类企业的成本，监管企业要获得较多利润，就必须做到使自身成本低于同类企业的平均水平，这样就可以达到激励待监管企业提高效率、降低成本、改善服务的目的。最终，待监管企业选择同类企业的平均效率水平，从而达到纳什均衡状态。

通过正确地运用智慧供应链标尺竞争理论，供应链管理者不需要全面了解各成员企业的成本与投入等相关信息。这样不但能够有效地减少监管机构对被监管成员企业的信息依赖，而且解决了信息不对称情况下的监管问题。供应链管理者对价格采用价格上限监管方式，服务可靠性监管则从供应可靠度与产品合格率两方面进行控制，并采用相应的数学分析方法建立相应的监管数学模型，促使成员企业提高自身的服务可靠性，从而达到提升供应链整体可靠性的目的。

综上所述，未来的智慧供应链可以从以上这几个途径出发，达到提升供应链可靠性的目的。

第二节　智慧供应链构建的策略建议

近几年，随着供应链的不断发展和上下游企业间联系的日益紧密，我国企业已经意识到供应链管理对企业发展的促进作用，并开始随着现代信息技术的发展进一步加大对供应链管理的投入，许多智能信息系统和决策支持系统也应运而生。企业开始走入智慧供应链阶段。但是，目前我国企业对智慧供应链的运用尚处于较低水平，尤其是在物流行业、农业以及快销品行业。因此，企业必须在明确构建智慧供应链的目标的基础上，从政策、资金和人才三个方面加强对智慧供应链发展的支持；建立科学合理的绩效评价机制，进一步建设和发展智慧供应链；充分发挥核心企业的主导作用，寻求战略合作伙伴，加强物流管理；加强对现代信息技术的应用，建立信息共享机制和客户管理制度；充分展示智慧供应链的优势，提高我国产业链的生产效率，提升企业的市场影响力。

一、智慧供应链构建的宏观层面建议

（一）成立智慧供应链研究协会

通过深入的调查研究，借鉴国内外先进经验，并立足我国实际，政府可以成立智慧供应链研究协会，专门负责智慧供应链的研究，营造有利于智慧供应链发展的政策环境，同时可以设立智慧供应链发展的试点项目，对我国企业智慧供应链的发展情况进行规划并予以监督，并进行智慧供应链管理系统的研发工作，由点到面地促进我国企业智慧供应链管理的健康发展。

（二）建立智慧供应链发展专项基金

我们应该将智慧供应链发展专项基金建立起来。与此同时，政府可以制定不同的政策对这个项目进行鼓励支持，包括政策上的鼓励支持，如提供基金帮助，这笔款作为财政支出用于其研发及培养技术性人才。政府还需要为此成立一个专门管理基金的委员会，对这笔基金的使用进行监督管理，以更好、更充分地利用这笔基金，使基金的合理使用得到保证。

（三）壮大智慧供应链的人才队伍

企业的工作人员可以定期在学校进行培训和学习，让智慧供应链的人才更优秀。国家在支持智慧供应链发展的同时，应对人才进行更好的培养，制定人才培养的培训办法，提供专业性更强的从业人员。企业的负责人对企业来说格外的重要，因此要保证负责人的整体素质。大中型工业企业的负责人要保证各个级别的部门领导还有一些高层的管理人员熟悉地掌握关于智慧供应链的知识与经验、技术。企业应集中建立有利于引进人才的机制和策略，吸引更多的专业人才投入智慧供应链的研发工作中，加快我国智慧供应链的发展进程。

（四）建立科学合理的智慧供应链绩效评价机制

科学合理的绩效评价机制能够对供应链进行监督，当企业在发现问题的时候，应及时进行改进优化。我给对智慧供应链管理的研究刚刚兴起，现在还没有合理有效的专门针对智慧供应链的评价机制，造成企业对智慧供应链的管理落后，不能充分发挥智慧供应链的优势。科学合理的智慧供应链绩效评价模型能够帮助企业发现问题，降低管理成本，扩大企业合作范围。

二、智慧供应链构建的微观层面建议

（一）发挥核心企业的主导作用

智慧供应链有着一个十分复杂的系统，其中有很多的参与人员。智慧供应链要保证在运营流程里中树立全局和系统两个观念，充分发挥核心企业的主导作用，对供应链上的核心企业的要求主要有两个方面，一是要具有主导供应链流程的经济技术实力，二是要对供应链上节点企业的生产与营销进行决策。因此，一定要充分利用核心企业的影响力提高我国智慧供应链的管理绩效。

（二）寻求智慧供应链战略合作商

智慧供应链的特点是可以优化业务流程，供应链成员之间应建立新型的战略联盟合作伙伴关系，通过供应链中的业务分工，节点企业与战略伙伴可以相互承接尾料，进行优势互补，还可以进行资源共享，减少企业的投资成本。智慧供应链的战略合作是指在供应链纵向上进行业务流程的合作管理，在横向上对同一功能进行企业合作，可以通过共享技术和共享知识促进创新，分担成本和风险。

（三）加强对智慧供应链的物流管理

企业的利润来源有很多种，其中之一就是物流，同时物流是智慧供应链上的一个重要环节，想要提高供应链的绩效就要做到对物流的有效管理。保证了物流的通畅，也就保证了企业利润。只有选择合适的物流企业及正确的物流方式，才能将供应链管理成本大幅度地降低，使产品的流通效率大大地提高。这样可以降低库存，更好地完善供应链的资金链条，使企业在成本上更有优势。反之，则会消耗大量人力、物力、财力，也会导致企业的生产能力大大下降，甚至智慧供应链的管理也会陷入混战，最终导致的结果就是企业利润空间下降了，这种情况是任何企业都不想看到的。

（四）加强对现代信息技术的应用

企业在分析客户和市场信息的大数据之后进行的决策更加科学有效。我们通常说的云计算主要是运用云端服务器收集分析数据，再将分析的结果及时反馈给企业，大大降低了企业的市场响应时间，提高了供应链管理的柔性。在使用云平台时，企业与市场的联系渠道将会拓宽，企业在市场上的影响力也会大大提高。我国的企业还没有做到对现代信息技术的合理应用，企业要想得到更好的发展，就必须要加强对现代信息技术的应用。

（五）建立信息共享机制

我们都知道供应链顺畅的基础是信息的准确流通，智慧供应链的运用对信息流通有更高的要求。在我国，企业并不十分重视信息流通，没有很高的供应链智慧水平，没有很好地实现信息流通。想要改变这种现状，企业就一定要制定一个很好的发展规划，共享反馈得到的信息，然后分析优化智慧供应链的流程。企业还可以拓展企业信息沟通的渠道，使几个合作伙伴之间的链接变得更紧密，同时可以优化智慧供应链，提高企业的管理水平。企业可以根据市场存在的风险制定防范风险的相应机制以及必要的利益分配机制。相互合作的伙伴同样要遵循一个共同的原则，即有风险要一起分担，有利益要大家共享。对于合作伙伴的信息要保证其安全性，只有这样做才能让合作伙伴放心将自己的信息分享出来，才能让智慧供应链联盟发展得更好。

（六）建立智慧供应链客户关系管理机制

我们需要定期对客户的满意度进行调查，可以使用不同的方式调查，将调查之后的信息进行反馈整理，建立数据库。融合数据挖掘技术与互联网技术，就可以及时收到客户的信息，然后存储一些重要的信息。当供应链合作最后完成时，可以将其中优秀的合作伙伴存储到信息库中，然后在信息库里将这些合作伙伴分出等级。企业只有通过这种方式将客户关系建立成一种特殊的管理系统，才能根据不同的客户需要以及不同的市场要求进行改变，使管理的方式更加多样化、自动化、知识化。还可以将客户资料进行完善和系统的统计，方便及时解决客户出现的问题。通过这样的方式可以满足不同客户的需求，这样客户就会更加支持企业，促使两者达成长期合作的关系。

参考文献

[1] 马士华 . 供应链管理 [M]. 武汉 : 华中科技大学出版社 ,2014.

[2] 杨传明 , 于溪东 . 新编供应链管理 [M]. 镇江 : 江苏大学出版社 ,2017.

[3] 马永涛 . 管理信息系统 [M]. 北京 : 机械工业出版社 ,2012.

[4] 刘助忠 . 供应链管理 [M]. 长沙 : 中南大学出版社 ,2017.

[5] 毛敏 , 王坤 . 供应链管理理论与案例解析 [M]. 成都 : 西南交通大学出版社 ,2017.

[6] 蔡进 . 中国供应链发展报告 2017 版 [M]. 北京 : 中国财富出版社 ,2018.

[7] 丁俊发 , 陈文玲 , 姚广海 , 等 . 中国供应链管理蓝皮书 2016 [M]. 北京 : 中国财富出版社 ,2016.

[8] 韩军 . 玩转电商系统 , 深入剖析智慧电商平台 [M]. 北京 : 电子工业出版社 ,2014.

[9] 宋华 . 物流供应链管理机制与发展 [M]. 北京 : 经济管理出版社 ,2002.

[10] 张宇 . 智慧物流与供应链 [M]. 北京 : 电子工业出版社 ,2016.

[11] 高巍巍 , 张青春 , 李昱慧 . 智慧的转型——在变革时代重塑领先优势 [M]. 北京 : 中信出版社 ,2013.

[12] 王喜富 . 大数据与智慧物流 [M]. 北京 : 北京交通大学出版社 ,2015.

[13] 林中燕 . 电子商务——智慧社会 [M]. 上海 : 上海大学出版社 ,2011.

[14] 宋华 . 互联网供应链金融 [M]. 北京 : 中国人民大学出版社 ,2017.

[15] 王雷 . 供应链金融“互联网 +”时代的大数据与投行思维 [M]. 北京 : 电子工业出版社 ,2017.

[16] 李玉凤 , 邢淋淋 . 智慧供应链绩效评价指标体系构建 [J]. 统计与决策 ,2017（3）:183-185.

[17] 陈凤 . 电信运营商智慧供应链影响因素研究 [D]. 北京 : 北京邮电大学 ,2016.

[18] 杨鹏飞 , 彭安 , 沈凌云 , 等 . 基于预测、库存、运输的智慧供应链研究 [J]. 物流

科技,2017（6）:129–135.

[19] 黄敦高,吴雨婷.浅谈智慧供应链的构建[J].中国市场,2014（10）:20–21.

[20] 赵然,安刚,周永圣.浅谈智慧供应链的发展与构建[J].中国市场,2015（10）:93–94.

[21] 宋华.智慧供应链的核心要素与实现路径[J].物流技术与应用,2015,(12):58–59.

[22] 宋华.从“互联网+”看智慧供应链[J].二十一世纪商业评论[],2015(8):22–23.

[23] 王鹤.基于物联网技术的智慧供应链研究[J].中国管理信息化,2015(14):91–92.

[24] 王耀燕,刘辉.供应链中协调机制的研究[J].重庆职业技术学院学报,2005（3）:23–25.

[25] 王耀燕,刘辉.供应链中采购与库存协调的研究[J].铁道运输与经济,2005（9）:30–32.

[26] 王耀燕,刘辉.供应链中基于VMI库存与运输协调问题的研究[J].铁道运输与经济,2005（12）:92–94.

[27] 王耀燕.供应链中供应商的评价和协商机制研究[J].科技信息（学术研究）,2007（1）:102–105.

[28] 王耀燕.中小企业供应链管理策略探讨[J].中国商贸,2012（1）:143–144.

[29] 王耀燕.中小企业在供应链管理的现状与建议[J].企业家信息,2013(10):53–54.

[30] 王耀燕.绩效审计在智慧供应链中的应用探讨[J].财政监督,2018(19):71–74.

索 引